编审小组

组　长　顾　军
副组长　申卫华　刘　敏　诸　旖　孔福安　周　岚　张国华
　　　　赖晓宜　李　泓
编　辑　江　潇　殷　凤　朱雪琴
成　员　阎　蓓　杨　曜　温　泉　王敬云　姚　健　钱司玮
　　　　宋欣平　董　晓　何树全　龙飞扬　王　硕　赵静媛
　　　　饶　珩　严璐珏　陈　京　史　润　沈敏君　陈佳璐

2020 上海服务贸易发展报告

上海市商务委员会

上海大学出版社
·上海·

图书在版编目(CIP)数据

2020上海服务贸易发展报告/上海市商务委员会编著. —上海：上海大学出版社，2021.5
ISBN 978-7-5671-4211-4

Ⅰ.①2… Ⅱ.①上… Ⅲ.①服务贸易-贸易发展-研究报告-上海-2020　Ⅳ.①F752.68

中国版本图书馆CIP数据核字(2021)第092616号

责任编辑　傅玉芳
封面设计　柯国富
技术编辑　金　鑫　钱宇坤

2020上海服务贸易发展报告

上海市商务委员会　编著
上海大学出版社出版发行
(上海市上大路99号　邮政编码200444)
(http://www.shupress.cn　发行热线 021-66135112)
出版人　戴骏豪

*

南京展望文化发展有限公司排版
上海东亚彩印有限公司印刷　各地新华书店经销
开本 889mm×1194mm　1/16　印张 12　字数 338千
2021年5月第1版　2021年5月第1次印刷
ISBN 978-7-5671-4211-4/F・215　定价　78.00元

版权所有　侵权必究
如发现本书有印装质量问题请与印刷厂质量科联系
联系电话：021-34536788

目 录

第一部分 总报告

2019 年上海服务贸易发展总报告 ········· 3

第二部分 专题报告

新冠肺炎疫情对服务贸易影响分析与趋势预判 ········· 17
全球和区域数字贸易规则的发展趋势与焦点争议 ········· 25
金融服务贸易发展现状与对策 ········· 34
《区域全面经济伙伴关系协定》服务贸易规则解读 ········· 47
上海自由贸易试验区临港新片区服务贸易开放与监管的国际借鉴 ········· 57
服务贸易最佳实践和经验总结报告——2020 年二十国集团（G20）贸易部长会议报告 ········· 68
2019 上海服务贸易运行指引报告摘要 ········· 72

第三部分 政策文件

中华人民共和国出口管制法（中华人民共和国主席令〔2020〕第 58 号） ········· 83
中华人民共和国技术进出口管理条例（国务院令〔2020〕第 732 号） ········· 89
国务院关于同意全面深化服务贸易创新发展试点的批复（国函〔2020〕111 号） ········· 94
商务部等八部门关于推动服务外包加快转型升级的指导意见（商服贸发〔2020〕12 号） ········· 95
商务部关于印发全面深化服务贸易创新发展试点总体方案的通知（商服贸发〔2020〕165 号） ········· 99
关于调整发布《中国禁止出口限制出口技术目录》的公告（商务部 科技部公告 2020 年第 38 号）
········· 118
商务部办公厅印发《关于积极做好疫情应对支持服务外包企业发展工作的通知》
（商办服贸函〔2020〕51 号） ········· 123
商务部办公厅关于疫情防控期间进一步便利技术进出口有关工作的通知
（商办服贸函〔2020〕35 号） ········· 124
上海市关于推进贸易高质量发展的实施意见（沪委办发〔2020〕37 号） ········· 126
上海市人民政府关于印发《上海市全面深化服务贸易创新发展试点实施方案》的通知
（沪府规〔2020〕24 号） ········· 131

上海市商务委员会等八部门关于印发《上海市推动服务外包加快转型升级的实施方案》的通知
（沪商服贸〔2020〕293号） …………………………………………………………… 136

市商务委关于积极支持服务贸易企业加快复工复产的通知（沪商服贸〔2020〕81号） ………… 140

上海市商务委员会关于印发《上海市服务贸易示范基地和示范项目认定管理办法》的通知
（沪商规〔2020〕9号） ……………………………………………………………………… 142

市商务委等九部门关于印发《上海市服务贸易促进指导目录（2020年版）》的通知
（沪商服贸〔2020〕314号） ………………………………………………………………… 149

第四部分　数据表组

表1　1980—2019年全球服务贸易进出口额 …………………………………………………… 161

表2　1982—2019年中国服务贸易进出口额 …………………………………………………… 163

附录　2004—2019年蓝皮书目录

《2004上海国际服务贸易发展研究报告集》目录 ……………………………………………… 167
《2005上海国际服务贸易发展研究报告集》目录 ……………………………………………… 168
《2006上海服务贸易发展研究报告集》目录 …………………………………………………… 169
《2007上海服务贸易发展报告》目录 …………………………………………………………… 170
《2008上海服务贸易发展报告》目录 …………………………………………………………… 171
《2009上海服务贸易发展报告》目录 …………………………………………………………… 172
《2010上海服务贸易发展报告》目录 …………………………………………………………… 173
《2011上海服务贸易发展报告》目录 …………………………………………………………… 174
《2012上海服务贸易发展报告》目录 …………………………………………………………… 175
《2013上海服务贸易发展报告》目录 …………………………………………………………… 176
《2014上海服务贸易发展报告》目录 …………………………………………………………… 177
《2015上海服务贸易发展报告》目录 …………………………………………………………… 178
《2016上海服务贸易发展报告》目录 …………………………………………………………… 179
《2017上海服务贸易发展报告》目录 …………………………………………………………… 180
《2018上海服务贸易发展报告》目录 …………………………………………………………… 181
《2019上海服务贸易发展报告》目录 …………………………………………………………… 182

A Report on Trade in Services Development of Shanghai, 2020

Contents

Part Ⅰ General Report

General Report on Trade in Services Development of Shanghai, 2019 ·················· 3

Part Ⅱ Special Reports

➢ Analysis of the Impact of COVID-19 on Service Trade and Trend Prediction ···················· 17
➢ Development Trends and Disputes of Global and Regional Digital Trade Rules ················ 25
➢ The Status and Countermeasures of the Development of Financial Service Trade ··············· 34
➢ Interpretation of Service Trade Rules of the Regional Comprehensive Economic Partnership (RCEP) ·················· 47
➢ International Experiences of Service Trade Opening-up and Supervision for the New Lingang Area of China (Shanghai) Pilot Free Trade Zone ·················· 57
➢ Synthesis Report of Members' Best Practices and Lessons Learned on Trade in Services ······ 68
➢ Summary of Shanghai Service Trade Guides, 2019 ·················· 72

Part Ⅲ Polices and Regulations

➢ Export Control Law of the People's Republic of China (order of the President of the People's Republic of China [2020] No. 58) ·················· 83
➢ Regulations on Technology Import and Export Administration of the People's Republic of China (Decree [2020] No. 732 of the State Council of the People's Republic of China) ········· 89
➢ Official Reply of the State Council on Approval for Comprehensively Deepening the Pilot Program for Innovation and Development of Service Trade ·················· 94
➢ Guiding Opinions of Ministry of Commerce and Other 8 Departments on Accelerating the Transformation and Upgrading of Service Outsourcing ·················· 95
➢ Circular of the Ministry of Commerce on the Overall Plan for Comprehensive Deepening the Pilot Program for Innovation and Development of Service Trade ·················· 99
➢ Announcement of the Ministry of Commerce and the Ministry of Science and Technology on adjusting and releasing the Catalogue of Technologies Prohibited or Restricted from Export ·················· 118

- Circular of the Ministry of Commerce on Actively Responding to the Epidemic and Supporting the Development of Service Outsourcing Enterprises ……………………………… 123
- Circular of the Ministry of Commerce on Further Facilitating the Import and Export of Technology During the Period of Epidemic Prevention and Control ……………………… 124
- Implementation Opinions of Shanghai Municipal on Promoting High Quality Development of Trade …………………………………………………………………………………………… 126
- Implementation Plan of Shanghai Municipal for Comprehensively Deepening the Innovative Development of Trade in Services ……………………………………………… 131
- Implementation Plan of Shanghai Municipal for Accelerating the Transformation and Upgrading of Service Outsourcing ………………………………………………………… 136
- Notice on Actively Supporting Service Trade Enterprises in Accelerating the Resumption of Work and Production ……………………………………………………………………… 140
- Administrative Measures of Shanghai Municipal for the Recognition of Service Trade Demonstration Base and Demonstration Projects ………………………………………… 142
- Guidance Catalogue of Shanghai Municipal for the Promotion of Trade in Services (the 2020 edition) ……………………………………………………………………………… 149

Part Ⅳ Data

Table 1 Import and Export Volume of World Trade in Services from 1980 – 2019 …………… 161
Table 2 Import and Export Volume of China Trade in Services from 1980 – 2019 …………… 163

Appendix Contents of Report from Year 2004 – 2019

第一部分

总报告

2019年上海服务贸易发展总报告

上海市商务委员会

上海作为国家深化服务贸易创新发展试点城市之一,2019年在服务贸易管理体制、开放路径、促进机制、政策体系、监管制度、发展模式等方面先行先试,取得初步成果。上海服务贸易进出口保持平稳发展态势,继续保持全国领先地位。

一、世界服务贸易总体情况

(一)服务贸易增速放缓

2019年全球服务贸易进出口总额增长2.1个百分点。其中,进口额5.73万亿美元,同比增长2.2%;出口额6.07万亿美元,同比增长2.0%。2015年至2019年,全球服务贸易进出口总额不断攀升,2016年后增幅较为显著,2018年增长了8.4%,2019年放缓至2.1%(图1)。

图1 2015—2019年全球服务贸易进出口额趋势图

数据来源:WTO国际贸易统计数据库。

(二)不同服务部门增长各异

分项目来看,2019年全球运输、旅游服务出口和进口占比略有下降,其他商务服务占比有所提高(表1)。与货物相关的服务出口增长了2%,运输服务出口同比下降了0.8%,旅游服务出口增长了1%。在通信、计算机和信息服务出口(占其他商务服务出口的比重为20%)持续增长的推动下,其他商务服务出口增长了3.3%。

表 1　2019年世界商务服务进出口额及占比

项　目	金额 (10亿美元)	份　　额(%)				
	2019	2005	2010	2017	2018	2019
服务出口	6 066	100	100	100	100	100
货物相关服务	236	3.5	3.3	3.6	3.9	3.9
运输	1 029	22.0	21.2	17.4	17.4	17.0
旅游	1 442	26.3	24.4	24.3	24.0	23.8
其他商务服务	3 358	48.2	51.0	54.6	54.7	55.4
服务进口	5 731	100	100	100	100	100
货物相关服务	155	2.6	2.1	2.7	2.7	2.7
运输	1 207	27.0	26.3	21.4	21.9	21.1
旅游	1 390	25.7	23.2	24.8	24.9	24.3
其他商务服务	2 979	44.7	48.5	51.1	50.5	52.0

资料来源：WTO国际贸易统计数据库

（三）服务贸易区域聚集明显

2019年，从服务贸易进出口总额来看，欧洲有13个国家排进全球前20名(德国、英国、爱尔兰、法国、荷兰、意大利、西班牙、比利时、瑞士、卢森堡、俄罗斯、瑞典、丹麦)；亚洲有5个国家进前20名(中国、日本、印度、新加坡、韩国)；美洲有2个国家进前20名(美国、加拿大)。发达国家主导全球服务贸易格局的态势并未改变。美国服务贸易进、出口额均排名第一，服务贸易顺差2 889.9亿美元，是全球服务贸易第一强国。作为排名靠前的两大新兴经济体，中国服务贸易进口额排名第二，出口额排名第五，贸易逆差逾2 000亿美元；英国服务贸易出口额排名第二，进口额排名第五，顺差1 326.1亿美元；德国服务贸易进出额均排名第三，逆差277.2亿美元；印度服务贸易进口额排名第十，出口额排名第八，贸易顺差为356.6亿美元。服务贸易出口额前十位国家占世界服务贸易出口的比重达到54.2%(表2—表4)。

表2　2019年世界服务贸易总额前10名

排名	国家/地区	服务贸易 进出口总额 (亿美元)	服务贸易 出口额 (亿美元)	服务贸易 进口额 (亿美元)	服务贸易差额 (亿美元)
1	美　国	14 175.5	8 532.7	5 642.8	2 889.9
2	中　国	7 786.2	2 816.5	4 969.7	−2 153.2
3	德　国	6 982.2	3 352.5	3 629.7	−277.2
4	英　国	6 909.8	4 117.9	2 791.8	1 326.1

续 表

排名	国家/地区	服务贸易进出口总额（亿美元）	服务贸易出口额（亿美元）	服务贸易进口额（亿美元）	服务贸易差额（亿美元）
5	爱尔兰	5 596.6	2 385.7	3 211.0	−825.3
6	法 国	5 499.1	2 870.8	2 628.2	242.6
7	荷 兰	5 082.8	2 621.4	2 461.5	159.9
8	新加坡	4 033.3	2 045.1	1 988.2	56.9
9	日 本	4 022.5	2 005.4	2 017.1	−11.7
10	印 度	3 918.0	2 137.3	1 780.7	356.6

数据来源：WTO国际贸易统计数据库。

表3　2019年全球服务贸易出口额前10名

排名	国家/地区	服务贸易出口额（亿美元）	对全球增长贡献（%）	占全球比重（%）	同比增速（%）
	全 球	60 656.4	100.0	100.0	2.0
1	美 国	8 532.7	5.3	14.1	1.5
2	英 国	4 117.9	2.6	6.8	1.5
3	德 国	3 352.5	−1.0	5.5	−0.7
4	法 国	2 870.8	−2.8	4.7	−2.3
5	中 国	2 816.5	4.9	4.6	4.4
6	荷 兰	2 621.4	6.5	4.3	6.4
7	爱尔兰	2 385.7	10.9	3.9	12.4
8	印 度	2 137.3	3.9	3.5	4.6
9	新加坡	2 045.1	0.9	3.4	1.1
10	日 本	2 005.4	4.8	3.3	6.2

数据来源：WTO国际贸易统计数据库。

表4　2019年全球服务贸易进口额前10名

排名	国家/地区	服务贸易进口额（亿美元）	对全球增长贡献（%）	占全球比重（%）	同比增速（%）
	世 界	57 306.3	100.0	100.0	2.2
1	美 国	5 642.8	20.0	9.8	4.7

续 表

排名	国家/地区	服务贸易进口额（亿美元）	对全球增长贡献（%）	占全球比重（%）	同比增速（%）
2	中 国	4 969.7	−18.8	8.7	−4.6
3	德 国	3 629.7	−2.3	6.3	−0.8
4	爱尔兰	3 211.0	81.0	5.6	46.5
5	英 国	2 791.8	16.6	4.9	8.1
6	法 国	2 628.2	−2.8	4.6	−1.3
7	荷 兰	2 461.5	1.2	4.3	0.6
8	日 本	2 017.1	2.3	3.5	1.4
9	新加坡	1 988.2	−1.2	3.5	−0.7
10	印 度	1 780.7	2.5	3.1	1.8

数据来源：WTO国际贸易统计数据库。

（四）全球服务贸易发展趋势

自2005年以来，全球服务贸易年均增长5.4%，高于货物贸易4.6%的年均增速。服务贸易在全球贸易中的占比不断提升，2019年，服务贸易在全球贸易中的占比已达23%。但对比服务业在全球GDP中69%的占比均值，全球服务贸易发展相对缓慢。《2019年世界贸易报告》指出，未来服务贸易的发展趋势将在数字技术、人口变化、收入增加以及气候变化等四大因素的共同作用下发生变化。

1. 服务贸易规模加快增长，结构持续优化

由于数字技术带来的远程交易量增加及相关贸易成本降低，服务贸易在全球贸易中所占份额将继续快速增长。信息技术、物流服务、商务服务、知识产权等新兴领域将成为增长的重要动力，服务贸易结构将持续优化。

2. 数字驱动服务贸易发展的特征将更为明显

新一代云计算、区块链和人工智能技术等将持续改变信息通信服务的提供方式，推动经济中大多数商品与服务的生产和支付方式产生变革，数字技术与零售、娱乐、出版、休闲、金融、卫生、教育等行业的融合将日益加深，并衍生出更多服务新业态与新模式，从而不断拓展服务贸易的新领域和新内容。全球服务贸易发展的动力、模式、主体等均会发生重大变化。

3. 服务贸易在全球价值链中的作用将更加重要

制造业服务化已成为价值链升级发展的重要驱动力，价值增值环节还将继续向生产前的研发、设计阶段与生产后的市场嵌入服务阶段转移，整个价值链条中，服务增加值将日益成为企业利润的主要来源。特别是制造业服务化趋势带来服务要素的不断提升，将带动研发、金融、专业服务等生产性服务贸易快速发展，未来制造业的竞争很大程度上是其背后的服务竞争。

4. 围绕服务贸易规则的合作与竞争将更为常态化

随着数字经济驱动的创新全球化深入发展,服务贸易已成为贸易战略竞争、贸易规则竞争、贸易利益竞争的核心,也是重塑未来全球贸易新版图的关键因素。服务市场准入、边境后措施、跨境数据流动、知识产权保护等相关规则成为国际经贸谈判的重要议题,推动服务贸易自由化与便利化成为签署多双边自由贸易协定的核心内容。

二、我国服务贸易总体情况

2019年,在服务贸易创新发展试点等政策的激励下,我国服务贸易总体保持平稳向上态势,逆差明显下降,结构显著优化,高质量发展成效初步显现。全年服务进出口总额54 152.9亿元人民币,同比增长2.8%。其中,服务出口总额19 564.0亿元人民币,同比增长8.9%;服务进口总额34 588.9亿元人民币,同比减少0.4%(图2)。

图2 2015—2019年中国服务贸易进出口额趋势图

数据来源:国家外汇管理局。

(一)服务出口增速创新高,进口规模远高于出口

2019年,我国服务业发展潜力不断释放,服务业增加值同比增长6.9%,为服务出口的快速增长奠定了良好基础。2019年,我国服务贸易出口额增长8.9%,创九年来新高,推动服务贸易逆差下降10.5个百分点至15 024.9亿元,同比减少1 760.0亿元。服务出口总额在服务进出口总额中的占比达36.1%,同比提升2个百分点。一些领域的出口额实现两位数增长,如维护和维修服务、知识产权使用费、金融服务、运输和电信、计算机和信息服务。最为突出的是:维护和维修服务出口贸易额同比上升46.8个百分点,知识产权使用费出口额实现23.6%的增长。

2019年,我国服务进口虽有所减速,但进口额仍高出出口额76%。其中,旅游服务进口额占服务进口总额约50%。运输服务进口7 238亿元人民币,占服务进口总额的21%。维护和维修服务、加工服务进口额不断上涨,增速分别达51.9%和50.7%。此外,电信、计算机和信息服务、金融服务领域的进口约上升20个百分点(图3)。

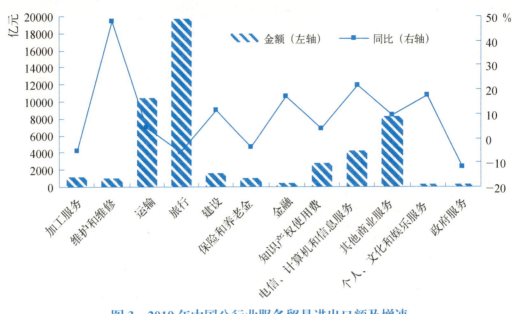

图3　2019年中国分行业服务贸易进出口额及增速

数据来源：国家外汇管理局。

（二）传统服务贸易规模缩减，新兴服务贸易快速增长

传统服务领域贸易规模有所缩减。2019年，我国传统服务领域[①]进出口额为32 685.3亿元，下降1.6%；占服务贸易总额比重下降3个百分点至60.4%。其中，出口7 487.7亿元，增长4.4%，占服务贸易出口总额的38.3%；进口25 197.6亿元，下降3.3%，占服务贸易进口总额的72.8%。旅行服务进出口总额下降5.9%，占服务贸易总额比重下降3.5个百分点至36.4%。

新兴服务贸易发展趋势良好。2019年，我国知识密集型服务领域[②]进出口额18 777.7亿元，同比增长10.8%，高于服务进出口整体增速8个百分点，占服务进出口总额的比重达到34.7%，同比提升2.5个百分点。其中，知识密集型服务出口额9 916.8亿元，同比增长13.4%，占服务出口总额的比重达50.7%，同比提升2个百分点；知识密集型服务进口额8 860.9亿元，同比增长8%，占服务进口总额的比重达25.6%，同比提升2个百分点。从具体领域看，个人文化娱乐服务、电信计算机和信息服务、金融服务延续快速增长态势，进出口增速分别为19.4%、18.9%、18.7%（表5）。

表5　2019年中国服务贸易进出口情况

服　务　类　别	进　出　口		出　　口		进　　口		贸易差额（亿元）
	金额（亿元）	同比（%）	金额（亿元）	同比（%）	金额（亿元）	同比（%）	
总额	54 152.9	2.5	19 564.0	8.5	34 588.9	−0.2	−15 024.9
加工服务	1 370.8	−5.2	1 349.2	−6.1	21.6	50.7	1 327.6

[①] 传统服务领域指运输、旅游、建筑服务。
[②] 知识密集型服务领域指电信计算机和信息服务、金融服务、知识产权使用费、保险和养老金服务、个人文化和娱乐服务、其他商业服务。

续表

服务类别	进出口		出口		进口		贸易差额（亿元）
	金额（亿元）	同比（%）	金额（亿元）	同比（%）	金额（亿元）	同比（%）	
维护和维修服务	954.7	48.1	702.4	46.8	252.4	51.9	450
运输	10 410.1	4.4	3 175.5	13.1	7 234.6	1	−4 059.1
旅行	19 702.6	−5.9	2 380.5	−8.6	17 322.1	−5.3	−14 941.6
建筑	2 572.6	11.3	1 931.7	10.2	640.9	12.9	1 290.8
保险服务	1 073.0	−4	329.6	1.2	743.3	−6.1	−413.7
金融服务	440.0	18.7	269.7	15.5	170.3	19.8	99.4
知识产权使用费	2 830.5	4	459	23.6	2 371.5	1	−1 912.5
电信、计算机和信息服务	5 571.3	18.9	3 715.7	21	1 855.6	22.1	1 860.1
其他商业服务	8 498.9	9.3	5 060.2	8.7	3 438.7	10.1	1 621.5
个人、文化和娱乐服务	364.0	19.4	82.6	−6.8	281.4	24.6	−198.8
政府服务	363.0	−11.9	106.5	−5.6	256.5	−14.3	−150

数据来源：国家统计局。

2020年全球新冠肺炎疫情对我国服务贸易造成较大影响。各国采取停飞国际航线、限制人员出入境等不同程度人员管控措施，既对服务领域消费需求造成严重冲击，也削弱了服务的跨国供给能力，以旅行服务为代表的传统服务领域进出口受疫情影响最为严重，知识密集型服务贸易领域趋向"在线化"与"零接触"发展，受到的影响相对较小。我国高度重视服务业和服务贸易的发展，要充分发挥服务贸易对稳外贸、稳外资的支撑作用。2020年根据《国务院关于同意全面深化服务贸易创新发展试点的批复》(国函〔2020〕111号)，商务部印发《全面深化服务贸易创新发展试点总体方案》(商服贸发〔2020〕165号)，进一步推进服务贸易改革、开放、创新工作。

三、上海服务贸易发展情况

上海服务贸易进出口规模连续多年位居全国首位。2019年，上海服务贸易进出口总额为1 843.8亿美元，约占全国服务贸易进出口总额的四分之一；其中，服务出口626.3亿美元，同比增长5.1%；服务进口1 217.5亿美元，同比下降11.7%（图4）。

（一）服务进出口额有所下降，贸易逆差进一步收窄

2019年，上海服务进出口总额同比下降了6.6个百分点。其中，传统服务类别（旅游和运输）进出口贸易额合计1 075美元，占比58.3%，比上年下降4.9%。建筑服务、保险和养老金服务及维护和维修服务进出口额同比增长幅度均为40%左右。本市服务贸易逆差591.2亿美元，比上年收窄了192.3亿美元。

图 4　2015—2019 年上海服务贸易进出口趋势图

数据来源：国家外汇管理局上海市分局。

（二）高附加值服务出口增长较快

专业管理和咨询服务、电信、计算机和信息服务、技术服务等高附加值产业占全市服务出口比重已达 6 成以上，国际竞争力稳步提升。2019 年，建筑服务、保险和养老金服务、知识产权使用费出口增幅分别为 52％、50％、45％。旅游、运输等传统服务出口均保持增长；电信、计算机和信息服务，专业管理与咨询服务出口均保持稳步增长态势（表 6）。

表 6　2019 年上海服务贸易进出口按类别统计数据

类　　别	进　出　口			出　口		进　口		贸易差额
	金额（亿美元）	同比（％）	占比（％）	金额（亿美元）	同比（％）	金额（亿美元）	同比（％）	金额（亿美元）
总额	1 843.8	−6.6	100.0	626.3	5.1	1 217.5	−11.7	−591.2
运输服务	333.5	2.6	18.1	131.3	3.2	202.3	2.2	−71.0
旅游	741.5	−19.4	40.2	27.9	19.9	713.7	−20.4	−685.8
建筑服务	15.2	39.4	0.8	9.8	52	5.4	21.7	4.4
保险和养老金服务	21.7	40.3	1.2	11	50.1	10.8	32	0.2
金融服务	2.3	5.8	0.1	0.9	1.5	1.5	9.8	−0.6
电信、计算机和信息服务	133.1	2.5	7.2	94.6	5.4	38.5	−3.9	56.1
专业管理和咨询服务	308.6	7.3	16.7	231.9	5.3	76.8	13.9	155.1
技术服务	93.7	5.4	5.1	53.6	0.2	40.1	13.2	13.5
文化和娱乐服务	8.7	−1.3	0.5	2.1	−22.6	6.6	8.6	−4.5
知识产权使用费	98.4	0.5	5.3	2.8	45	95.5	−0.4	−92.7
其他服务	87	−1.8	4.7	60.6	−3.3	26.4	1.9	34.2

数据来源：国家外汇管理局上海市分局。

(三)旅行服务进口降幅明显

旅行作为上海市第一大服务进口类别,2019年,进口额713.7亿美元,占服务进口的比重为58.6%,同比下降20.4%,是总体服务进口明显下降的主要因素。旅行贸易逆差685.8亿美元,较上年收窄187.6亿美元。旅行进口数据下降的原因之一是随着跨境电子商务和互联网移动支付的蓬勃发展,支付宝、微信等海外业务快速增长,纳入外管局国际收支项下旅游统计的银联数据下降较快。

(四)内资企业继续成为服务贸易主力

2019年,内资企业占本市服务贸易进出口总额的比重达到58.5%,位居第一,其次为外资企业29.0%、港澳台地区投资企业12.1%。就出口而言,外国投资企业占比45.6%,其次分别为内资企业28.7%、港澳台地区投资企业25.1%;在进口方面,占比从高到低依次为内资73.9%、外资20.4%、港澳台资5.4%。

(五)亚洲仍是主要贸易市场

2019年,亚洲地区继续成为本市服务贸易进出口主要伙伴地区,进出口额962.5亿美元,占服务贸易总额的52.2%,其次分别为欧洲、美洲和大洋洲地区。从国别/地区情况看,中国香港继续成为上海市服务贸易的最大伙伴,两地之间服务贸易额425.2亿美元,占服务贸易总额的23.1%,其次为美国和日本。

从出口数据看,中国香港和美国、日本、新加坡、德国、英国分列上海市服务出口市场前六名,上述市场合计出口额占出口总额的68.2%;从进口数据看,中国香港和美国、日本、新加坡、德国、韩国分列上海市进口市场前六名,上述市场合计进口额占进口总额的60.8%。上海市对香港的进口大幅下降21%。此外,上海市对日本的进口同比下降16.7%,对美国、法国、澳大利亚的进口同比下降近10%(表7)。

表7 2019年上海服务贸易进出口国别、地区统计数据

分地区	进出口 金额(亿美元)	进出口 同比(%)	出口 金额(亿美元)	出口 同比(%)	进口 金额(亿美元)	进口 同比(%)	贸易差额(亿美元)
全部	1 843.8	-6.6	626.3	5.1	1 217.5	-11.7	-591.2
中国香港	425.2	-12.1	144	12.6	281.2	-21	-137.2
美国	271.4	-6.8	127.5	-5.2	144	-8.1	-16.5
日本	165.4	-12.8	45.4	-0.7	120	-16.7	-74.6
新加坡	123.5	5.8	48.8	3.7	74.7	7.2	-25.9
德国	107.6	0.7	35.2	4.2	72.4	-1	-37.2

数据来源:国家外汇管理局上海市分局。

四、2019年上海服务贸易工作推进情况

（一）提升服务贸易开放水平

为深入贯彻落实党的十九大报告中提出"扩大服务业对外开放"要求以及习近平总书记在上海考察期间系列重要讲话精神，贯彻2018年国务院批复同意上海市深化国家服务贸易创新发展试点工作中提出"深入探索适应服务贸易创新发展的体制机制、政策措施和开放路径"的要求，进一步推动上海市服务业扩大开放，市商务委会同市发展改革委、市交通委、市文化旅游局、市市场监管局等部门，研究制定了《上海市新一轮服务业扩大开放若干措施》，于2019年8月以上海市委、市政府名义正式印发执行。共提出40项具体开放措施，主要包括进一步放宽服务业外资市场准入限制，打造国际一流营商环境；实施跨境服务贸易高水平对外开放，引领服务消费转型升级；搭建开放型贸易便利化服务体系，提升国际贸易中心建设能级；提升对全球创新资源的集聚能力，助力科技创新中心建设；强化现代航运服务业对外辐射能力，提升全球航运资源配置能力；推进更高水平的金融服务业对外开放，加快国际金融中心建设速度；完善服务业国际化交流合作机制，构筑国际人才集聚高地等七个板块的具体内容。

（二）培育服务贸易新兴领域

1. 着力推进数字贸易创新发展

市商务委会同市发展改革委等九部门联合发布《上海市数字贸易发展行动方案（2019—2021）》，是全国首个省市发布的数字贸易行动方案。推进数字贸易交易促进平台项目建设，打造自贸试验区临港新片区分平台，完成数字贸易交易促进平台及分平台的上线运营工作。组织浦东软件园、陆家嘴金融城、紫竹经济开发区和临空经济开发区等申报国家数字服务出口基地，并认定为上海服务贸易示范基地（数字贸易）。加快推动服务外包数字化转型，探索数字化"产品＋服务"出口模式，推动光刻机、物联网等高新领域项目。

2. 推动技术贸易管理自主改革

在浦东新区试点技术进出口合同登记无纸化办理工作，深入调研企业需求，试点对信誉较好的技术进出口企业实行合同登记无纸化办理，由当面提交纸质材料改变为向公务办理邮箱提交电子数据。将技术进出口业务纳入国际贸易"单一窗口"，推动技术出口业务退税办理的无纸化，提升企业便利度。

3. 加大文化贸易促进力度

加快国家文化出口基地（徐汇）建设，做好基地建设年度总结工作。发挥国家对外文化贸易基地（上海）作用，在第十二届中国艺术节演艺及文创产品博览会上搭建授权主题展区，组织企业参加2019全球授权展。拓展上海国际艺术品保税服务中心功能，加快艺术品报税综合服务平台建设、拓展IP授权运营服务。会同相关部门共同推进上海国际艺术品交易月的筹备工作。联合市委宣传部等编制发布《2019年度上海文化贸易发展报告》。

4. 推出邮轮旅游促进举措

市商务委印发《关于支持宝山区发展邮轮服务贸易的若干措施》，从宝山邮轮服务贸易发展亟须支持的问题出发，就深化港口通关、培育企业、加大资金政策支持力度、促进新型贸易模式发展、营造

良好发展环境等五个方面提出了14项具体工作举措。围绕建设国际一流邮轮港的发展目标，聚焦打造邮轮经济全产业链的重点任务，积极推进本市邮轮经济发展工作。推进邮轮服务贸易业务培训工作和邮轮服务贸易课题研究。

5. 加强中医药服务海外推广

推动"海上中医"海外中心建设，推进首批中医适宜技术产品转化，并在海外活动中进行推广。推动中医药服务贸易促进中心与意大利相关大学开展中西医教学的合作。指导中医药服务贸易促进中心在阿联酋首都阿布扎比举办谢赫扎耶德文化遗产节"中医文化主题周"活动。

（三）强化服务贸易促进举措

1. 加大服务贸易潜力企业培育力度

发布《上海市服务贸易促进指导目录（2019年版）》，将潜力企业纳入指导目录支持范围。针对企业规模小、融资难等问题，加强和国家服务贸易创新发展引导基金的对接，支持潜力企业和重点项目。

2. 建立拓展海外市场长效机制

指导上海服务贸易全球促进联盟开展服务贸易促进活动，与匈牙利对外投资署、俄罗斯工商会、阿联酋迪拜工商会、摩洛哥外贸银行、中希企业联合会等建立合作关系。完成服务贸易海外行、技术贸易海外行报告。委托相关研究机构编制阿联酋、巴西、波兰、印度尼西亚等服务贸易国别报告，编制邮轮旅游、服务外包、文化贸易、金融服务、中医药服务、新兴服务贸易、技术贸易、数字贸易等产业运行指引报告。指导首个上海服务贸易海外中心在比利时布鲁塞尔成立，举办上海服务贸易海外展（比利时站）。在摩洛哥、希腊、捷克等"一带一路"国家开展服务贸易促进活动。

3. 探索解决生物医药研发外包通关便利问题

联合市药监局、上海海关等单位研究解决相关企业的生物材料进口代理问题。形成《建议按照非药用物品通关的研究用物品目录》，上报国家药监局，争取解决研发用生物材料涉证通关问题。推动优化研发用生物材料的风险评估流程，提高通关效率。推动解决临床试验药品进口新增申请"进口药品批件"的问题。研究商品化空白基质新增境外风险评估要求的相关问题。

4. 组织进博会上海交易团服务贸易分团

举办第二届进博会上海交易团服务贸易分团动员暨业务培训会，召开服务贸易重点企业采购需求排摸会，组织企业参加第二届进口博览会服务贸易展区展前供需对接会。组织做好服务贸易企业采购成交的统计和相关配套活动的配合工作。举办"一带一路"服务贸易推介洽谈会。

（四）夯实服务贸易发展基础

1. 构建市区联动的管理机制

形成区级服务外包综合评价体系的相关方案，积极探索搭建市区联动的服务贸易发展绩效和考核机制。举办多次区服务贸易培训会，就服务贸易新兴领域及相关管理机制开展培训并进行沟通。

2. 夯实服务贸易统计基础

编制完成创新金融服务贸易统计分析方法研究报告，编制上海服务贸易统计分析报告和上海服务贸易外国附属机构统计报告。推进数字贸易、文化贸易、技术贸易、服务外包、专业服务、运输服务等重点领域数据采集和分析工作，开展2019年服务贸易统计直报培训。会同上海中医药管理局开展

15家试点单位的中医药服务贸易统计工作。会同中科院加快"上海服务贸易大数据综合服务平台"一期建设。

3. 推出服务贸易业务培训项目

推出涵盖国际市场拓展、业务模式创新、航运服务、文化贸易、技术贸易等领域的实务培训,帮助企业应对中美贸易摩擦,提升拓展新兴市场能力,加快发展高端和创新业务。

第二部分

专题报告

新冠肺炎疫情对服务贸易
影响分析与趋势预判

一、世界服务贸易情况

2020年,受新冠肺炎疫情影响,全球商品贸易明显下滑,服务贸易规模有所下降,特别是旅行、运输、与货物相关的服务等传统服务贸易严重受挫。2020年,全球GDP预计会下降4.8%,全球商品贸易量下降会超过9%,服务贸易下降会超过23%。但疫情也催生了一些新的服务贸易模式和业态,如远程医疗、在线教育、共享平台、协同办公、跨境电商等服务得到广泛应用。

世界贸易组织(WTO)秘书处发布最新报告指出,因疫情采取隔离等措施,零售、卫生、教育、电信和视听服务等行业更加注重在线服务。大量的中小微企业从事服务业,服务业对连接供应链和促进商品贸易活动又起着重要作用,因此服务贸易将是全球经济复苏的关键,今后跨境服务贸易将通过数字网络得以加强。电信和计算机等提供的在线服务以及商品贸易的分销、运输和物流等服务,将有助于经济增长。

世界贸易组织日前发布的最新一期"全球服务贸易晴雨表"报告显示,在全球服务贸易整体下滑情况下,服务贸易关键行业表现出韧性,并出现温和增长;从近期服务贸易实际活动趋势看,全球服务贸易基本面仍强劲,预示全球贸易或早日复苏。

报告指出,受新冠肺炎疫情影响,2020年二季度全球服务贸易表现仍远低于趋势水平。"全球服务贸易晴雨表"最新指数为95.6,明显低于100的基线值,是该指数有记录以来最弱数值。但是,最新读数也显示,一些服务贸易关键行业出现温和增长,表明服务贸易在面对疫情时存在一定程度的韧性。

尽管"全球服务贸易晴雨表"最新指数中多数分类指数仍低于趋势水平,但部分分类指数显示相关行业已出现触底并走出低谷的迹象。数据显示,航空客运最新指数为49.2,出现该指数有记录以来最大跌幅,显示该行业受疫情影响最为严重。航空客运业大幅收缩反映了疫情造成的航空旅行急剧减少和疫情封锁限制措施影响。但航空客运业最近似已趋于稳定。从"全球服务贸易晴雨表"最新指数其他分类指数看,集装箱航运指数(92.4)、建筑业指数(97.3)和全球服务业采购经理人指数(97)等均已显示好转迹象。由于全球服务业采购经理人指数是"全球服务贸易晴雨表"中最具前瞻性的组成部分,其最新指数出现上升迹象尤其值得关注。此外,金融服务指数为100.3,是最新一期"全球服务贸易晴雨表"分类指数中唯一高于趋势水平的分类指数。

从历史情况看,疫情期间全球服务贸易下降程度低于十多年前全球金融危机期间的降幅。2020年一季度全球服务贸易同比下降4.3%,此降幅虽然很大,但好于2009年一季度,当季全球服务贸易同比下降5.1%,其后的二季度降幅更大,达到了8.9%。此外,从2019年下半年开始,全球服务贸易增长速度一直在放缓。因此,近期全球服务贸易的收缩既有全球经济增长放缓因素,也反映了服务贸易尚未从疫情初期阶段的打击中恢复过来。预计全球服务贸易指数将在2020年下半年继续低于趋势水平,但航空客运复苏将为全球服务贸易转机作出强有力贡献[①]。

《2019年全球贸易报告》指出,数字技术、人口变化、收入增加以及气候变化将对未来服务贸易发展

---

① http://finance.sina.com.cn/roll/2020-09-23/doc-iivhvpwy8269610.shtml。

产生重要影响,这些趋势将催生新的服务贸易业态,影响服务需求,对部分服务贸易产生负面影响,同时在环境服务等领域创造新的市场。根据世界贸易组织全球贸易模型测算,到2040年,全球服务贸易份额可能提高50%。如果发展中国家能够使用数字技术,在全球服务贸易中的份额可增加约15%①。

二、中国服务贸易情况

"十三五"以来,我国服务贸易实现稳步增长。截至2019年,服务贸易规模连续6年保持世界第二位。我国已是世界服务贸易第二大进口国和第五大出口国。但总体看,服务贸易仍是外贸的短板和弱项,存在"三低一大"的特点,即:服务贸易占对外贸易比重低、数字化水平低、知识密集型服务贸易比重低,服务贸易逆差大。另外,还存在几个突出问题:一是货物贸易对服务贸易的带动效应没有很好地发挥,如与货物贸易紧密相关的跨国运输、货物保险和贸易清算结算的竞争优势尚未发挥出来;二是在华外企的核心关键环节、部门,如产业链标准、供应链纽带、价值链枢纽的掌控企业多注册在海外,由此形成的服务贸易业务量以及清算、结算后形成跨国的专利版税、企业所得税也都算在海外;三是服务业开放度仍不够,对服务贸易领域的一些相关行业仍存在较多限制,准入门槛较高,全方位、宽领域、多渠道的开放体系还未形成。

(一)疫情下中国服务贸易现状

2020年前三季度我国服务贸易发展规模下降,但呈现趋稳态势。1—9月,我国服务进出口总额33 900亿元,同比下降15.7%。其中,出口13 995亿元,下降1.5%;进口19 905亿元,下降23.5%。

在总体趋稳的同时,前三季度,我国服务贸易发展也呈现出一些亮点,主要表现为:服务出口表现明显好于进口,贸易逆差减少,知识密集型服务贸易占比提高。

9月当月,我国服务出口1 625亿元,同比增长4.1%,单月增速由负转正。其中,保险、建筑、维护和维修等服务出口增长明显:保险服务出口39亿元,同比增长83.1%;建筑服务出口195亿元,同比增长56.0%;维护和维修服务出口45亿元,同比增长27.0%;运输出口336亿元,同比增长21.8%。

服务贸易逆差大幅减少。前三季度,我国服务出口降幅趋稳,出口降幅小于进口22个百分点,带动服务贸易逆差下降50.0%至5 910亿元,同比减少5 901亿元。

知识密集型服务贸易占比提高。1—9月,我国知识密集型服务进出口14 931亿元,同比增长9.0%,占服务进出口总额的比重达到44.0%,提升10个百分点。

服务外包产业率先走出疫情影响,签约额和执行额实现"双增长"。1—9月份,我国企业承接服务外包合同额9 876.4亿元,执行额6 834.9亿元,同比分别增长11.4%和14.8%,并呈现五大亮点:集成电路和电子电路设计、生物医药研发等高价值服务快速增长;美国和中国香港特区等重点地区增长较快;长三角、京津冀等重点区域继续引领发展;民营企业发展较快;吸纳就业成效明显。

(二)疫情对我国服务贸易发展的影响

1. 对我国服务贸易的影响要高于货物贸易

利用当前出现的中外抗疫"时空差",货物贸易具有较好的反弹基础,货物贸易企业可能出现对外

---

① 中国服务贸易指南网,《2019年世界贸易报告》:四大趋势将影响未来的服务贸易,http://tradeinservices.mofcom.gov.cn/article/yanjiu/hangyezk/201911/93620.html。

"补出口"现象,同时叠加我国政府逆周期调节政策,也会刺激货物进口增速大幅反弹;相较而言,受疫情影响的服务贸易损失则很难弥补回来。

2. 对单据处理贸易第三方服务影响较大

传统转口贸易可分为再出口贸易和单据处理贸易两种。当前,数字技术广泛应用于跨境电商特别是B2B领域,严重冲击了再出口贸易,其中再加工环节一般放在出口方和进口方两端完成。数字化的货物贸易增值服务、金融服务,货物保险、汇算结算、物流服务等第三方服务成为转口贸易的主要实现方式。疫情进一步扩大了这一趋势。

3. 对传统服务贸易领域和与制造业密切相关的服务贸易领域影响较大

包括旅行服务贸易、运输服务贸易、建筑服务贸易、维护与维修服务贸易、加工服务贸易等。限制人员流动措施导致以商务、旅游及留学为目的的人员出行频次大幅度下降,境外消费和自然人移动模式下的服务贸易受到严重冲击。

4. 对新兴服务贸易影响相对较小

新兴服务贸易大多呈现"零接触"特征,受疫情隔离防控措施的冲击很小,可以进行线上替代。并且,电信计算机和信息服务、知识产权使用费、技术服务、专业管理和咨询服务、研发成果转让费及委托研发服务等新兴服务多为长期订单,需求较为稳定,且服务提供方式可部分采取远程在线提供,预计受疫情影响可控。个人、文化和娱乐服务中的在线娱乐,如网络游戏、在线影视、在线音乐、在线图书、远程教育、远程医疗问诊等服务,则因人们闲暇时间增多、医疗健康需求增大,出现井喷式增长。但新兴服务目前在我国服务贸易总额中占比仅35%左右,将无法抵消以旅行服务为代表的传统服务贸易大幅下降。

5. 对我国与发达国家之间服务贸易的影响要高于发展中国家

从区域结构来看,我国服务贸易主要集中在美国、欧盟、日本三个发达经济体;相对而言,我国同发展中国家开展服务贸易的金额比重偏低。而目前欧美发达国家是当前疫情较为集中的地区,因此疫情对我国与发达国家之间的服务贸易影响会更大。

(三)当前我国服务贸易发展面临的内外部环境与发展趋势

1. 服务贸易发展面临的国内形势平稳向好

从国内看,随着我国疫情防控常态化取得积极成效,成为全球生产、投资、消费的"避风港",服务贸易企业已基本实现全面复工复产,且我国在数字产业、生物医药研发等领域已具备一定的比较优势。我国全面深化服务贸易创新发展试点、深化北京新一轮服务业扩大开放综合试点、建设国家服务业扩大开放综合示范区、服务外包示范城市、国家数字服务出口基地等平台建设不断走深走实,将有效推动我国服务贸易高质量发展。第四季度我国将出台"跨境服务贸易负面清单",有望带动跨境交付、境外消费、自然人流动三种模式的服务贸易加速发展。随着全面深化服务贸易创新发展试点等一系列利好政策措施陆续落实到位,服务贸易发展面临的国内形势平稳向好。

2. 数字服务有望成为我国服务贸易发展新亮点

产业数字化、数字产业化进程不断加快以适应新的生产生活方式。在数字化带动下,制造业和服务业将加快融合,智能化、个性化、定制化生产将逐渐成为主要业态,制造服务化、服务数字化成为产业发展的新特征。目前,全球50%以上的服务贸易已经实现数字化,超过12%的跨境货物贸易通过数字化平台实现。世界贸易组织发布的《2019年世界贸易报告》指出,由于数字技术带来的远程交易量增加及相关贸易成本降低,服务在全球贸易中所占份额未来20年将继续快速增长。据埃森哲测算,到2030年电子商务可能刺激约1.3万亿—2.1万亿美元的增量贸易,使制成品贸易增加6%—10%。

当前新冠疫情的侵扰还在世界范围内持续且有进一步恶化的趋势。由于疫情及各国采取的严格限制人员跨境流动的措施使得传统服务业面临巨大的挑战。虽然国内疫情稳定,但为了防止疫情反弹,抗击新冠肺炎疫情将成为常态,"无接触式"生产生活方式开始为人们所适应。自动化、远程操控、线上办公和线上娱乐成为社会生产生活新趋势,这促进了人工智能、物联网、大数据等技术的应用推广,从而进一步加速了数字经济的发展。加快产业升级,通过技术手段解决跨境流动问题成为促进我国服务贸易发展的突破口。随着数字化、网络化、智能化快速发展,服务贸易数字化进程将加速推进,知识密集型服务贸易前景看好,有望成为推动服务出口的重要力量。数字服务有望成为我国服务贸易发展新亮点。

3. 国际形势仍存在较大不确定性,拖累中国服务贸易复苏与增长

一是全球经济出现下滑,贸易投资大幅缩减,导致我国服务贸易、特别是传统服务贸易受到较大影响。

二是国际市场需求下降,导致我国服务出口企业订单减少,出口受阻。

三是在疫情蔓延下,限制人员流动措施导致境外消费、自然人流动项下的服务贸易规模萎缩。

四是部分国家推行逆全球化和单边主义措施,限制部分高端服务和产品出口,导致我国服务进口下降。美国、欧盟、日本等发达经济体为保持新兴服务业的先发优势,加速在全球范围内构建行业技术标准和贸易规则,确立其垄断地位。同时为了扩大就业、支持新技术发展,在服务业岗位向外转移及服务进口等方面也有更严格的限制措施。美欧发达经济体在贸易、投资、创新、产业等方面不断制定新的规则标准,其中许多限制措施均针对中国,尤其是以国家安全审查为由限制准入的领域不断扩大,涉及电信、金融、技术服务等领域。

五是离岸服务外包面临来自印度、菲律宾、越南、南非、墨西哥等国的竞争,服务外包业务有转移到更低成本的国家和地区的趋势。

三、上海服务贸易情况

近年来,上海服务贸易能级和核心竞争力不断提升,2016年到2019年四年间,上海服务贸易进出口额保持全国首位。2019年,上海服务贸易进出口额1 843.8亿美元,约占全国服务贸易进出口总额的四分之一。"十三五"规划以来,上海服务出口年均增长4.5%。服务贸易结构不断优化,专业管理和咨询服务、电信、计算机和信息服务、技术服务等高附加值产业已逐步成为上海服务出口的主要增长点,占全市服务出口比重已达6成以上,国际竞争力稳步提升。2019年知识密集型服务贸易占比达38%。2020年上半年,虽然面对新冠肺炎疫情的挑战,上海服务贸易出口303亿美元,仍实现同比正增长。知识密集型服务贸易占比持续提高,显示出较强的抗冲击能力。2020年1—8月知识密集型服务进出口增长8.5%,占服务进出口总额的比重达到44.1%[①]

新冠疫情激发了上海软件贸易和数字贸易的发展潜力。2020年1—9月,上海计算机和信息服务进出口继续逆势增长,进出口额达99.7亿美元,其中出口70.1亿美元,同比增长8.0%;进口29.6亿美元,同比增长10.0%,增长幅度均高于上海市服务贸易平均水平。同时,2020年1—9月,以软件信息技术为基础的数字贸易实现进出口额315亿美元,同比增长8.6%。均高于上海市服务贸易平均水平。

2019年上海服务出口排名前100名的企业中,有79家年服务出口额超1亿美元。上海服务贸易企业呈现多元化发展趋势,除跨国公司地区总部和大型运输企业外,生物医药研发、文化旅游、金融服务的企业数量进一步增加。

---

① 数据来源:上海市国际服务贸易行业协会。

四、新冠肺炎疫情下国际直接投资现状与趋势

（一）国际直接投资大幅下滑

根据联合国贸发组织《2020年世界投资报告》，在新冠肺炎疫情冲击下，全球外国直接投资（FDI）大幅下滑。预计2020年全球FDI流量将从2019年的1.54万亿美元下降40%，是自2005年以来首次低于1万亿美元，达到近20年来的最低水平。预计2021年FDI将进一步减少5%—10%。封闭隔离措施减缓了现有投资项目，严重衰退的经济前景使跨国公司重新评估新项目，部分国家在危机期间采取了新的投资限制政策。占全球FDI绝大部分的全球前5000家跨国企业已经将2020年的盈利预期平均下调近40%，部分行业陷入亏损。利润下降将影响企业的收益再投资，而收益再投资平均占全球外国直接投资50%以上。2020年前几个月，新的绿地投资项目和跨境并购同比均下降了50%以上，住宿餐饮服务、其他服务和贸易服务的绿地投资项目数量均大幅下降。

由于易受供应链中断影响，流入亚洲地区发展中经济体的资金将受到严重影响，预计减少30%—45%。2020年第一季度，亚洲地区绿地投资项目数量减少了37%，2020年4月跨国并购数量减少了35%。许多跨国公司推迟了2020年投资计划，转向重建或巩固其业务运营。疫情凸显了该地区供应链的脆弱性及中国和亚洲其他经济体作为全球生产节点的重要地位。这将促使跨国公司加速投资重新布局，以及全球价值链活动的回流，从而影响该地区FDI的长期趋势。

（二）投资决策变化

疫情会对投资决策产生持久影响。一方面，在战略性产业，对外国投资实行更严格准入政策的趋势加强；另一方面，各经济体为从危机中复苏，加剧引资竞争。在国际层面，疫情凸显了国际投资协定改革的必要性，因为政府应对疫情危机及其经济影响的措施可能会与国际投资协定中规定的义务存在冲突。

近年来，全球几乎全部发达国家出于国家安全考虑，加强了对战略性产业外国投资的审查。2019年，至少有11宗大型跨境并购交易因监管或政治原因被撤销或阻止。

2019年，54个经济体采取了至少107项影响外国投资的措施，其中四分之三朝着投资促进、自由化和便利化的方向发展，其中发展中国家和亚洲新兴经济体最为活跃。在采矿、能源、金融、运输和电信领域，各国采取了推动自由化的政策。一些国家简化了投资的行政程序或扩大了投资激励措施。

（三）国际生产体系转型

2010年以来，实物生产性资产的跨境投资停止增长，贸易增长放缓，全球价值链（GVC）贸易下降。新工业革命、日益严重的经济民族主义政策导向和可持续发展的必要性等挑战推动国际生产体系走向一个拐点，新冠肺炎疫情的暴发加剧了这一转变，未来十年将是国际生产体系转型的十年。

各个行业具有不同的国际生产结构，可能会演化出四种发展轨迹：

1. 产业回流将导致价值链更短、更分散，增加值的地理集中度更高

主要影响高技术GVC密集型产业。该趋势意味着撤资增加和效率寻求型FDI减少。一些经济体需要重新工业化，其他国家需要应对过早的去工业化。发展中国家更难进入和提升全球价值链的位置。

2. 多元化将导致经济活动的分布更广泛

主要影响服务业和GVC密集型制造业。该趋势将增加新进入者（经济体和公司）参与全球价值

链的机会,但其对供应链数字化的依赖,导致全球价值链管理更加松散、平台化和轻资产化,在东道国获取价值更加困难。参与GVC将需要高质量的软硬数字基础设施。

3. 区域化将缩短供应链的实际长度,但不会降低供应链的分散程度

增加值的地理分布会增加。该趋势影响区域加工业、一些GVC密集型产业,甚至第一产业。这意味着从全球效率寻求型投资转向区域市场寻求型投资,从投资垂直的GVC部门转向投资更广泛的工业基础和集群。区域经济合作、产业政策和投资促进成为构建区域价值链不可或缺的组成部分。

4. 复制将导致价值链缩短和生产阶段的重新捆绑

这将导致更多的地理分布活动,但增加值更集中,特别适用于中心辐射型和区域加工业。该趋势意味着,投资将从大规模工业活动转向依赖于精益实体基础设施和高质量数字基础设施的分布式制造业。当地制造业基地和生产者服务成为吸引GVC最后阶段的先决条件,但无法保证价值获取和技术传播。

尽管不同的发展轨迹表明,预期的国际生产转型并非单向发展,但总体而言,这些趋势表明,全球价值链解体和空心化、生产性资产跨境投资减少的风险加大,该体系面临严重压力。

(四)发展中国家面临的挑战和机遇

新时代的挑战包括更多的撤资、重新布局和投资转移的增加以及效率寻求型投资不断减少,这意味着对FDI的竞争更加激烈。GVC的价值获取和基于垂直专业化的发展变得更加困难。为GVC建造的基础设施回报逐渐减少。投资地点决定因素的变化,往往对发展中国家吸引跨国公司业务产生不利影响。国际生产的总趋向是更短的价值链,更高的增加值集中度和实际生产性资产国际投资的减少,这给发展中国家带来了巨大挑战。

由于投资者希望实现供应链来源多元化以提高生产的韧性,新的机遇有可能出现。地区的市场寻求型投资将增加。较短的价值链促进对分布式制造和最终产品生产的更多投资,并扩大工业能力建设和集群。数字基础设施和平台将催生新的应用程序和服务,并改善自下而上进入全球价值链的方式。新的形势还可能涉及发展重点的调整,吸引更多生产性基础设施和服务业的跨国投资,以及对绿色经济和蓝色经济的投资。但能否抓住这些机遇将取决于发展战略的转换,需要改变投资发展模式。

第一,从对GVC专业化细分部门的出口导向性和效率寻求型投资,到"出口++"型投资,即+区域市场的生产性投资,+对更广泛工业基础的投资。

第二,从投资于单一地点的成本竞争,到基于灵活性和弹性的多元化投资竞争。

第三,从优先利用"大型基础设施"吸引大规模工业投资者,到利用"精益基础设施"为小型制造设施和服务腾出空间。

第四,必须将投资促进战略转向基础设施和服务领域。过去30年来,国际生产和促进出口导向型的制造业投资一直是大多数发展中国家发展和工业化战略的支柱。旨在开发利用生产要素、资源和低成本劳动力的出口导向型投资仍然很重要,但这种投资正在减少。这就要求在国内需求和区域需求以及服务的基础上,实现一定程度的增长再平衡。

五、服务业利用外资情况

(一)世界服务业FDI

服务的不可储存性和不可分割性决定了服务贸易最好的方式就是商业存在(模式3)。近20年

来,全球外国直接投资已明显向服务业聚集,服务业领域的外国直接投资目前已占到全球对外直接投资总流量的2/3,而这一趋势又构成了世界服务贸易的重要推动力,通过商业存在实现的服务贸易规模不断扩大。据WTO估算,2017年通过商业存在实现的服务贸易占58.9%,通过跨境提供(模式1)的占27.7%,约为跨境提供的2倍多。可以预计,随着服务业在各国国民经济中比重的进一步上升,双边和多边贸易谈判的推进,各国市场准入程度不断提高,通过商业存在实现的服务贸易规模将进一步扩大。

(二) 中国服务业 FDI

根据《中国外资统计公报2020》,2016—2019年,我国吸收外资总量达5 496亿美元,年均增长1%。2017—2019年,连续三年位居全球第二大引资国。吸收外资结构进一步优化。自2010年后,中国服务业实际利用外商直接投资额所占比重开始超过第二产业并迅速上升。2016—2019年,服务业吸收外资3 956亿美元,年均增长2.2%,占比由2015年的69.8%,提升至2019年的73.1%。高技术产业吸引外资达1 290亿美元,年均增长23.9%,占我吸收外资比重由2015年的12.2%提升至2019年的27.7%。其中,高技术服务业年均增长37.3%,占我国吸收外资的比重由2015年的5.3%大幅提高至2019年的18.2%[①]。2019年,科学研究和技术服务业,信息传输、软件和信息技术服务业实际使用外资金额较上年分别增长63.9%和25.9%[②]。据商务部统计,2020年1—10月,服务业实际使用外资6 257.9亿元人民币,同比增长16.2%,占全国实际使用外资的78.2%。高技术服务业同比增长27.8%,其中电子商务服务、专业技术服务、研发与设计服务、科技成果转化服务同比分别增长44.3%、77.9%、82.1%、43.6%[③]。

(三) 上海服务业 FDI

近20年来,上海服务业实际吸收外资规模和占比均呈稳步上升态势,从2001年的17.24亿美元增长至2019年的172.86亿美元。近10年来,上海服务业实际利用外资占全市实到外资总额的比例均在9成左右。2019年,上海第三产业外商直接投资实际到位金额172.86亿美元,增长11.6%,占全市实际利用外资比重为90.7%,是我国吸引服务业外资的重要引擎之一。

六、服务型跨国公司与上海服务贸易发展

(一) 上海服务业跨国企业经营情况分析

1. 整体情况

2018年,实际经营地和注册地均在上海的服务型外资企业共41 956家,投资总额6 168.14亿元,注册资本4 092亿美元,从业人数190.76万人。经营情况方面,2018年在沪服务型外资企业共实现营业收入58 969.4亿元,利润总额3 784.71亿元。

---

① http://news.cnstock.com/news,bwkx-202011-4613725.htm.
② http://news.ifeng.com/c/81B0FUSLBh6.
③ http://tradeinservices.mofcom.gov.cn/article/tongji/guonei/buweitj/swbtj/202011/111344.html.

2. 分行业分析

从营业收入看,在沪外企中批发和零售业的营业收入最高,排名第二、第三位的分别是租赁和商务服务业、金融业。同时,卫生和社会工作、教育两个行业的营业收入最少。

从利润总额看,在沪外企各行业间差距较大。利润总额排名前三名的行业依旧是批发和零售行业、租赁和商务服务业、金融业。其中,批发和零售业、租赁和商务服务业两行业的利润总额均超过1 000亿元。同时,教育、卫生和社会工作,以及文化、体育和文化业的在沪外资企业整体呈亏损状态。

从从业人数看,批发和零售业在沪外企的从业人数最多,超60万人。此外,从业人数超10万人的行业包括:信息传输、软件和信息技术服务业、交通运输、仓储和邮政业、金融业、住宿和餐饮业、租赁和商务服务业。

3. 来源国(地区)分析

上海市服务型外资企业的来源国主要是东南亚、美国和欧洲。此外,来自中国台湾和中国香港的服务型外资占比近一半。2018年上海市服务型外资企业的来源地区和国家前八位依次为中国香港、中国台湾、日本、美国、新加坡、韩国、德国。

(二)上海通过商业存在形式实现的服务贸易将迎来快速发展

全球产业链重构与疫情的影响,国际产业转移将会发生很大变化,资本向服务业领域转移的趋势或将进一步加强,上海服务业吸引外资会获得更多的机会。然而,目前上海外商服务领域投资的面还不够宽,需要进一步吸引外资投资现代服务业。随着国家层面一系列服务业对外开放政策措施的加码,为身处开放型经济体制压力测试区的上海,提供了更大的开放空间。2019年8月,上海出台《上海市新一轮服务业扩大开放若干措施》,进一步放宽了服务业外资市场准入限制,40条政策中有8条涉及外资准入方面的进一步开放,涉及投资、文化娱乐、旅游、出版、拍卖、卫生、商贸等服务产业。新措施同时还扩大跨境服务贸易尤其是数字贸易、航运业、金融业等的开放,提升贸易便利化水平,助力科技创新中心建设。可以预计,商业存在将超过跨境服务贸易,成为服务贸易的主要方式。

上海市政府近日发布《上海市全面深化服务贸易创新发展试点实施方案》,提出通过三年试点,推动服务贸易高水平开放,推进产业贸易深度融合,鼓励市场主体自主创新,完善区域布局,培育发展新动能,加快提升"上海服务"品牌国际竞争力,促进上海加快形成国内大循环中心节点和国内国际双循环战略链接的发展新格局。随着《实施方案》提出的在金融、保险、航空、会展等领域的一批开放举措落地,以及探索推进境外人士国际资质认证、职称申报、职业资格考试等自然人跨境执业相关举措的实施,通过商业存在和自然人移动方式实现的服务贸易会迎来更大的发展。

执笔:殷　凤　王　硕(上海大学经济学院)

全球和区域数字贸易规则的发展趋势与焦点争议

作为一种新型贸易形态,数字贸易以互联网为载体,将跨境数据流动作为生产者和消费者的纽带,实现线上线下的融合。通过大数据、云计算、物联网、人工智能等新一代信息技术融合使用实现实体货物、数字产品与服务、数字化知识与信息等高效交换。未来数字贸易将在世界经济贸易发展过程中扮演着越来越重要的角色,但其发展过程中难免会产生数字贸易壁垒以及数字鸿沟等严重问题,因而全球数字贸易亟须一个统一、透明、公平的新型贸易规则与之相适应。目前,数字贸易规则主要体现在世界贸易组织(WTO)的各项提案以及各经济体所签署的区域贸易协定中。

WTO成员围绕数字贸易已经提出了多份议案,但是目前多边框架下的数字贸易规则尚不成熟,其前瞻性和专门性有待提高。数字贸易规则碎片化现象严重,分散在WTO的各个协议中。例如,《服务贸易总协定》中涉及了公共电信网络的准入、数字服务准入、数据本地化措施、跨境数据流动等问题;《与贸易有关的知识产权协议》中提到了数字贸易中的知识产权问题以及源代码非强制本地化等;《全球电子商务宣言》中的数据传输免关税问题等。虽然WTO在数字贸易规则制定推进中存在很多问题,但在推动多边数字贸易规则建设方面做出了努力,多次进行了电子商务相关的谈判,推动了数字贸易规则的制定,因此WTO仍然是最能作为统一制定数字贸易规则的机构。

相比于WTO框架下零散的数字贸易规则,区域贸易协定中的数字贸易规则内容则较为丰富,TAPED数据库[①]将各区域贸易协定中涉及数字贸易规则划分为四个类别:电子商务条款、电子商务章节外的数据流动条款、服务章节中的数据条款以及数字知识产权条款。其中,电子商务条款既包括WTO框架下电子商务规则补充条款,如电子传输免征关税条款以及数字产品的非歧视待遇条款等;也包括超越WTO范围的数据流动相关规定,是各国具有很大争议的焦点议题;电子商务章节外的数据流动条款内容涉及数据本地化和自由流动限制;服务章节中的数据条款针对视听服务、金融服务、电信服务、计算机及相关服务这四个服务部门而专门设立;数字知识产权相关条款主要包括以电子形式存储的版权和相关权利、技术保护措施和信息管理权限等。

一、全球和区域数字贸易规则的发展态势

在数字经济的大背景下,各国政府普遍意识到数据跨境自由流动的重要性,因此构建一个全球性的数字贸易规则成为世界主要国家的共同意愿。事实上,2017年在阿根廷布宜诺斯艾利斯举办的第十一届WTO部长会议上,包括中国在内的76个WTO成员一致呼吁在WTO机制下建立全球数字贸易规则[②],在此次会议的联合声明中指出,各缔约方将为世界贸易组织开启电子商务议题的谈判进行探索性工作。2019年1月,WTO成员发布联合声明,将以WTO的现存规则为基础,积极推进电

---

① Trade Agreements Provisions on Electronic-commerce and Data,https://www.unilu.ch/en/faculties/faculty-of-law/professorships/managing-director-internationalisation/research/taped/.
② WTO Documents Ministerial conferences,https://www.wto.org/english/thewto_e/minist_e/mc11_e/documents_e.htm.

子商务的相关谈判,这为 WTO 框架下建立数字贸易规则迈出了重要一步。然而,谈判的进程并不顺利。从提交的相关议案来看,美国、欧盟、中国、印度等主要国家和地区在议题范围方面存在冲突,围绕着谈判数字贸易还是电子商务问题不能达成一致,从而使得建立统一的全球数字贸易规则的谈判难以推进。

在缺少全球数字贸易规则的背景下,许多 WTO 成员转而在区域贸易协定中制定相应规范,通过观察可以发现,21 世纪以来,区域贸易协定中的数字贸易规则不断增加,这些数字贸易规则随着区域贸易协定的快速增长而不断扩大和繁衍,使得国际数字贸易规则呈现出双边化和区域化发展的碎片化格局。根据 WTO 的统计,在 2000—2018 年全球范围内签署实施的 297 个协定中,有 171 个协定包括数字贸易规则,占总协定数量的 58%。区域数字贸易规则不断强化的趋势反映了数字经济时代数据流动的内在属性和要求,与此同时,这种数字贸易跨境自由流动为个人隐私安全和国家信息安全带来了前所未有的挑战。正是这种政策选择的两难,导致数字贸易规则全球化受阻,难以推进。即使在区域贸易协定中达成的数字贸易规则,也因协定的不同而繁简各异,因伙伴的差异而采用不同的模式,其数据自由流动程度不一,如在区域贸易协定中专门设置数字章节、仅使用部分数字贸易规则或者只有笼统规定。观察比较现有的区域贸易协定数字贸易规则可以发现,美国与日本达成的第一阶段贸易协定中的数字贸易协定(Digital Trade Agreements,DTA)最具有代表性,其所占篇幅最长,单词总数最多,共计达到 5 346 个之多。这也表明美日在数字贸易规则方面拟联合起来,同一立场的趋势,为开启和引领多边数字贸易规则的谈判奠定基础。与此相对应的是,中国—东盟 FTA 中数字贸易规则的单词数仅有 17 个,只是规定了有关电子商务合作和知识产权协议方面的内容。但中国在后期达成的中韩 FTA 和中澳 FTA 中大大提升了数字贸易规则的范围和强度。这一趋势表明中国正在区域贸易协定中尝试和探索数字贸易的开放水平,以权衡数据流动的利益和成本。

二、区域数字贸易规则的涵盖内容和量化趋势

对于区域贸易协定数字贸易规则涵盖的内容和分类问题,已经引起学术界关注,国外学者对此有不同的看法。Mia(2009)[①]认为,重点关注无纸化贸易、非歧视原则以及电子传输关税豁免等内容,是早期区域贸易协定中数字贸易规则的特点,由于其所处的年代,这一范围与 WTO 中电子商务方面的相关规定类似。随着时间的推移,Mark Wu(2017)[②]发现超过半数的 WTO 成员签署的区域贸易协定均涉及数字贸易规则,且涵盖的数字贸易规则内容相比早期更广泛,纳入了如市场准入、电子传输关税豁免、电子认证、非歧视性原则等条款。Rachel(2019)[③]认为从国内政策角度而言,关税壁垒和非关税壁垒是数字贸易规则的不同形态,后者具体指的是数字知识产权侵权、跨境数据流动与本地化限制、互联网安全风险等。上述数字贸易规则分类方法为我们测评区域贸易协定中数字贸易规则的强度提供了参考。

虽然世界贸易组织[④]和世界银行[⑤]等国际组织和机构已经建立了区域贸易协定文本量化的数据

[①] Mia M., 2009, "Multilateral Rules for Regional Trade Agreements: Past, Present and Future", Macao Regional Knowledge Hub Working Papers, No.19.

[②] Mark Wu., 2017, Digital Trade-Related Provisions in Regional Trade Agreements: Existing Models and Lessons for the Multilateral Trade System, Geneva, ICTSD.

[③] Rachel F F., 2019, "Data Flows, Online Privacy and Trade Policy", Congressional Research Service Working Paper, No. R45584.

[④] http://rtais.wto.org/UI/PublicShowMemberrtaIDCard.aspx? rtaid=157.

[⑤] https://datacatalog.worldbank.org/dataset/content-deep-trade-agreements.

库,但是由卢塞恩大学法学院的 Mira Burri 和 Rodrigo Polanco(2020)①开发的 TAPED 数据库②是对区域贸易协定数字贸易规则文本量化得最详细、最完整的数据库,它囊括了 2000—2019 年期间通报 WTO 的含数字贸易规则的共 184 个协定,其中 107 个协定含有专门的电子商务条款,77 个协定包含特定的电子商务章节,其对所有协定中直接和间接涉及的数据、电子商务的单词总数、条款总数及细节构成进行了编码统计,将区域贸易协定中 90 种数字贸易规则归为 60 个电子商务条款、4 个电子商务章节外的数据流动条款、4 个服务章节中的数据流动条款及 22 个数字知识产权条款,每个条款赋值区间为 0—3。该数据库打开了区域贸易协定数字贸易规则的暗箱,为学术研究者评估数字贸易规则的影响奠定了基础。此外,Manfred 和 Sebastian(2018)③利用 TAPED 数据库归类出 6 个衡量数字贸易规则异质性的变量:广度、数据流动深度、灵活性、消费者保护、非歧视性、监管合作,通过辨析区域贸易协定数字贸易规则的各种设计特征来探索条约之间的差异。表 1 展示了区域数字贸易规则的具体内容。

表 1　区域数字贸易规则的具体内容

电子商务相关条款		
弥补 WTO 数字贸易规则的条款	促进数字贸易的条款	涉及 WTO 争议领域的条款
电子商务章节外的数据流动条款		
数据本地化相关条款	数据跨境自由流动相关条款	
服务章节中的数据条款		
视听服务	电信服务	金融服务	计算机和相关服务
数字知识产权相关条款		
知识产权协议	电子形式存储的版权和相关权利	信息管理权限	技术保护措施

数据来源:作者根据 Mira Burri & Rodrigo Polanco(2020)整理。

第一,电子商务章节代表了全球数字贸易规则的前沿,最有可能对与数字技术相关的国内监管制度产生重大影响。根据电子商务条款的作用,可以将其分为以下三大类:一是 WTO 框架下电子商务规则补充条款,包括 WTO 中电子商务规则的适用条款、电子传输免征关税条款以及数字产品的非歧视待遇条款等;二是为通过简化网上交易流程而促进数字贸易的规则,包括促进电子商务便利化、无纸贸易、电子认证条款等;三是电子商务章节内的数据流动相关规定,这些规定完全超越了 WTO 的范围,是各个主要国家具有很大争议的焦点议题。包括电子商务一般条款、数据本地化以及隐私与安全等。

第二,电子商务章节外的数据流动条款内容涉及数据本地化和自由流动限制等,这也是区域贸易协定中"美式模板"和"欧式模板"的争议焦点。

第三,是服务章节中的数据条款,是针对视听服务、金融服务、电信服务、计算机及相关服务这四

---

① Mira Burri, Rodrigo P., 2020, "Digital Trade Provisions in Preferential Trade Agreements: Introducing a New Dataset", Journal of International Economic Law, Vol.23, Jan., PP1-30.
② Trade Agreements Provisions on Electronic-commerce and Data. https://www.unilu.ch/en/faculties/faculty-of-law/professorships/managing-director-internationalisation/research/taped/.
③ Manfred E., Sebastian K., 2018, "Data Flow-Related Provisions in Preferential Trade Agreements", WTI Working Paper, No.03.

个服务部门而专门设立的条款；最后，数字知识产权相关条款主要包括以电子形式存储的版权和相关权利、技术保护措施和信息管理权限等。

根据TAPED数据库对数字贸易规则的赋值方法，对于任何一个区域贸易协定，若包含某项数字贸易规则，则根据强度将其赋值为1—3，否则赋值为0。这种赋值方法最突出的贡献在于区分出了数字贸易规则的三种合法程度——"软(Soft)条款"、"混合(Mixed)条款"和"硬(Hard)条款"。具体来看，"软条款"指的是缔约双方非强制执行的条款，如"尽力而为(Best effort)"条款，除非条约中明确规定了缔约双方在某些合作领域的特定义务，否则这类条款将无约束力，对这种条款赋值为1。"硬(Hard)条款"针对的是那些协定成员必须遵守的某项规定或原则，条款中通常包含的关键词如shall、must等，对此类条款赋值为3。如果某一项条约既包含"软性承诺"，又包含"硬性承诺"，则将其归类为"混合(Mixed)条款"，赋值为2。图1展示了2001—2018年以来各类数字贸易条款的赋值变化趋势。

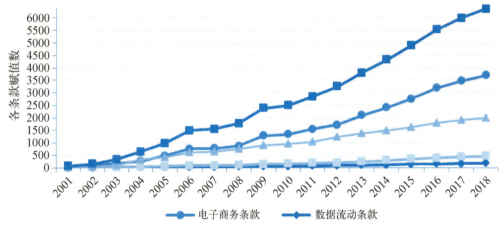

图1　2001—2018年区域贸易协定中数字贸易规则赋值数变化趋势

数据来源：作者根据TAPED数据库整理计算绘制。

图1中的数字贸易规则赋值数的变化趋势表明，近20年来，区域贸易协定中的数字贸易规则总体上来看呈现出快速上升的态势。区域贸易协定中电子商务条款占比最多，其次是数字知识产权相关条款和服务章节中的数据条款，而电子商务章节外的数据流动条款数量较少。比较不同条款的增长速度，电子商务条款增速最快，而电子商务章节外的数据流动条款和服务章节中的数据条款增速较慢，原因在于各国在数据流动方面存在着明显的分歧，因而对各类数据问题的谈判进程较为缓慢。由于各国对数字贸易规则的诉求存在着差异，因而不同的协定中数字贸易规则的深度与广度也有很大不同，总体来看，拥有最多数字贸易规则的美墨加协定(USMCA)，代表了全球数字贸易规则的前沿，而从数字贸易规则类型来看，澳大利亚—新加坡FTA中涉及的电子商务相关条款内容最为丰富，日本—蒙古FTA、USMCA是电子商务章节外数据流动条款数量最多的两个协定，日本—新加坡FTA是服务章节中数据条款最多的区域贸易协定，而数字知识产权条款数最多的则是《全面与进步跨太平洋伙伴关系》(CPTPP)协定。各个协定的侧重点不一，反映出各国在数字贸易规则上诉求的差异。聚焦于中国的情况可以发现，截至目前，在中国共签订了13个含数字贸易规则的区域贸易协定。早期中国对区域贸易协定中数字贸易规则的重视度较低，作为中国第一个签署的包含数字贸易规则的区域贸易协定，中国—东盟FTA的数字贸易规则单词数只有17个，内容仅涉及电子商务合作和知识产权协议两方面。但近年来，中国的跨境电商产业迅速崛起，相应地，对于数字贸易规则的诉求也逐渐增加，在中—澳FTA、中—韩FTA中提高了数字贸易规则的广度和深度，将电子商务和知识产权作

为独立章节进行阐述,体现出中国对于数字贸易规则议题的重视程度正不断加深。最新签署的《区域全面经济伙伴关系协定》(RCEP)中也将电子商务单独列为一章,涉及了跨境传输、信息保护等条款。

三、全球和区域数字贸易谈判的焦点争议

(一) WTO电子商务/数字贸易规则谈判的焦点争议

各国对于数字贸易规则的理解不一致,首先在于不同国家对数字贸易涵盖范围的界定有所差异。从广义和狭义甚至有无的选择来看,不同经济发展水平的国家和地区间存在很大的不同(张茉楠,2018)[①]。WTO谈判大体可划分为三方立场(崔艳新、王拓,2018)[②]:一是以美国、欧盟为首的发达国家,主张将数据的跨境自由流动纳入数字贸易规则中来的宽泛性规则;二是以中国、俄罗斯为代表的发展中国家,倡导基于货物贸易为基础的狭义数字贸易规则;三是电信和互联网建设水平不足的欠发达国家,对于在多边框架中加入数字贸易规则持反对意见。

在现实中,关于WTO电子商务/数字贸易谈判范围的建议,2019年4月,中国、欧盟和美国三个主要谈判方均向WTO上交了相关提案。中国的提案主要体现在原则性的规定上,没有具体条款;欧盟的提案要详细得多,提出了支持不受限制的跨境数据流动的具体条款,但呼吁采纳和应用个人数据跨境转移的规则。欧盟的立场更多地强调了个人数据隐私保护;而美国的提案比欧盟走得更远,其内容与美墨加(USMCA)协定中的数字贸易章节密切相关。USMCA协定是在美国要求重新谈判北美自由贸易协定(NAFTA)的基础上,于2018年11月30日签署的新协定。该协定中的数字规则比美国此前所有自由贸易协定的规定更全面,远远超越了此前美国签署的跨太平洋伙伴关系协定(TPP)中的数字规则的深度和广度,代表了区域数字贸易规则的前沿。上述情况表明,美国在数字贸易规则制定上雄心勃勃,欧盟则考虑数据流动和隐私安全的平衡,中国更侧重于贸易相关的电子商务规则而非数据跨境流动。

(二) 区域数字贸易规则的不同模板和焦点争议

1. 区域数字贸易规则的不同模板

不仅发达国家和发展中国家在数字贸易规则的制定上存在争议,美国、欧盟等发达国家之间在数字贸易领域的规则诉求上也有分歧(周念利、陈寰琦,2018)[③],不单单因为双方的优势数字产业存在出入,民族传统、历史文化的分歧也起着重要作用(李杨等,2016)[④]。因此在全球区域贸易协定数字贸易规则中形成了两种代表性模板,即"美式模板"与"欧式模板"(Aaronson,2016[⑤];周念利、李玉昊,2017[⑥];段平方、候淑娟,2019[⑦]),而数据跨境流动、网络安全与用户隐私以及数据本地化这些方面是

[①] 张茉楠:《数字贸易与新型全球贸易规则发展及对策》,《国际经济分析与展望(2017—2018)》,中国国际经济交流中心,2018年,第235—248页。

[②] 崔艳新、王拓:《数字条款的最新发展趋势及我国应对策略》,《全球化》2018年第3期。

[③] 周念利、陈寰琦:《数字条款欧式模板的典型特征及发展趋向》,《国际经贸探索》2018年第3期。

[④] 李杨、陈寰琦、周念利:《数字条款美式模板对中国的挑战及应对》,《国际贸易》2016年第10期。

[⑤] Aaronson, Susan A., 2016, "The Digital Trade Imbalance and Its Implications for Internet Governance", Global Commission on Internet Governance Paper Series, No.25.

[⑥] 周念利、李玉昊:《全球数字贸易治理体系构建过程中的美欧分歧》,《理论视野》2017年第9期。

[⑦] 段平方、候淑娟:《基于美式模板和欧式模板下中国数字贸易规则体系的构建》,《南华大学学报(社会科学版)》2019年第5期。

上述两种模板存在较大争议之处。Gao(2017)[①]对TPP协定的个人信息保护和数据隐私管理方面的数字贸易规则进行研究后指出,美国在数字贸易规则中的数据流动条款的制定上逐步由贸易法规转向数字法规。吴伟华(2019)[②]通过对分歧较大的跨境数据流动领域进行分析后认为,美国十分重视跨境数据的流动所带来的利益,因此反对限制跨境数据流动的条款,而欧盟则对此较为谨慎,为数据隐私保护留有余地。来有为(2018)[③]也认为美国主张实现数据的全球自由流动,而欧盟强调在保护个人信息的前提下实现数据的自由流动。而王惠敏、张黎(2017)[④]则从税收的角度入手,根据美国和欧盟关于征税地点的争论,总结出两者在数字贸易规则制定的税收领域也同样存在着分歧。

除了"美式模板"和"欧式模板"以外,也有学者将美国、欧盟与中国的数字贸易理念和规则进行比较分析(Henry,2018[⑤];韩剑等,2019[⑥]),从价值分歧、规则诉求、谈判焦点等方面揭示了三者构建和推进全球数字贸易规则的分歧以及面临的困境。徐金海和周蓉蓉(2019)[⑦]更是在总结了国际先进的数字贸易规则经验后,提出了数字贸易规则"中式模板"的构想。此外,Janow和Mavroidis(2019)[⑧]对韩国的自由贸易协定中有关电子商务规则进行了详细的研究,并总结出其数字贸易规则的先进性。上述研究揭示出WTO数字谈判难以推进以及区域贸易协定数字贸易规则虽有发展但参差不齐的原因,为我们把握数字谈判的困境、预测谈判未来走向提供了判断基础,以便我们结合研究结果提出中国的应对策略。

2. 区域数字贸易条款背后的焦点争议

(1) RTA中跨境数据流动与隐私保护和网络安全的争议。

数字贸易的发展无法脱离数据流动,而数据流动又同时涉及消费者个人隐私数据的保护和监管、网络安全问题等。美国强调数据流动的全球属性,"跨境数据自由流动"始终是美国在数字贸易治理过程中的核心诉求与利益攸关,美国数字产业在全球的垄断地位为其倡导"跨境数据自由流动"提供了基础。因此,美国在区域贸易协定中不断强化跨境数据流动的相关规则,在2011年的美韩FTA中初步纳入数据规则,在2015年的TPP中得到强化,到2018年的USMCA中则全面增强。

美国—韩国FTA中第15.8条首次提出了跨境数据自由流动,以软性约束的条款要求缔约国应"尽量避免对跨境数据流动施加不必要的阻碍"。在后来的TPP第14.11条中,美国对跨境数据自由流动提出了强制性要求。该规则共分三款,第一款要求认识到各缔约方在数据跨境流动问题上具有自己的监管诉求,第二款是"义务款",要求缔约方允许跨境商业数据自由传输,第三款是"公共政策目标例外"。USMCA第19.11条则剔除了上述第一款,仅保留第二款"义务款"和第三款"公共政策例外",使得规则更具约束力和执行力。

相比于数字贸易规则"美式模板"致力于提倡数据最大限度的跨境自由流动,"欧式模板"则显得较为谨慎,欧盟认为数据是具有国家主权属性的,"隐私保护"是欧盟在参与数字贸易谈判的底线,欧盟也试图在跨境数据自由流动带来的经济利益与隐私保护之间寻求平衡点,例如,欧盟—韩国FTA第7.43条规定,缔约方应当在保护个人基本权利和自由的前提下,通过合理措施保护个人数据传输。

[①] Gao H., 2017, "The Regulation of Digital Trade in the TPP: Trade rules for the Digital Age", International Conference on Optimization and Decision Science, Vol.15, Nov., PP345-365.

[②] 吴伟华:《我国参与制定全球数字贸易规则的形势与对策》,《国际贸易》2019年第6期。

[③] 来有为、宋芳秀:《数字贸易国际规则制定:现状与建议》,《国际贸易》2018年第12期。

[④] 王惠敏、张黎:《电子商务国际规则新发展及中国的应对策略》,《国际贸易》2017年第4期。

[⑤] Henry G., 2018, "Regulation of Digital Trade in US Free Trade Agreements: From Trade Regulation to Digital Regulation", Legal Issues of Economic Integration, Vol.45, Jan., pp.47-70.

[⑥] 韩剑、蔡继伟、许亚云:《数字贸易谈判与规则竞争——基于区域贸易协定文本量化的研究》,《中国工业经济》2019年第11期。

[⑦] 徐金海、周蓉蓉:《数字贸易规则制定:发展趋势、国际经验与政策建议》,《国际贸易》2019年第6期。

[⑧] Janow M. E., Mavroidis, 2019, "Digital Trade, E-Commerce, The WTO and Regional Frameworks", World Trade Review, Vol.18, S1, pp.1-7.

对于中国而言,受到网络安全技术的限制,因而倡导信息网络安全、隐私保护和防范网络攻击的前提下的数据流动,另外,考虑到国家安全,因此中国国内不同程度存在网络内容审查、内外网之间的"防火墙"、对虚拟专用网络(VPN)使用限制等措施,这些措施成为备受美国指责的"数字贸易壁垒"。从包括中国在内的15个国家最近签署的区域全面经济伙伴协定(RCEP)来看,其中包括电子商务章节,其中的第13条强调了网络安全,但该协定没有包括数据跨境流动的章节和内容。此外,大多数国家在数据流动监管过程中强调分类监管,如限制金融部门的数据跨境传输以及欧盟在数字贸易谈判中屡次提到的"视听部门例外"等,与之相反,美国主张无部门例外的数据流动,USMCA的第17.18条明确要求各缔约方不应要求金融服务者必须在该缔约方辖区内使用或定位计算设施,不得阻止另一缔约方服务者以电子或其他方式将包括个人信息在内的信息转入和转出该缔约方境内。

(2) RTA中数据存储本地化条款的争议。

数据存储本地化要求将数据存储在数据来源国的服务器上,从而在一定程度上影响数据的跨境传输。欧盟认为,数字化存储使得个人对于动态数据存储的掌控能力弱化,因此应该坚持数据本地化立法,并制定了《一般数据保护条例》和《非个人数据自由流动条例》,对各种活动可能产生的数据要求本地存储,需要满足严格的标准才允许跨境。而美国对于数据存储本地化存在几乎相反的观点。美国对于数据存储非强制本地化的要求的首次出现在TPP第14.13条中,该条共分三款,第一款认识到各方在数据存储问题上有自身的监管要求,第二款是"义务款",要求禁止实施计算机设施的本地化,第三款是"公共政策目标例外";在USMCA中,在TPP该条的基础上剔除第一款和第三款,仅保留第二款"义务款",使得规则更具有约束力。USMCA则剔除了"监管例外"和"公共安全例外"条款,强化了消除本地化要求的承诺。与美国相比,中国与欧盟的主张更为接近,立场也相似,如中国也规定了数据本地化存储,以保护国家安全和个人信息安全。从最近签署的区域全面经济伙伴协定(RCEP)来看,其第14条对计算机设施的位置做出了专门的规定,该条首先规定不应将计算机设施本地化为进入缔约方领土内进行商业行为的条件,同时也规定了合法公共政策目标作为例外。这也体现出中国在区域贸易协定中对数据存储本地化问题采取折中处理的新趋势。

(3) 美国RTA中数字贸易规则的新趋势。

近年来,美国RTA中加强了数字知识产权保护,这在TPP和USMCA中均有所体现,后者的规定比前者更进了一步,从而形成了美国区域数字贸易规则中的新趋势。主要体现在美国在区域贸易协定中纳入对计算机源代码和算法的保护,以及对互联网服务提供商(ISPs)责任的规定。在源代码和算法的保护方面,USMCA除了规定不以转让源代码中的算法为市场资金积累的条件(TPP有类似规定)之外,还取消了TPP中的关于基础设施软件例外的规定。这意味着所有类型的源代码都包括在受保护之列。USMCA的第19.17条规定互联网服务提供商、社交媒体平台和搜索引擎不能被视为信息内容提供者,但在其第19-A附录第四款中则规定了交互式计算机服务提供者对于内容提供者的侵权内容负有连带责任。这种连带责任从TPP规定的"通知和删除"强化为终止侵权者账号,禁止从中获益的规定。上述规定加大了ISPs主动应对侵权的责任,从执行的角度加大了打击网上侵权的力度。

四、中国应对全球和区域数字贸易规则的对策

(一) 加强多边层面数字贸易政策协调

1. "求同存异"构建全球数字贸易规则新框架

目前全球各国对于数字贸易规则如跨境数据流动的诉求不同,中美作为当前全球数字贸易的利

益攸关者难免存在分歧。为了数字贸易规则制定上的争议,提高数字贸易规则的贸易效应,提升与贸易伙伴在跨境数据流动方面的规制融合与协调是十分必要的,中国应对接现阶段先进的数字贸易规则,化解分歧,努力推动全球数字贸易政策的协调发展。

数据流动的全球性特征使得目前的双边或区域数字贸易规则谈判注定要回归到多边层面上来,但区域或双边的数字贸易规则谈判是建立全球统一数字贸易规则的必经之路。因而中国应积极参与区域或双边层面的数字贸易规则谈判,加快数字贸易条款的升级,提升数字贸易规则的广度与深度。具体来看,一方面要继续与各成员逐步完善弥补 WTO 规则框架下现有的数字贸易条款,另一方面也要直面涉及 WTO 争议领域的条款,包括数据的隐私与保护、数字知识产权保护及数据自由流动等,只有这些争议焦点得到解决,才能够真正提升数字贸易规则的深度与广度,在建立成熟的区域数字贸易规则基础上推进数字贸易规则多边化的发展,坚定推动数字贸易规则多边化,争取打造能够协调各国利益的多边数字贸易规则新框架,防止数字贸易治理过程中的零散化。

2. 侧重大型协定中数字贸易规则的制定

多成员区域贸易协定中的数字贸易规则深度和广度较双边区域贸易协定而言更高,且前者涉及的国家多,具有辐射效应,因而中国应侧重于大型协定中数字贸易规则的制定,不仅可以收获更大的经济利益,更是为日后在全球范围内建立统一的数字贸易规则奠定基础。对于中国而言,要争取与各国深化合作的机会,可以利用中日韩 FTA(自由贸易协定)、"一带一路"倡议等平台与合作机制,积极发展与沿线国家的数字贸易规则谈判,提升与贸易伙伴间的一体化程度,不断开拓市场,实现服务贸易出口促进效果。

此外,鉴于数字贸易规则在不同经济发展水平的经济体组合之间所起的作用有所不同,中国需合理选择区域贸易协定的缔结对象,应优先考虑与高收入经济体进行区域贸易协定商谈,加深与发达经济体的数字贸易规则联系,积极谋求与主要的贸易伙伴缔结区域贸易协定,在一定程度上接受并融入美式数字贸易规则,以期实现数字贸易规则的促进效果。

(二)打造中国特色数字贸易规则

1. 在区域贸易谈判中合理设计各类条款的权重

数字贸易规则涵盖的范围广泛,不同的条款组合能够带来差异化的政策效果,因此中国应在今后的区域数字贸易规则制定中应有意识地规划各类条款的权重,实现数字条款配置的最优化。如电子商务相关条款涉及范围较广,因此中国不仅要提升电子商务条款的比重,还要继续加深电子商务相关规则的深度。在现阶段的中韩 FTA、中澳 FTA 和 RCEP 中,电子商务规则相对成熟,中国也在跨境电商领域处于明显的领先地位,因此可以此为基础,合理利用跨境电商的优势条件,将重点集中在跨境数据自由流动、公开源代码等领域,加速建立并推广跨境物流等规则,从而占领电子商务规则的制定高地。

另外,在目前的数字贸易规则设计中,电子商务章节外的数据流动条款数量过少,且主要为数据流动限制性条款,而数据流动条款涉及的正是当前数字贸易规则中争议较大的领域。因此中国应积极探索,提出中国方案,例如限制电力、水利等涉及关键基础设施建设的跨境数据流动,而对为中小企业服务的数据流动适当放款数据隐私保护标准,实现跨境数据流动的分级管理,在数据安全和经济利益中找到平衡点。

2. 建设国内数字贸易规则法律体系

中国一方面应当积极推进国内相关法制建设,争取与国际层面的数字贸易规则早日接轨;另一方面应提升国内监管效率,明确市场准入、国民待遇以及争端解决机制等监管措施,为数字贸易规则的顺利落实提供完善的国内市场和制度环境；建立审核机制对涉及跨境数据流动予以限制，确保数据流动安全。

中国在跨境电商领域发展迅猛，但国内的相关法律尚不完善，已于2018年出台的《中国人民共和国电子商务法》虽然能够解决一部分问题，但仍需配套的相关法律做出明确细致的规定，如个人隐私保护等。国内相关法律的缺乏不仅增加了中国与贸易伙伴发生贸易摩擦的风险，也加大了中国参与国际层面数字贸易规则制定的难度。因此，中国应把握好制度优势，选择合适的自贸区、试验区作为突破口先行先试，力争早日完成国内数字贸易规则法律体系的建设，并按照相关法律体系的完善程度筛选出数字贸易规则发展的国内测试区、国际对标区等，为中国参与全球数字贸易规则的设计积累经验。

执笔：孙玉红、于美月（东北财经大学国际经济贸易学院）

金融服务贸易发展现状与对策

一、金融贸易服务发展现状与趋势

（一）金融服务贸易规模不断扩大

金融服务贸易既涉及金融服务产品的移动，又涉及金融服务生产要素的移动，大多数情况下，金融服务贸易主要表现为生产要素的移动。20 世纪 80 年代，金融服务被列入乌拉圭回合服务贸易谈判中。乌拉圭回合以后，世界贸易组织（WTO）成员在服务贸易总协定的原则框架下，对金融服务贸易自由化进行了进一步谈判，1997 年 12 月 12 日达成了《金融服务贸易协议》（Financial Services Agreement，FSA）。协议内容包括：允许外国在本国建立金融服务公司，外国公司享有进入本国国内市场的权利，取消跨边界服务的限制；允许外国资本在投资项目的公司中资本股份过 50％。这一协议将全球 95％的金融服务贸易纳入逐步自由化的进程中，大大加速了全球金融服务贸易自由化程度。

据 WTO 统计，世界金融服务贸易规模不断扩大，贸易额的增长超越了货物贸易额以及服务贸易总额的增长。2019 年，金融服务出口额达到 5 204.41 亿美元，占服务贸易出口总额的比重为 8.47％，保险和养老金服务出口额为 1 370.31 亿美元，占比 2.23％（图 1）。虽然在整个服务业贸易额中所占的比重不高，但已构成服务业国际间交易往来中不可或缺的重要组成部分。

图 1　2005—2019 年世界金融服务贸易出口额

数据来源：WTO 统计数据库，http://stat.wto.org/StatisticalProgram。

（二）虚拟化程度不断提高

当前，金融服务的增长快于服务贸易与国际贸易的增长，虚拟经济与实体经济的差距不断扩大。

金融服务贸易催生了诸如股票、债券等有价金融证券以及证券咨询、投资服务、融资顾问等多种新兴的金融服务形式,加之金融衍生工具快速扩张,其结构迅速变动,引致全球经济日益非物质化和虚拟化。国际金融市场和国际金融服务贸易的迅速发展及其结构的巨大变化,使它已迅速成长为一个具有自我配套服务、自我支撑和运转能力的庞大体系。一方面,它在对整个经济运行发挥一系列重大功能和作用的同时,自身所创造的产值和财富也开始构成世界国内生产总值和财富的一个越来越重要的部分;另一方面,它加剧了财富的重新分配效应。此外,国际金融服务贸易和国际金融活动对国际贸易和物质经济的不断背离,加剧了经济的虚拟化程度和泡沫经济的发展,使整个国际经济体系日益脆弱化,增大了经济和金融危机爆发的可能性。

(三)国家之间的差距不断扩大

由于发达国家在经济和金融发展水平上的巨大优势,同时,金融活动和金融机构高度集聚在著名的国际金融中心,如伦敦、纽约、法兰克福、东京、新加坡等,使得发达国家在国际服务贸易上,特别是金融服务贸易上居于绝对优势地位。与发达国家相比,发展中国家服务业,特别是金融服务业落后,金融服务业的国际化程度和国际竞争力低,在国际金融服务贸易中处于劣势地位,而且这种差距仍然在继续扩大。从全球平均水平来看,近十多年来,保险和金融服务占商业服务进出口的比重约为8%左右,但不同收入水平国家差异明显,高收入国家保险和金融服务出口占比在10%以上,远高于其他收入水平国家,而中等收入国家和中低收入国家占比仅为4%左右。

(四)发展日益集中化和集团化

20世纪90年代以来,随着金融服务需求日益多元化,大大推进了金融服务提供者的集中化,各国纷纷改革原有的金融法规,放宽了金融机构经营业务范围限制,在不同程度上允许不同金融机构之间的业务交叉,特别是放宽了对商业银行兼营证券业务的限制。这使得传统的金融机构之间严格而清晰的界限消失了,银行业务开始趋向全能化。在这一宏观背景下,国际金融领域兴起了一股"强强联合"型兼并收购的浪潮,众多中小金融机构进行合并组建金融集团以发挥其各自优势,金融集团的规模越来越大。此外,国际金融服务贸易发展的集中化趋势,还表现为国际银行活动迅速向大型国际金融中心集中的趋势,进而促进了金融服务贸易发展日益集中化和集团化。

二、中国金融服务贸易发展现状与竞争力分析

1997—2014年间,我国跨境交付模式的金融服务贸易(金融+保险)进出口额呈平稳上升态势,但进口额与出口额差距悬殊,逆差不断扩大。分项来看,金融服务进出口增长迅速,相对较为平衡,差额较小,从2016年开始由逆差转为顺差;保险服务进口大大高于出口,1997—2014年间逆差不断扩大,2015—2019年保险进口有较大幅度的减少,但仍为逆差(图2—图4)。从内部结构来看,保险服务是金融服务贸易的主体,从1997年到2019年,保险服务的占比维持在70%—90%左右,更于2004年达到96.56%的峰值,随后8年中金融服务占比略有增加,但是增长非常缓慢,基本维持在10%以下。2012年开始,金融服务贸易总规模逐渐扩大,于2019年达到29.1%,说明中国金融服务开始加速发展,金融服务贸易内部结构进入调整期(图5)。

图6是根据IMF《国际收支手册》(第六版)分类的中国金融服务贸易进出口额,2010—2019年,

中国金融服务进出口相对平衡,而保险与养老金服务进口远高于出口,2015年进口出现大幅下滑,逆差额减少。从国际市场占有率(MS)来看,金融服务高于保险与养老金服务,且均呈增长态势(图7)。从竞争优势指数(TC指数)来看,2010—2015年间,金融服务TC指数大概在0附近,2016年后转负为正,出现较大幅度的改善;保险与养老金服务TC指数始终为负,但呈现逐步改善的趋势(图8)。从显示性比较优势指数(RCA指数)来看,两者在2014年之前均呈增长态势,2015年金融服务延续增长而保险与养老金服务呈现下降,2016之后两者趋于稳定,但数值小于1,显示出我国金融与保险服务在国际市场上不具有比较优势,国际竞争力相对较弱(图9)。从净出口显示性比较优势指数(NRCA)来看,金融服务虽在0以上,但20年间变化不大,竞争力提升并不明显,而保险与养老金服务除2015年外均小于0,处于竞争劣势,但呈现出明显的改善态势(图10)。

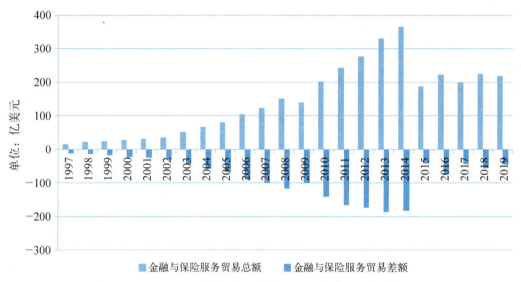

图2　1997—2019年中国金融与保险服务贸易总额与差额

数据来源:wind数据库。

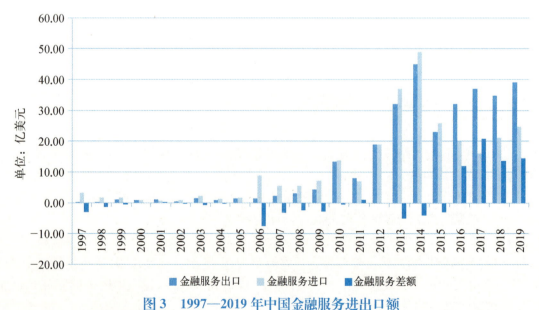

图3　1997—2019年中国金融服务进出口额

数据来源:wind数据库。

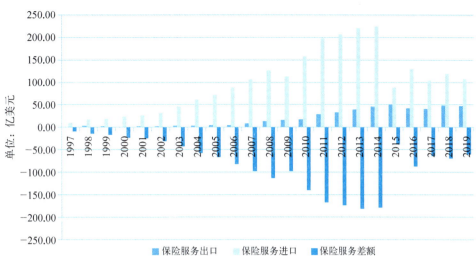

图 4　1997—2019 年中国保险服务进出口额

数据来源：wind 数据库。

图 5　1997—2019 年中国金融服务贸易内部结构

数据来源：wind 数据库。

图 6　2010—2019 年中国金融服务贸易进出口

资料来源：根据 WTO International Trade Statistics Database 数据计算。

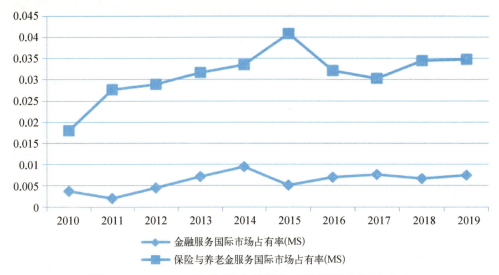

图7 2010—2019年中国金融服务贸易国际市场占有率

资料来源：根据WTO International Trade Statistics Database数据计算。

图8 2010—2019年中国金融服务贸易竞争优势指数

资料来源：根据WTO International Trade Statistics Database数据计算。

图9 2010—2019年中国金融服务贸易显示性比较优势指数

资料来源：根据WTO International Trade Statistics Database数据计算。

图 10　2010—2019 年中国金融服务贸易净出口显示性比较优势指数

资料来源：根据 WTO International Trade Statistics Database 数据计算。

通过计算世界主要服务贸易经济体金融服务贸易国际市场占有率、竞争优势指数、显示性比较优势指数和净出口显示性比较优势指数，可以看出，与发达国家与地区相比，我国金融服务贸易的国际竞争力还很薄弱（表1）。

表 1　2019 年中国金融服务贸易国际竞争力比较

2019	MS－F	MS－I	TC－F	TC－I	RCA－F	RCA－I	NRCA－F	NRCA－I
澳大利亚	0.006 923	0.003 306	0.237 082	－0.065 979	0.607 860	0.290 262	0.020 426	－0.000 754
加拿大	0.017 624	0.013 355	0.074 508	－0.381 234	1.079 104	0.817 717	0.022 811	－0.017 233
中　国	**0.007 501**	**0.034 824**	**0.225 746**	**－0.385 527**	**0.162 746**	**0.755 534**	**0.008 860**	**－0.004 640**
法　国	0.028 849	0.042 195	0.349 816	－0.291 204	0.616 260	0.901 360	0.024 687	－0.019 970
德　国	0.049 375	0.097 927	0.308 068	0.301 868	0.890 336	1.765 812	0.038 135	0.019 646
中国香港	0.041 173	0.010 866	0.553 316	－0.005 676	2.496 762	0.658 935	0.133 498	－0.004 366
印　度	0.009 263	0.018 441	0.357 646	－0.456 384	0.265 502	0.528 553	0.009 759	－0.025 995
爱尔兰	0.034 54	0.082 726	0.060 437	0.099 995	0.888 076	2.127 009	0.025 633	0.018 559
意大利	0.013 2	0.007 064	－0.219 008	－0.491 196	0.664 733	0.355 728	－0.030 018	－0.014 905
日　本	0.026 489	0.018 156	0.263 148	－0.539 856	0.793 681	0.544 015	0.027 728	－0.028 764
韩　国	0.005 641	0.006 721	0.147 996	－0.189 261	0.338 382	0.403 147	0.011 427	－0.001 695
荷　兰	0.015 456	0.010 282	－0.147 204	0.363 988	0.359 535	0.239 184	－0.013 463	0.002 668
俄罗斯	0.002 116	0.002 313	－0.359 511	－0.540 580	0.207 278	0.226 662	－0.006 093	－0.005 702
新加坡	0.056 452	0.048 376	0.587 851	0.110 944	1.693 457	1.451 186	0.105 135	0.005 714
西班牙	0.007 624	0.010 691	0.157 864	－0.262 893	0.296 344	0.415 542	－0.008 314	－0.019 794
瑞　士	0.041 167	0.054 375	0.731 733	0.587 007	2.079 311	2.746 413	0.144 230	0.042 616

续 表

2019	MS-F	MS-I	TC-F	TC-I	RCA-F	RCA-I	NRCA-F	NRCA-I
英 国	0.154 306	0.187 359	0.525 835	0.731 454	2.277 308	2.765 124	0.104 964	0.047 639
美 国	0.260 737	0.118 499	0.541 602	−0.520 897	1.829 103	0.831 285	0.086 357	−0.069 071

资料来源：根据 WTO International Trade Statistics Database 数据计算。

注：F 代表金融服务，I 代表保险和养老金服务。

从商业存在模式金融服务贸易来看，可以用金融机构国际资产数来近似评价。我们以银行业为例，对比中资银行海外资产和外资银行在华资产。近年来，中资银行保险机构稳步扩大海外布局和对外开放。目前五大行[①]的海外分支已经基本覆盖了全球主要的国际金融中心和经济体；截至2019年，五大银行的海外资产已突破2万亿美元，占总资产的比例达到13%（图11）。境外机构的资产、盈利等逐年增长，但业务回报率有待提高（图12）。截至2019年末，共有11家中资银行在29个"一带一路"沿线国家设立了79家一级分支机构（包括19家子行、47家分行和13家代表处）。目前中国商业银行跨境投资总量占比较小、种类不多，与境外商业银行和资管机构相比仍处于起步阶段。中资银行的境外机构多为经营性机构，且以服务"走出去"中资企业为主，公司业务、境外信贷业务的比重过高，普遍难以融入海外主流市场，业务单一化程度较高，多元化服务能力有待提升。这一方面造成境外业务结构单一，海外产品和

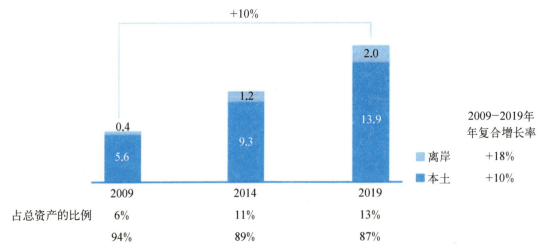

图11　中国五家大型银行离岸和本土资产总量（%）

资料来源：Capital IQ，奥纬分析。

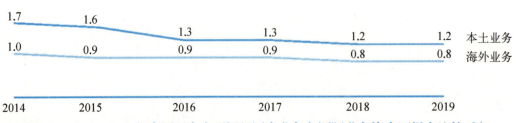

图12　2014—2019年中国五家大型银行国内业务和国际业务资产回报率比较（%）

资料来源：Capital IQ，奥纬分析。

---

① 包括中国工商银行、中国银行、中国农业银行、中国建设银行和交通银行。

服务能力较低,制约经营效益;另一方面也造成较大的境外存贷款缺口,增加中资银行的经营风险①。

根据银保监会最新数据,截至2019年12月底,外资法人银行有41家,外国及我国港澳台地区银行分行115家②。《2019在华外资银行发展报告》显示,截至2019年末,外资银行在华资产总额3.48万亿元,同比增长4.13%,占中国银行业总资产的1.2%。全年实现净利润216.13亿元,占中国银行业当年利润总量的1.08%。截至2019年末,共有来自55个国家和地区的银行在华设立了机构,全球六大洲均有银行在华设立营业性机构,外资银行营业性机构总数已达975家。其中包括总行41家、分行452家和支行482家,另有外资银行代表处150家③。随着中国金融市场稳步对外开放,外资金融机构将通过提供一体化的在岸—离岸服务,逐步与中国企业深化业务关系。

三、上海金融服务贸易发展状况与竞争力分析

2013—2019年上海金融服务贸易进出口规模如表2和图13所示。从中可以看出,上海金融服务贸易发展具有不稳定性,年度间金额变化较大,特别是保险服务。从业务内容来看,无论是出口还是进口,保险服务贸易都居于绝对地位,保险服务进出口占上海服务贸易总额的比重在0.7%—1.2%之间,金融服务进出口占比则稳定在0.1%。出口更为倚重保险服务,但年度间波动较大。金融服务规模较小,发展相对平稳,但近七年来始终是逆差。

表2 2013—2019年上海金融服务贸易进出口按类别统计数据

年份	类别	进出口			出口		进口		贸易差额(亿美元)
		金额(亿美元)	同比(%)	占比(%)	金额(亿美元)	同比(%)	金额(亿美元)	同比(%)	
2013	保险服务	11.5	5.8	0.7	6.2	13.0	5.3	−1.5	0.9
	金融服务	0.9	13.9	0.1	0.2	194.3	0.7	−3.1	−0.5
2014	保险服务	13.0	14.1	0.7	6.8	11.2	6.2	17.6	0.6
	金融服务	1.1	8.2	0.1	0.3	4.0	0.8	9.6	−0.6
2015	保险和养老金服务	22.2	78.8	1.1	15.0	142.8	7.2	15.4	7.8
	金融服务	1.3	22.2	0.1	0.5	98.0	0.8	−1.2	−0.3
2016	保险和养老金服务	20.6	−7.2	1.0	8.4	−43.8	12.2	69.1	−3.7
	金融服务	1.7	29.5	0.1	0.4	−27.0	1.3	64.4	−1.0
2017	保险和养老金服务	13.6	−33.9	0.7	6.5	−22.6	7.1	−41.8	−0.6
	金融服务	1.5	−10.2	0.1	0.4	22.9	1.1	−19.3	−0.6

---

① http://finance.sina.com.cn/zl/china/2018-09-07/zl-ihitesuz6350550.shtml? cre=zl&r=user&pos=5_5,发布时间:2018-09-07,引用时间:2019-03-16。
② http://www.pinlue.com/article/2020/06/2813/3810872635338.html。发布时间:2020-06-28,引用时间:2020-11-06。
③ http://bank.xinhua08.com/a/20200924/1956812.shtml。发布时间:2020-09-20,引用时间:2020-11-06。

续表

年份	类别	进出口		出口			进口		贸易差额(亿美元)
		金额(亿美元)	同比(%)	占比(%)	金额(亿美元)	同比(%)	金额(亿美元)	同比(%)	
2018	保险和养老金服务	15.5	13.6	0.8	7.3	12.1	8.2	15.0	−0.8
	金融服务	2.2	43.8	0.1	0.9	90.3	1.3	24.4	−0.5
2019	保险和养老金服务	21.8	40.6	1.2	11	50.7	10.8	31.7	0.2
	金融服务	2.4	9.1	0.1	0.9	0	1.5	15.4	−0.6

数据来源：上海市商务委员会。

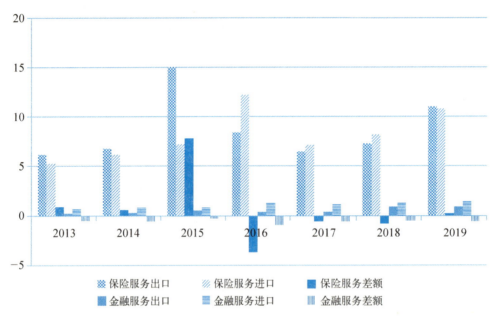

图13　2013—2019年上海金融服务贸易进出口按类别统计数据　　单位：亿美元

数据来源：上海市商务委员会。

上海金融服务贸易并不具备优势，金融保险服务贸易总额小，占服务贸易总额的比重仅为1.9%（2019年），且近三年来无论是金融服务，还是保险和养老金服务均为逆差，这与上海金融产业的重要地位不相匹配。在金融服务、保险和养老金服务等主要领域，上海服务出口中的比重不仅很低，远低于英国、美国、新加坡和中国香港，低于世界平均水平，甚至低于全国的平均水平。2018年，北京金融服务出口19.89亿美元（占服务出口总额的比重为3.53%），而上海2019年仅有0.9亿美元（占服务出口总额的比重为0.14%）；北京保险服务出口33.85亿美元（占服务出口总额的比重为6.02%），上海11亿美元（占比1.76%）。从服务种类来看，英国、美国、新加坡和中国香港服务出口中，金融服务出口占比均远超保险和养老金服务出口，世界总体也是如此，但中国和北京、上海则相反，即保险服务出口大于金融服务出口（表3）。2018年，北京保险服务进出口总额为109.79亿美元、金融服务进出口总额为26.28亿美元，而上海保险服务进出口总额为15.5亿美元、金融服务进出口总额为2.2亿美元，规模差距明显。金融服务北京为顺差，上海是逆差（图14）。

表3　2019年金融、保险服务贸易出口比较

类　别	世　界		中　国		英　国		美　国	
	出口(亿美元)	占比(%)	出口(亿美元)	占比(%)	出口(亿美元)	占比(%)	出口(亿美元)	占比(%)
金融服务	5 204.41	8.47	39.04	1.38	803.07	19.29	1 356.98	15.49
保险和养老金服务	1 370.31	2.23	47.72	1.69	256.74	6.17	162.38	1.85
类　别	新加坡		中国香港		北　京		上　海	
	出口(亿美元)	占比(%)	出口(亿美元)	占比(%)	出口(亿美元)	占比(%)	出口(亿美元)	占比(%)
金融服务	293.80	14.34	214.28	21.15	19.89	3.53	0.9	0.14
保险和养老金服务	66.29	3.24	14.89	1.47	33.85	6.02	11	1.76

数据来源：WTO统计数据库，https://www.wto.org/english/res_e/statis_e/tradeserv_stat_e.htm，2017-09-16，北京数据为2018年，来自《北京统计年鉴2019》，上海数据来自上海市商务委员会。

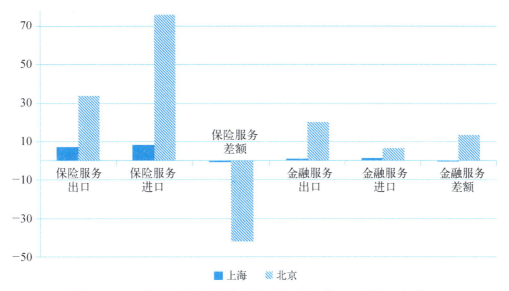

图14　2018年上海与北京金融服务贸易比较　　单位：亿美元

数据来源：北京数据来自《北京统计年鉴2019》，上海数据来自上海市商务委员会。

上海业已成为全球金融要素市场和基础设施最齐备的城市之一，也是中外金融机构最重要的集聚地之一，目前全球共有6大洲30多个国家和地区的营业性银行业金融机构在沪落地。2019年，上海推动21个金融业对外开放项目落地，摩根大通证券、野村东方国际证券成为国家首批批准的外资控股证券公司。同时，新增持牌金融机构54家。截至2019年底，在沪持牌金融机构总数达1 659家，各类外资金融机构占比达30%。2019年，上海市共有外资银行法人18家，占比超过全国的一半；外资银行机构总数211个，较2001年末加入世界贸易组织初期的52家翻了两番；从业人数12 549人，资产总额14 478亿元[①]。可见，上海大力发展金融服务贸易具有良好的基础和支撑，未来通过商业存在模式实现的服务贸易将会有明显增长。

---

① https://www.chyxx.com/industry/202009/897536.html，发布时间：2020-09-26，引用时间：2020-11-06。

四、上海加快金融开放创新,促进金融服务贸易发展的对策措施

对标国际最高标准和最高水平,当前上海金融业开放程度、国际化水平仍有很大的提升空间,金融市场配置资源效率有待提高,金融服务水平、监管能力、营商环境没有体现出明显优势,金融市场创新机制不够灵活,市场开发水平较低,金融产品种类不够丰富,先行先试的优势正在减弱,一些政策措施还不够完善、不够透明,金融制度环境与国际接轨程度有待进一步提升。上海必须进一步加大金融服务业开放力度,以开放促竞争,从而提升金融服务贸易国际竞争力。

在金融领域,一些体制机制方面的问题是上海自贸区乃至上海层面都无法完全解决的,因而,必须从国家层面通盘考虑,并积极争取国家相关部门的支持与协调。政府要审慎有序地推进金融综合经营试点,加强金融市场、金融机构与业务体系建设,促进票据、债券、期货市场和再保险市场快速发展,大力拓展市场广度,不断创新和丰富金融产品与工具,稳步发展金融衍生工具,促进离岸金融、信托租赁、私人银行、券商直投、汽车金融等业务发展。**上海应进一步创新试验开放水平更高的外商投资准入负面清单、跨境服务贸易负面清单,以及本外币一体化跨境金融服务监管制度,配合做好人民币国际化、资本项目可兑换等工作,完善相关综合配套体系,出台具体的、可操作的配套措施,提高金融市场透明度,促使金融开放创新举措全面落实。依托自贸试验区、临港新片区创新优势,为服务贸易发展营造良好的环境。**

具体而言,上海应做好以下几方面的工作:

(一)创新试验开放水平更高的外商投资准入负面清单、跨境服务贸易负面清单

上海要加快建成与国际最高标准接轨的金融规则体系,成为金融制度创新高地。但考虑到金融业试错纠错空间小而传染性较大的特点,应动态优化金融业负面清单,预留未来改革权限。借鉴TPP、USMCA和KORUS负面清单的设置结构,采用两部分负面清单形式,保留对相关行业现有的限制措施进行修订,或设立新的更严格的限制措施的权利。对于未来措施的保留条款可以单独设置一个部分,保留本国在未来对某些条款进行变更和调整的权利。特别是要对于涉及国家安全、公共服务、特殊行业等领域设计一些保留措施,对将来可能面临的威胁和竞争状态有一定的预判,保留一定的可操控空间,实现负面清单的动态优化。

对标国际,限制形式灵活多样化。针对我国金融负面清单限制维度狭窄、手段固化的缺陷,需要结合本国经济发展状况和国际贸易规则做出相应的调整。首先,可以在市场准入方面逐步减少传统的指标性的资质审核,加入新的限制方式。比如,对于金融机构设立的形式和数量、机构分布格局等方面提出更加具体的要求。对于个别特殊的金融业务,可以制定通过政府授权方式获得准入资质的相关条款;在业务限制方面,对于风险较大的金融业务设定进入的上限或下限门槛,可以增加在业务形式、人员调配等方面的条款。其次,负面清单文本还应附上对于透明度、新金融服务、跨境数据传输和争端解决机制等方面的条款,以此提高负面清单的规范性和完备性,也能够更加贴近国际最高标准的负面清单模式。

在"国际协定型"的负面清单中制定互惠条款和特殊政策。以平等为前提,区别对待,研究对方具有优、劣势的行业或部门,或者优劣势尚不明显的领域,对照本国的具体情况,在某些可以互相补充或交换的领域达成互惠条款。另外,为了在一定程度上对本国的国有企业或关键产业进行保护,在金融负面清单制定中要对于这些领域进行特殊的规定,保留对现行相关优惠政策或优惠对象进行修改

权利。例如，可以对涉及国家公共安全的领域明令禁止开放，对涉及公共服务目的的领域给予特殊待遇，在金融机构或金融基础设施建设方面给予补贴、资助、担保或者税收减免、限制豁免等差别优惠待遇。对于国内认为有具有系统重要性的境外金融服务，如果这些服务有利于促进本地中小型企业的发展或能够提供国内没有或无法有效提供的服务，也应给予特殊待遇。

（二）进一步开展金融产品和工具创新

通过政策赋能和数据赋能，积极打造新型自贸金融产品。支持金融要素市场不断丰富产品种类，发展人民币利率、外汇衍生产品市场，研究推出人民币利率期权，进一步丰富外汇期权等产品类型，推出更多以人民币定价的国际化期货品种和各类衍生品。大力支持金融机构开展航运融资结算、航运指数衍生品和绿色金融等业务。

强化国内外金融机构之间、金融机构与企业之间的人民币跨境业务合作，稳步发展境外人民币借款、双向资金池等跨境人民币创新业务，试点新的人民币跨境产品和服务，不断优化人民币产品组合。推进离岸人民币市场的建设，继续扩大境内外互联互通，加快对境外机构债券市场的开放。优化拓展人民币跨境交易系统，加快跨境人民币金融基础设施建设，探索区块链、大数据和人工智能等金融科技技术在跨境人民币业务中的应用，简化人民币跨境支付业务的渠道和手续，将人民币交易系统的报价、成交、清算以及交易信息发布等功能延伸到境外金融市场，形成支持多币种清算的人民币全球化支付体系，提升人民币在全球贸易和对外投资中的便利程度。

（三）加快建设全球资产管理中心、人民币跨境投融资中心

集聚和发展一批具有重要市场影响力的资产管理机构，大力推进跨国公司资金管理中心建设。支持外国政府、金融机构和企业在沪发行人民币债券和其他证券，建设跨境投融资服务中心。

促进跨境证券投资双向均衡开放。大力加强现代化金融基础设施建设，加强资本市场联通和金融基础设施联通，为境外投资者投资境内市场提供多元化的投资渠道，提供各种专业的项目融资和风险管理服务等。放宽资本金汇入要求，扩大投资规模，鼓励更多投资者充分参与和分享金融市场创新业务，活跃市场并提高市场流动性。继续推动银行不良贷款跨境转移和贸易融资等试点项目。扩大境内信贷资产境外转移的主体和渠道范围，扩大可向境外转移的信贷资产范围。

进一步提升贸易投资、跨境金融服务便利化水平，探索先行先试更加开放、自由、便利的金融政策，在资本自由流入流出和自由兑换等方面率先突破，并尽快出台相应的配套实施细则。探索在区内设立国际金融资产交易平台和"一带一路"离岸人民币资产交易中心，开展国外企业在国内股权融资试点，支持开发D股等股权融资模式，积极支持其他国家和地区在沪发行债券和其他证券，让更多的外国企业参与国内金融市场。吸引国际企业在上海离岸市场发行离岸人民币、离岸外币债券、股票或进行相关投资。

进一步培育和发展本土资产运营、财富管理等功能性金融机构，进一步扩大QFLP试点范围，深化QDLP试点，推进上海跨境资管业务加快发展。扩大境外融资的主体、规模和渠道，可以不局限于注册在上海自贸区内的企业以及开立FT账户体系的13家银行，中外资企业或金融机构均可依据统一规则，自主选择从境外借用人民币资金或外币资金。

在支持境内金融机构跨境资产转让的过程中，要规范金融机构外债资金用途，防止外债资金流入股市或者违规流入房地产市场，引导金融机构自身外债及结汇资金用于实体经济发展，并更多地向中小企业倾斜、向创新行业和国家重点支持领域倾斜，并定期监测金融机构外债资金结汇后的用途。

（四）着力提高金融机构的数量和质量，集聚更多具有影响力和竞争力的金融机构

审慎有序进行金融综合经营试点，大力发展各类金融机构，优化金融市场参与者结构，促进更多的功能性金融机构在沪集聚，积极拓展各种金融服务，丰富金融产品和服务。推动金融要素市场建设，吸引更多境外机构投资者参与中国金融市场，提高资本市场规模和主体多元化。鼓励支持金融机构在投资贸易自由化、便利化方面开展更多的创新和探索，提高涉外金融服务便利化水平。在风险可控的前提下，开展单个案例试点创新，支持外国投资者设立金融机构从事创新性的金融业务和服务。鼓励外资金融机构将区域性乃至全球性总部设在上海，大力引进先进国际专业机构，消费金融、养老保险等领域的外资金融机构进入上海，吸引外资全资设立或参股货币经纪公司、地方资产管理公司。支持外资资产管理公司通过提高在参股合资公募基金中的股比、新设立或私募转公募等方式设立独资公募基金。支持外汇交易中心扩大外资成员参与主体，支持更多跨国公司全球或区域资金管理中心等总部型机构获得外汇交易中心成员资质，并参与银行间外汇市场交易。进一步优化银行间债券市场备案管理，提高备案效率，便利债券市场境外投资者备案入市，丰富境外投资者类型和数量。加强与境外机构投资者沟通，为其提供更加多元化的服务，稳妥推进境内结算代理行向托管行转型。探索保险资金试点投资黄金、石油等大宗商品。支持保交所境外会员发展，积极引入海外再保险机构进场交易，在风险可控的情况下大幅度增加上海再保险市场交易主体，开展离岸再保险交易试点。允许国外机构参与组建、设立和投资新的金融业态，如金融科技、绿色金融、金融资产投资公司等。改善营商环境，做深做细外资金融机构落地配套服务，形成金融资源聚集发展态势。

（五）不断完善服务贸易全口径统计

金融业开放涉及银行、保险、证券、金融信息等领域，具体业务包括：证券经纪、承销以及相关服务、财务管理、财务咨询和托管服务、信用卡及其他信贷相关的服务和证券借贷、电子资金转账和其他服务，以及直接保险、再保险和辅助保险等。然而，由于统计等方面的原因，许多具体业务的数据无法获取。特别是上海金融外国附属机构经营情况统计不够完善、准确，一定程度上影响了对于现实情况和问题的认识与分析，也影响了对策措施的精准性和针对性。上海应不断完善服务贸易全口径统计，进一步细化国际收支服务贸易（BOP）统计，加强附属机构服务贸易（FATS）统计，通过抽样调研、专项调查、数据源分析等方式，增强金融服务统计的科学性和准确性，进一步挖掘金融、保险细分领域进出口数据，实现数据应统尽统。商务委要仔细核查并及时调整商务部服务贸易重点企业名单，组织企业在统计监测系统注册及数据上报，继续做好服务贸易企业直报系统数据采集工作，会同统计部门建立服务贸易重点企业数据核查机制，对企业上报数据的全面性、准确性和及时性进行认真检查。可以通过政府购买服务，由专业的第三方公司开展企业直报数据采集工作，以形成及时、稳定的数据采集渠道。

执笔：殷 凤（上海大学经济学院）

《区域全面经济伙伴关系协定》服务贸易规则解读

一、《区域全面经济伙伴关系协定》概述

《区域全面经济伙伴关系协定》(以下简称RCEP)由东盟于2012年发起,邀请中国、日本、韩国、澳大利亚、新西兰、印度6个自贸协定伙伴国参加,旨在通过削减关税及非关税壁垒,建立一个16国统一市场的自由贸易协定。协定谈判于2012年11月正式启动,遵循并进一步突出了"成员平等、不干涉内政、和平共存"的"东盟方式"的合作原则以及东盟在亚太区域合作中的核心地位,同时采取"渐进式自由化"的路径,考虑到各成员国发展水平的差异,对发展程度相对较低的成员国实行特殊与区别对待的政策。RCEP作为一个开放性的区域经济协定,旨在建立一个"现代的、高质量的"亚太自由贸易区。

在历经8年、31轮正式谈判后,RCEP于2020年11月15日第四次RCEP领导人会议期间,在李克强总理等15个成员国领导人见证下正式签署。尽管印度在协定谈判最后阶段宣布退出,但是RCEP依然是当前全球覆盖人口最多、经贸规模最大的自由贸易协定。2019年,RCEP的15个成员国总人口达22.7亿人,国内生产总值合计26.2万亿美元,总出口额达5.2万亿美元,均占全球总量约30%[1]。RCEP也是我国参与成员最多、规模最大、影响最广的自由贸易协定,2019年,RCEP成员与我国间贸易规模达到14 269.4亿美元,占我国对外贸易总额的31.2%[2]。协定签署后,我国对外签署的自贸协定将达到19个,自贸伙伴将达到26个,使我国与自贸伙伴贸易覆盖率由目前的26%增加至35%左右[3]。

作为一个现代、全面、高质量、互惠的大型区域自贸协定,RCEP由序言、20个章节[4]和4个市场准入承诺表附件[5]构成。可以说,协定的达成对整个亚太地区以及中国未来的发展都有着非常重要的意义。

首先,对整个RCEP区域而言,协定的达成有助于整合区域内已有经贸规则。RCEP在已有5个"10+1"协定的基础上,利用区域内贸易和投资的进一步自由化,区域内各方边境后监管措施的有序协调,以及协定项下的累积原产地规则、贸易投资便利化等机制,有效地实现区域共同发展的目标。与此同时,RCEP也很好地体现了"高质量"与"包容性"的平衡,一方面"高质量"体现在区域内贸易投资较高的自由化水平,以及高水平现代化议题和条款的纳入;另一方面,由于RCEP协定15个成员国的发展水平差异较大,既包括澳、新、日等发达经济体,也包括老、柬、缅这类最不发达经济体,因此,协

---

[1] 钟山,《区域全面经济伙伴关系协定签署,开创全球开放合作新局面》,《人民日报》2020年11月24日,第11版。
[2] 《RCEP将给农业贸易企业带来哪些实惠?》,《中国贸易报》2021年1月6日。
[3] 《商务部国际司解读〈区域全面经济伙伴关系协定〉(RCEP)之一》,http://www.gov.cn/xinwen/2020-11/15/content_5561731.htm。
[4] 20章包括初始条款和一般定义、货物贸易、原产地规则、海关程序和贸易便利化、卫生和植物卫生措施、标准、技术法规和合格评定程序、贸易救济、服务贸易、自然人临时流动、投资、知识产权、电子商务、竞争、中小企业、经济技术合作、政府采购、一般条款和例外、机构条款、争端解决、最终条款章节。
[5] 附件包括关税承诺表、服务具体承诺表、投资保留及不符措施承诺表、自然人临时流动具体承诺表。

定在确保高质量的同时,利用过渡期等特殊而有区别的做法,给予不发达经济体差别待遇,很好地达到了协定高质量与包容性的平衡与协调。

其次,对于中国而言,RCEP作为一个重要的开放平台,进一步向世界展示了中国坚持开放的决心。开放带来的竞争与合作,不仅有利于促进我国企业提升在区域内和国内两个市场的资源配置能力,也可以带动国内创新、推动经济高质量发展。此外,RCEP的达成,也为我国对标更高水平自贸协定奠定了基础、迈出了坚实的一步。

目前,RCEP已经签署,但是尚未正式生效实施。根据RCEP的规定,协定生效需15个成员国中至少9个成员国批准,其中至少要包括6个东盟成员国与中国、日本、韩国、澳大利亚和新西兰中至少3个国家。各成员正各自履行国内法律审批程序,推动协定早日生效实施。

二、RCEP服务贸易规则和自由化水平

RCEP涉及服务贸易的章节包括:第8章服务贸易以及3个附件——金融服务、电信和专业服务,第9章自然人临时移动以及服务具体承诺表。

(一)服务贸易章内容概要

1. 服务贸易总体规则概述

RCEP服务贸易章通过大幅取消影响服务贸易的限制和歧视措施,为RCEP各方进一步扩大服务贸易开辟了道路,奠定了基础。本章条款现代且全面,包括了各方具体承诺减让表/不符措施减让表需要遵守的市场准入、国民待遇、最惠国待遇和当地存在义务规则。本章要求RCEP各方在协定生效时或在协定生效后的规定期限内,全面采用负面清单模式对其服务承诺做出安排。通过负面清单模式作出服务部门开放承诺,不仅可以通过列明的现有措施和法规,清楚了解RCEP各方服务贸易开放的现状,也为各方服务提供者开展贸易提供更大的确定性。本章还包括影响服务贸易的国内规制客观性和透明度的相关条款,超越了目前所有"东盟'10+1'协定"中的同等规则。

2. 具体条款内容介绍

RCEP服务贸易章共包含25个与服务贸易相关的条款,可以大致分为四类,具体如下:

第一类,定义、范围条款。主要涉及第1条(定义)和第2条(范围)的内容。这类条款在对本章相关术语进行界定的同时,规定了本章的适用范围,即适用于一方做出的影响服务贸易的措施。同时明确了政府采购、缔约方提供的补贴或赠款、行使政府职权时提供的服务、沿海贸易以及除六种空运服务(航空器的修理和维护服务、空运服务的销售和营销、计算机订座系统服务、专业航空服务、地面服务和机场运营服务)以外的空运服务,本章规则不对其适用。对于影响寻求进入另一缔约方就业市场的自然人的相关措施,以及与国籍、公民身份、永久居留或永久雇佣有关的措施,也不受本章规则的约束。

第二类,服务贸易自由化模式及核心义务。主要涉及第3条(承诺减让表)、第4条(国民待遇)、第5条(市场准入)、第6条(最惠国待遇)、第7条(具体承诺减让表)、第8条(不符措施减让表)、第9条(附加承诺)、第10条(透明度清单)、第11条(当地存在)、第12条(过渡)以及第13条(承诺表的修改)的内容。协定规定,各方应以正面清单或负面清单的形式作出RCEP协定项下的服务贸易开放承诺。其中,选择以正面清单作出承诺的成员,应在具体承诺表中列明承诺开放部门

的市场准入和国民待遇的限制，也可以列明附加承诺。此外还要在作出开放承诺的部门中，有选择地进一步作出最惠国待遇或者透明度清单承诺。其中，透明度清单要求承诺方准备一份不具约束力的中央政府层面的现有措施的透明度清单，并在网上公布。该清单仅涉及正面清单中作出开放承诺的部门/分部门，且仅需列明与国民待遇和市场准入义务不一致的措施；选择以负面清单作出承诺的成员，应列明国民待遇、市场准入、最惠国待遇及当地存在义务的要求，列明所涉部门中的不符措施。

对于采用正面清单模式作出承诺的成员，除了最不发达的东盟成员，其他方应在其具体承诺表中对未来会进一步自由化的部门或分部门，作出棘轮承诺，标记为"FL"。

为了达到高水平、透明且可预测的服务贸易开放目标，协定还设置了过渡条款，规定在协定生效之日起3年内（对柬埔寨、老挝和缅甸而言12年内），以正面清单对服务贸易作出承诺的缔约方应该向服务贸易委员会小组提交拟议的服务贸易不符措施减让表，并且该减让表的自由化水平需维持在或高于其正面清单的自由化水平。最终在6年内（对柬埔寨、老挝和缅甸而言15年）完成从正面清单向负面清单的转换。

此外，协定还允许各方对具体承诺表（正面清单）进行修改，但是标记"FL"的部门/分部门（即适用棘轮机制）除外。各方需提前通知服务贸易委员会或者与请求方进行磋商，一方可以在该承诺生效之日起3年后的任何时间修改或撤回其具体承诺减让表中的任何承诺。

第三类，边境后监管措施协调规则。涉及第14条（透明度）、第15条（国内规制）、第16条（承认）、第17条（垄断和专属服务提供者）、第18条（商业惯例）、第19条（支付和转移）以及第20条（利益的拒绝给予）的内容。

协定要求各方促进服务贸易的监管透明度，同时，在作出承诺的部门中，各方还应确保以合理、客观和公正的方式管理影响服务贸易的所有普遍适用措施。缔约各方可以承认在特定国家获得的教育或经验、满足的要求或颁发的执照或证书。这种承认可以通过协调或其他方式实现，可以根据与有关国家的协定或安排，也可以自行给予。

对于垄断和专营服务提供者在相关市场提供垄断服务时，协定要求其行为方式不得违反该方在国民待遇和市场准入作出的承诺。鉴于各方都认识到，除了垄断和专营服务提供者，其他服务提供者的某些商业行为，也会产生限制竞争，从而限制服务贸易的作用。因此，商业惯例条款允许各方就此类限制服务贸易的商业惯例进行磋商，以期取消此类限制。

协定还规定，一方不得对与其承诺有关的经常性交易的国际转移或支付施加限制。对于本章项下的优惠待遇，对于来自或在一非缔约方领土内提供的服务；对于不属于另一缔约方的法人服务提供者；以及对于由一艘根据一非缔约方法律和法规进行注册的船只提供的或由一经营或使用全部或部分船只的人提供的，但该人属于非缔约方的海运服务，一方可以拒绝给予。

第四类，机制与合作条款。涉及第21条（保障措施）、第22条（补贴）、第23条（增进最不发达东盟成员国的参与）、第24条（承诺的审查）以及第25条（合作）的内容。

保障措施条款规定，根据GATS第10条在多边层面的任何进一步发展待定前，缔约方应当审议保障措施的纳入情况。同时，补贴条款规定，各方应根据《服务贸易总协定》第15条所商定的任何规定，审查与服务贸易补贴有关的规定问题，以便将其纳入本章。协定还强调了为加强最不发达国家的参与，各方应在各方面给予便利，同时，还提出各方应加强服务领域的合作，以提高国内服务能力、效率和竞争力。

此外，承诺的审查条款要求，缔约方应当在必要但不迟于依照第20章第8条（一般性审查）对本协定进行一般性审查前，审查其在服务贸易方面的承诺，以期进一步完善本章的承诺，从而逐步实现缔约方之间服务贸易的自由化。

(二) 服务贸易章附件概述

1. 金融服务附件

金融服务附件就金融服务的提供制定了具体规则,同时为防范金融系统不稳定性提供了充分的政策和监管空间。除了服务贸易章规定的义务外,本附件还包括一个稳健的审慎例外条款,以确保金融监管机构保留制定支持金融体系完整性和稳定性的措施的能力。本附件还包括金融监管透明度义务,及各方承诺不得阻止开展业务所必需的信息转移或信息处理以及提供新的金融服务。本附件还为通过磋商讨论或解决与 RCEP 有关的金融服务相关问题提供了渠道,以应对 RCEP 总则和例外章第 13 条(保障国际收支的措施)中具体规定的国际收支危机或可能升级为国际收支危机的情形。

就金融服务规则而言,RCEP 在 GATS《金融服务附件》(包括附件一和附件二),以及独立于 GATS 的《关于服务贸易总协定金融服务承诺的谅解书》的基础上,形成了目前的附件案文。值得一提的是,中方首次在自贸协定中纳入"新金融服务""信息转移"等条款,为促进金融服务在 RCEP 区域内的发展起到了积极的促进作用。

金融附件第 3 条(新金融服务)明确了新金融服务的定义,即指"未在一缔约方领土内提供,但已在另一缔约方领土内提供和被监管的金融服务。这可能包括与现有及新产品或者产品交付方式有关的一项服务"。该条款要求,原则上,每一东道国应允许在其领土内设立的另一缔约方的金融机构在该东道国领土内提供新金融服务。前提是该新金融服务的提供,无须要求东道国通过新法律或者修改现行法律。当然,如提供新金融服务的申请获得批准,提供此类新金融服务还应当遵守该东道国相关的许可、机构或法律形式及其他要求。

金融附件第 9 条(信息转移与信息处理),要求各方不得采取措施阻止下列信息转移与信息处理行为:一是其领土内的金融服务提供者为进行日常营运所需的信息转移,包括通过电子方式或其他方式进行数据转移;二是其领土内金融服务提供者进行日常营运所需的信息处理。各方有权设置监管要求,允许监管和审慎例外,但是不得作为规避承诺或义务的手段;同时,也不得限制一方保护个人数据、个人隐私,以及个人记录和账户机密性的权利。

上述两个条款在一定程度上有助于在审慎监管的前提下,促进区域内金融服务的有序开展和创新发展。

2. 电信服务附件

电信服务附件制定了一套有关电信服务贸易的规则,主要目的是通过对市场内主要供应商设置包括互联互通等义务在内的各类要求,从根本上保证中小电信企业能公平参与市场竞争,促进电信市场的发展活力。此外,还通过国际移动漫游资费等条款,进一步提升区域内电信消费者福利。

本附件在现有的"东盟'10+1'协定"电信服务附件的基础上,额外新增了六方面的义务:一是监管方法,即各方有权决定如何实施本附件项下义务,无论是进行直接监管,还是依靠市场力量的作用。二是国际海底电缆系统,要求一缔约方应当保证该提供者给予另一缔约方的公共电信网络或服务提供者合理和非歧视性的待遇,以接入该国际海底电缆系统。三是网络元素非捆绑,要求每一缔约方应当努力保证其领土内的主要提供者,在非捆绑的基础上,以合理的、非歧视的和透明的条款和条件,向公共电信服务的供应提供网络元素的接入。四是电杆、管线和管网的接入,要求每一缔约方应当努力保证,其领土内的主要提供者根据合理、非歧视和透明的条款、条件和费率,遵守技术可行性,及时向该缔约方领土内的另一缔约方的公共电信服务提供者,提供由该主要提供者拥有或控制的电杆、管线、管网的接入,或者该缔约方决定的其他任何构造的接入。五是国际移动漫游,要求缔约方应当努力合作促进透明的和合理的国际移动漫游服务费率,以有助于促进缔约方之间的贸易增长以及提高消费者福利。同时,一缔约方可以采取措施,以提高国际移动漫游费率的透明度和竞争性。六是技术选择的灵活性,要求一缔约方不得阻止公共电信网络或服务提供者灵活选择用于提供服务的技术。这些新增义务旨在鼓励缔约方加强信息和通信技术关键基础设施方面的合作,支持和促进RCEP各方之间的服务贸易。

3. 专业服务附件

专业服务附件能为两个或两个以上RCEP成员国确认专业服务,使其能就与承认专业资质有关的问题开展对话。RCEP各方鼓励相关机构就共同关心的专业服务部门的专业资质、许可或注册进行谈判。此外,还鼓励各方相关机构在教育、考试、经验、行为和道德规范、专业发展及再认证、执业范围、当地知识和消费者保护等领域制定相互都可接受的专业标准和准则。

本附件为后续RCEP区域内各方就专业服务的提供和开展,制定了框架性的规则体系。尽管没有特别具体的义务要求,但是由于是首次在区域范围内提出与专业服务相关的资格认可,以及开展共同制定专业标准和准则的磋商谈判等制度性安排,为RCEP区域内专业人才、高技术人才的流动和执业,提供了很大的确定性,也为各国间通常通过"双边资格互认协定"解决专业技术人员资格认证问题,打通了区域共同安排、制定标准的渠道,也为降低专业人员在区域内不同市场提供服务的合规成本奠定了基础。

(三)服务贸易章规则的主要特点

1. 服务贸易承诺模式较为灵活,增强协定的包容性

由于RCEP成员国的发展水平差异较大,为了促进协定的达成,增强协定的包容性,在不降低协定雄心水平的前提下,RCEP协定服务贸易章创造性地允许成员国根据自身情况,选择服务贸易开放的承诺模式,并且要求在一定的过渡期后,实现全面采用负面清单模式作出承诺的最终目标。对老挝、缅甸和柬埔寨三个最不发达成员,适当放宽过渡期时限,保留一定的灵活性。

在协定达成的最初阶段,为了提升服务贸易开放的承诺水平,对于采用正面清单模式作出承诺的成员方,需要在承诺中作出相应的"增值要素"承诺,包括以下两部分内容:一是在已经承诺开放的部门/分部门中,有选择地作出"未来进一步自由化"承诺,锁定现有承诺开放水平的同时,确保未来的逐步自由化;二是就作出"最惠国待遇"承诺和提供"透明度清单",任选其一。在已经承诺开放的部门/分部门中,有选择地作出"最惠国待遇"承诺,或者选择提交无约束力的"透明度清单",清单涵盖已经承诺开放的部门/分部门下的中央层级的现行不符措施,提升协定的透明度。

2. 设置过渡期,分阶段实现以负面清单承诺为基础的服务贸易逐步自由化

对于采用正面清单方式作出承诺的缔约方而言,协定要求其在不迟于协定生效之日后3年(老挝、柬埔寨、缅甸为12年),向服务和投资委员提交一份以负面清单方式列明的"不符措施拟议承诺表",并提供同等或更高水平的自由化承诺。整个转换过程限定在协定生效之日后6年内完成(老挝、柬埔寨、缅甸为15年),最终实现以负面清单模式作出承诺的较高水平服务贸易自由化。

3. 高水平的国内规制要求

RCEP服务贸易章的国内规制条款,首先,要求各方应当维持或在可行时尽快设立司法、仲裁或行政庭或程序,应受影响的服务提供者请求,对影响服务贸易的行政决定进行迅速审查,并在有正当理由的情况下提供适当救济。为影响服务贸易的普遍适用的措施,确保一个合理、客观、公正的管理环境。其次,为保证与资质要求和程序、技术标准和许可要求相关的措施不对服务贸易构成不必要的壁垒,每一方采取的措施应给予客观和透明的标准,且不得超过为保证服务质量所必需的限度,此外,在许可程序的情况下,要求程序本身不成为对服务提供的限制。

对于需要得到授权才能提供的服务,RCEP对主管机关的行为更是提出详细的、高水平的义务要求。如:收费合理透明;对于当事人的申请,应在合理期限内告知决定,对于申请不完备的,应给予补全的机会,对于驳回的,应书面告知理由并允许重新提交申请;努力接受电子申请;考试安排应有合理间隔且提供合理申请期限;允许另一缔约方的服务提供者在不受不适当限制的情况下,使用其在该另一缔约方领土内进行贸易的企业名称等。

国内规则要求的高水平协调统一,将在大幅降低服务贸易提供者在区域内不同市场间提供服务的合规成本,也有利于区域内服务贸易的繁荣发展。

三、RCEP服务贸易自由化承诺情况

RCEP的15个成员国中,关于服务贸易的开放承诺,共有7个成员国(澳大利亚、日本、韩国、新加坡、马来西亚、文莱和印度尼西亚)提交了负面清单承诺表,其余8个成员国提交了正面清单承诺表(包括3个最不发达国家)。

(一) 中方承诺

中方在已有中韩FTA和中澳FTA的基础上,新增对专业设计服务和美容美发服务的相关承诺,取消了广告服务的限制,明确了体育和其他娱乐服务中包括瑜伽并承诺开放。中方对包括专业服务、速递服务、建筑及相关工程服务、环境服务,以及铁路和公路运输服务等在内的32个分部门作出MFN(最惠国待遇)承诺;对包括专业服务、计算机服务、速递服务以及铁路和公路运输服务等在内的24个分部门做出"未来进一步自由化"承诺。

(二) 其他方承诺

中方通过RCEP可获得的其他成员国的服务市场准入水平较令人满意。首先,东盟各方的承诺远高于"10+1"的水平,其中新加坡、马来西亚、文莱和印度尼西亚以负面清单模式作出承诺,使得承诺的透明度和可预测性大幅提高;其次,澳大利亚、新西兰和韩国这三个与中方已达成双边FTA的成员,在已有双边承诺的基础上,出价水平也略有提升。最后,日本此前与中方尚未达成FTA,而其在RCEP中的出价基本接近其达成的其他高水平FTA(包括CPTPP)中的最高水平。

此外,从中方重点关注的服务部门来看,RCEP其他各方在建筑、医疗、房地产、金融、运输等部门都作了承诺,并没有出现大规模的部门例外,且承诺水平基本维持在较高水平。

四、自然人移动章内容概要

(一) 概述

自然人移动章列明了各方为促进从事货物贸易、提供服务或进行投资的自然人临时入境和临时居留所作的承诺。本章和所附减让表列明了上述承诺(例如停留时间)以及承诺所附的条件和限制。本章涵盖商务访问者、公司内部调动人员以及缔约方承诺减让表中列明的其他类别,还制定了RCEP

各方批准此类临时入境和居留的规则,包括确保所收取的任何费用都是合理的,且这些费用本身不得对本章涵盖的自然人移动构成不合理的障碍,各方还应确保相关移民手续尽快完成。本章还包括增强的透明度义务,包括公布所有相关移民手续的说明材料。

(二)自然人移动承诺的情况

1. 中方承诺

中方对以下四类人员作出准许临时入境和居留承诺,包括"商务访问人员""公司内部调动人员""合同服务提供者""安装人员和服务人员"(表1)。同时,对于上述人员的配偶和家属,中方承诺在对等情况下,给予临时入境和居留的权利。中方的承诺水平,无论是在RCEP 15个成员国中,还是相较中方已有的FTA实践,都属于最高水平。

表1 中方自然人移动项下承诺

序号	类别	居留时限
1	商务访问人员	最高90天
2	公司内部调动人员	与合同期限一致/3年,以较短的为准
3	合同服务提供者	合同期限,不超过3年
4	安装人员和服务人员	合同期限,不超过3个月
5	经理与高级管理人员的配偶和家属	不得超过12个月,并且不得超过与入境者的停留期限相同的期限

注:作者根据RCEP整理。

2. 其他方承诺

其他成员方基本都对"公司内部调动人员""商务访问人员"作出了明确承诺。相比之下,除中国外的非东盟成员的承诺水平普遍高于东盟成员的承诺水平。澳大利亚、新西兰、日本和韩国基本都对四个以上的商务人员类别作出了相应承诺(表2)。其中,澳大利亚承诺水平最高,不仅对商务访问人员、公司内部调动人员、合同服务提供者作出承诺外,对独立行政人员也作出了允许入境和居留承诺。日本给予相关人员的居留时限最长,除商务访问者不超过90天外,其他类别人员的居留时限都达到了5年。

表2 除中国外的非东盟成员自然人移动项下承诺

序号	人员类别	居留时限			
		澳大利亚	新西兰	日本	韩国
1	商务访问人员	服务提供者:6个月,不超过12个月;商务访问(项目谈判):不超过3个月;投资者:不超过3个月;货物销售者:不超过3个月	不超过3个月	商务访问:不超过90天;投资者:不超过5年,可延期	不超过90天

续表

序号	人员类别	居留时限			
		澳大利亚	新西兰	日本	韩国
2	公司内部调动人员	高管：不超过4年；专家：不超过2年	不超过3年	不超过5年，可延期	不超过3年
3	独立行政人员	不超过2年	—	—	—
4	合同服务提供者	原则上不超过12月	原则上不超过12月	不超过5年，可延期	不超过1年
5	安装和服务人员	—	不超过3个月	—	—
6	专家	—	—	不超过5年，可延期	—
7	上述除商务访问人员的配偶	与入境者的停留期限相同的期限	—	与入境者的停留期限相同的期限。	—

注：作者根据RCEP整理。

东盟成员在RCEP自然人移动项下的承诺水平较低，基本仅对商务访问人员和公司内部调动人员作出承诺（表3）。其中，文莱和新加坡仅对公司内部调动人员作出承诺。另外，东盟成员也未对相关商务人员的配偶家属的入境居留作出任何承诺。

表3　东盟成员自然人移动项下承诺

国别	人员类别及承诺			
	商务访问人员	公司内部调动人员	合同服务提供者	安装和服务人员
菲律宾	首期居留30天，可延期	首期居留30天，可延期	—	—
马来西亚	不超过90天	首期居留2年，每两年延期	—	3个月/合同期限，以较短的为准
泰国	不超过90天	1年，可延期3次，每次不超过1年	—	—
新加坡	—	2年，可延期，总时限不得超过5年	—	—
印尼	60天，不超过120天	2年，可延期2次，每次不超过2年	—	—
越南	服务：不超过90天；投资：不超过90天	首期3年，视实体在越南运营期限可延期；不能被越南人替代的上述其他人员：合同期限/3年，以较短的为准；可视合同期限延期	90天/合同期限，以较短的为准	—
文莱	—	3年，可延期，总时限不得超过5年		

续表

国别	人员类别及承诺			
	商务访问人员	公司内部调动人员	合同服务提供者	安装和服务人员
老挝	不超过90天	1年,每6个月可延期,最长不超过3年	—	—
缅甸	70天,可延长至3个月至1年不等	70天,可延长至3个月至1年不等	—	—
柬埔寨	商务访问:首期居留30天,签证有效期90天;投资:没有时间限制;需符合经济需求测试	不超过5年	—	—

注：作者根据RCEP整理。

五、RCEP服务贸易相关规则达成的意义和好处

（一）为中国服务提供者带来了更广阔的市场

在RCEP中,中方与日本首次达成服务相关的优惠贸易安排,为中国服务贸易提供者带来了更广阔的市场。此外,协定自由化承诺方式的灵活性,充分考虑到了各方的发展差异,在充分展示包容性的基础上,利用增值要素承诺和负面清单转换要求,分阶段逐步实现RECP区域内服务贸易自由化的目标。在兼顾并鼓励最不发达成员方积极参与区域内贸易的同时,强调RCEP服务贸易相关条款和承诺的可预测性和透明度,为中国服务贸易提供者营造一个稳定、积极、繁荣的贸易环境。

（二）国内规则的进一步协调和透明度的提高,降低区域贸易成本

对服务贸易提供者而言,各方纷繁复杂的边境后措施往往会给企业带来巨大的合规成本。RCEP的服务贸易相关规则,为区域内服务贸易监管规则的协调提供了基本的框架,也为进一步开展诸如专业服务资格认证和注册程序对话奠定基础。同时,透明度义务要求各方迅速公布影响服务贸易的普遍适用的相关措施和签订的国际协定,提高这类措施内容的可获得性。这些做法,均在一定程度上,便利企业在RCEP区域内开展服务贸易,降低成本。

（三）有利于进一步发挥服务在价值链中的作用

服务作为全球价值链的重要投入,其重要性日益凸显。无论是作为价值链前端的研发服务,还是作为价值链后端的维修安装等服务。服务不仅起到了粘合价值链不同阶段的重要作用,同时还为价值链生产注入了个性化的特点。如何充分发挥服务在价值链中的作用,这将涉及服务贸易提供四个模式的全面高水平开放。

RCEP中,各方在具有价值链特征的服务部门的开放承诺上,都给予了高度重视,并作出了较高的自由化承诺,包括电信服务、金融服务、运输服务等。服务在区域内的高效流动,一方面将极大地促进区域价值链的发展,另一方面也有利于进一步发挥服务在价值链中的作用,促进区域内的服务贸易高质量发展。

执笔:陈　靓(上海社会科学院世界经济研究所)

上海自由贸易试验区临港新片区服务贸易开放与监管的国际借鉴

一、离岸服务贸易开放与监管国际经验借鉴

（一）新加坡发展离岸贸易的做法

1. 发展离岸金融市场

新加坡离岸金融市场属于内外渗透型，这种操作方式对离岸业务和在岸业务的彼此渗透中有一定的隔离，能有效防止资本频繁出入本国金融市场，使得离岸金融活动很难影响或者冲击到本国货币政策的实施，在金融高度开放的同时，保证了本国金融市场的稳定和金融政策的正常实施。正是这种离岸金融市场的运作方式，使得新加坡在金融危机面前，也可临危不乱。此外，新加坡在建立国际金融中心的过程中，在税收和金融机构的经营环境等方面也推出了许多优惠政策，例如，免征非新加坡居民从亚洲货币单位管理基金获得的离岸收入税；免征所有亚洲货币单位的离岸贷款合同印花税；免征亚洲货币单位与非居民间非新元掉期交易预扣税等。

2. 政策扶持离岸贸易

2001年新加坡把"特许石油贸易商"（AOT）和"特许国际贸易商"（AIT）计划合并成为"全球贸易商"（GTP）认证计划，制定了吸引总部的差别性优惠政策，鼓励各家公司将新加坡作为开展离岸贸易活动的基地。对于获得"全球贸易商"证书的企业，根据其贸易量的规模，将获得5%的优惠税率和10%的合同岸外贸易收入税率。获得"国际总部"称号的企业除享受区域总部企业的优惠外，还可获得额外的优惠。在这些计划的鼓励和推动下，新加坡成功吸引了许多全球领先的跨国公司在当地开展离岸贸易活动。

3. 贸易便利化和税收政策优惠

新加坡政府专门设立新加坡国际企业局，以服务国际贸易、国际投资和离岸经济发展，在海外设立30多个办事机构，形成了全球网络，以帮助企业发展国际贸易，开发业务能力，寻找海外合作伙伴以及进入新市场。此外，新加坡所得税率为17%，但对大型GTP企业、创业型企业以及中小企业都有相对应的收税减免政策。新加坡还与50多个国家和地区签订了免双重征税协议，为大型企业的入驻提供了有利的环境。

（二）中国香港特区发展离岸贸易的做法

1. 充分发挥腹地优势

中国香港特区离岸贸易崛起的动力，一是在于中国内地生产制造和对外贸易快速增长，二是在于中国内地消费的激增。随着中国内地经济的持续高速增长，内地的消费结构和消费水平大大提高，奢侈品以及一些高科技产品成为香港向内地销售的主要产品类型。因此，中国内地在跨国公司的全球战略布局中，已由原来单纯的生产基地演化为生产基地与消费市场并重。这样，一方面带来大量以中

国内地市场为原材料、中间品和制成品的出口贸易,这些贸易既包括跨国公司企业内贸易,也包括企业间贸易;另一方面也带来一些奢侈品、高科技产品的进口贸易。而以内地为腹地的香港作为全球贸易商的聚集地,成为连接跨国公司母子公司和子子公司的连接点。

2. 发展多元化离岸金融市场

中国香港特区金融市场具有国际化、融合化以及多元化的特点,金融市场体系包括银行业、股票市场、保险市场、债券市场、外汇市场、货币市场、黄金市场、基金市场等几乎所有金融子市场。每个子市场都有一定的广度和深度。按照对外资产计算,中国香港特区是全球第十五大离岸金融中心;按照外汇交易量计算,是全球第六大外汇交易中心;按照市值计算,是全球第八大证券市场。

3. 大力发展总部经济

中国香港特区总部聚集始于第三次经济转型中,时至今日,已吸引数千家跨国公司在港设立亚太总部、地区总部。香港特区的中环区是总部聚集的区域,集中了大量金融、保险、地产等行业新总部,已发展为成熟而标准的CBD,成为香港经济的"心脏"。企业总部在香港日趋聚集,总部经济效应也日趋明显,并从根本上影响着香港特区的经济,也推动着香港离岸贸易的发展。

(三) 国际先进自由贸易中心发展离岸贸易的共性分析

从开放性政策和市场监管两个维度进行总结,国际先进自由贸易港的政府优惠政策主要集中在通过创新税收、货币、外汇三个方面措施来推进贸易便利化水平的提升。从政策创新方向看,大多采取了自由开放和宽松便利的措施,例如,多数免除外币存款准备金;总体实行无利率和外汇管制政策;放宽或取消与离岸活动相关的税收,其中包括离岸业务所得税、预扣税、利息税、印花税、盈利税等。在离岸业务监管方面,新加坡和中国香港特区均建立起较为完善的离岸市场监管体制,注重市场开放与有效监管之间的利益均衡,在推行离岸业务制度创新的同时,不断完善与之相应的事中事后监管制度,具体包括限制离岸交易对象、控制离岸账户资金流动、禁止任意使用离岸账户内资金、分离管控本国货币账户与外币账户等相关措施,有效保证了本地离岸市场秩序的稳定。

(四) 推动上海自由贸易试验区新片区离岸贸易发展的对策建议

1. 扩大开放,为离岸贸易发展营造更高效、便捷的营商环境

(1) 进一步明确上海自由贸易试验区新片区离岸贸易的发展定位。尽管离岸贸易方式下的货物不在中国香港和新加坡清关,但大量跨国贸易中间商的集聚,将贸易信息网络和金融贸易结算等高附加值的功能留在了这些城市,使得它们对全球贸易的控制力,并没有随其货物贸易额占全球比重的相对下降而丧失,反而因为离岸贸易服务的专业化发展,提升了它们对全球贸易的主导和控制力。因此,从国际贸易发展趋势上看,大力发展离岸贸易是上海真正建设成为具有全球影响力的国际贸易中心城市的必经之路,离岸贸易应被新片区定位为与转口贸易同等重要的贸易方式,赋予其优先发展的地位。

(2) 加强金融市场开放,提升离岸贸易结算的便利化水平。随着越来越多的跨国公司将中国区总部、亚太区总部甚至全球产品总部落户临港新片区,这些功能性总部机构承担离岸贸易订单集中处理和贸易结算的规模必然越来越大。上海于2010年开始实行的离岸贸易专用账户试点,在一定程度上缓解了企业外汇支付的难题,由于当前中国金融市场的开放度总体偏低,政策设计上尚不允许离岸贸易专用账户资金与在岸账户资金之间进行自由流动。这样,离岸贸易专用账户的资金就丧失了理财和保值增值的功能,降低了企业的资金使用效率,许多企业仍然会倾向于将离岸贸易结算放在贸易

便利化程度更高的新加坡和中国香港。

（3）推行离岸贸易政策扶持计划。目前,我国的贸易管理体制、制度和方式还不能完全满足离岸贸易发展的需要。应借鉴新加坡的发展经验,在临港新片区内实施离岸贸易税收激励计划,对符合一定条件的企业开展离岸贸易业务给予15%的优惠企业所得税率,以缩小上海与新加坡和中国香港特区关于贸易中间商企业所得税之间的差距,吸引更多跨国贸易中间商和本土贸易中间商集聚。

（4）以准离岸贸易方式为主攻方向,优化海关监管制度。海关作为特殊监管区域管理的重要部门,应从功能设置、政策制度、管理规范等方面入手,积极创造条件,探索实施新片区内"一线更加放开"的进出境监管制度,打造类似新加坡和中国香港等自由贸易港的通关环节,为离岸贸易发展创造条件。具体包括：允许从一线进出区域的货物,免予常规的报关手续,采取舱单自动传输的方式进行货物数据采集;进一步简化中转集拼货物海关作业手续,整合出口集拼、进口分拨、中转集拼功能,满足国际航运综合配送需求;除禁止类货物外,最大限度地简化或取消对新片区一线限制类货物的管制等。

2. 加强集约有效监管,为离岸贸易发展营造安全环境

（1）加强海关与外汇监管部门的信息数据交换力度。新片区海关与外汇监管部门在离岸贸易上应开展紧密合作,在补齐资金流信息不足的同时,也有助于海关防范走私、虚假贸易等欺诈风险。建议逐步扩大和增加海关与外汇监管部门现有合作备忘录的范围和深度,整合贸易与金融数据,共同打造贸易行为监测分析体系。贸易行为监测分析体系应在可交易数据库的基础上融合海关、外汇等相关数据库,在具体模型构建中可考虑以下几个方面：对新片区进出口和国外报关单镜像数据的对比分析;贸易单据与金融交易有关信息的不匹配;集装箱船运被多次进口和出口;订单来自国外的公司,而该国并非贸易商声称的最终使用者所在国;交易涉及避税天堂的出口交易发票高开;与运输费用相比,所运输货品的价值被低估等。形成监管合力,共同将"三流分离"带来的负面影响降至最低程度。

（2）拓展海关统计服务职能,加快离岸贸易统计制度的建立。将离岸贸易纳入官方统计,一方面能够理清交易关系,辅助海关监管,另一方面也可对离岸贸易中心城市的贸易转型程度、对外贸易参与程度等提供客观评价的依据,进一步拓展海关统计的服务能力和服务领域。目前,我国还缺乏对离岸贸易的有效统计方式,建议引入香港特区政府统计处的抽样调查方法,将离岸贸易作为延伸内地海关统计职能的切入口。

（3）创新离岸贸易的海关与金融监管理念。充分转变监管理念,将构筑以企业为单元的海关监管链条摆上更重要的位置,建立风险防控、企业稽查、现场监管等各部门间完整的信息回路,整合管理资源,实现海关对离岸贸易的集约化高效监管。具体包括：建立适应离岸贸易发展态势的企业分类管理诚信评估体系,将对企业信息的掌控扩展到日常生产经营、征退税、贸易安全等社会征信范畴;充分利用社会资源,以行业协会和中介组织为媒介,搭建政府、协会、企业之间的三方互动配合机制;依托技术手段实现监管集约化等,构筑完整的监管链条,整合前中后期管理力量,实现海关和金融监管集约化。

二、离岸金融服务开放与监管国际经验借鉴

（一）基础设施的技术支撑与环境条件促动的功能互洽

1. 发达基础设施（通信与清算系统）提供的技术性支撑

发达的离岸金融市场还必须具备发达的金融支付清算系统,来支撑大规模的资金和业务往来。

国际上主要的电子资金清算系统包括美国的银行同业清算系统(CHIPS)、联邦储备通信系统(FEDWIRE)、英国的自动支付清算系统(CHAPS)、中国香港特区的自动清算系统(CHATS),以及我国内地的人民币跨境支付系统(CIPS)。香港特区金融基础设施的逐步完善,为其投资者在全球市场进行24小时持续交易提供了可能。

2. 良好环境条件下促动的功能互洽

(1) 区位优势。对离岸金融市场而言,首先,区位的优越性体现在时区方面,作为一个高度开放的金融市场,需要能够与国际金融市场进行不间断的实时交易,如新加坡离岸金融市场。其次,区位的优越性体现在地理位置方面,要与发达国家和地区保持合理的空间距离。一般来说,大多数离岸金融市场具有交通优势,处于重要的交通要道,或者是尽量靠近区域经济中心,具有广阔的辐射区域。例如,东京离岸金融市场能够辐射整个东亚地区,纽约离岸金融市场则将北美地区作为主要阵地。再次,区位的优越性体现在由地理交通便利引致的区域经济发展方面。沿海地区特别是港口地区经济发展水平要明显高于内陆地区,独立的地理位置优势有利于国际贸易发展。新加坡和中国香港特区等全球重要的离岸金融市场的建立与发展都是在充分利用其环海优势促动经济繁荣而支撑起来的。

(2) 稳定的政治与经济环境。稳定的经济发展水平以及政治环境是离岸金融市场吸引外国资本快速发展的关键要素。开曼群岛、巴哈马群岛等位于加勒比地区的离岸金融市场,为来自全世界的投资者营造了良好的政治经济环境,吸引了世界各地的投资者,成为全世界规模最大的避税港型离岸金融中心。经济的持续增长,更是推动离岸金融市场形成的巨大动力。新加坡和中国香港特区等都是在全球经济格局变化、亚洲经济持续增长的情况下形成离岸金融市场的。此外,社会环境的良好声誉增加了金融企业的迁徙成本,提高了离岸金融市场的持续性。

(二) 完善开放的金融自由化制度保障

1. 特殊账户设计

银行账户体系是金融交易活动中进行资金支付结算的重要载体。境内关外的离岸金融市场都有一套独立的离岸账户体系。就效果而言,美国的国际银行业设施(International Banking Facilities 简称 IBFs)相对最为完备,在纽约离岸金融市场中发挥了积极作用。IBFS 作为一项成功的制度创新,启示在于:一是改写了离岸金融市场的定义,并通过特殊的账户设置建立了境内关外型离岸金融市场。二是主要是用于记录国际银行业务收支状态的资产负债账户体系,并与其建立机构之间进行严格的隔离。三是通过为非居民提供更优惠的监管和税收条件,吸引了更多外资金融机构进入美国在岸市场,完善了纽约作为全球金融中心的建设。四是由于采用了严格的内外隔离措施,能够有效减少离岸金融市场对本国经济金融稳定造成的负面冲击。IBFs 在美国金融自由化改革中起到了一定的缓冲作用。

2. 金融管制放松

比较各国际离岸金融市场发展,放松管制、提高金融自由化都是必要的举措,并通过适度宽松的金融监管环境来吸引国际资金。具体而言,一是放松外汇管制——离岸金融市场建设都需要在一定程度上放松对外汇的管制,甚至是完全取消。二是减免存款准备金和存款保险——美国、日本均是对特定的离岸账户豁免存款准备金限制;中国香港特区居民存款权利自由,无法定准备金要求。新加坡取消了亚洲美元提缴 20% 存款准备金比率的规定。在存款保险制度方面,中国香港特区无存款保险制度要求,日本和新加坡对离岸账户无存款保险制度要求,美国对离岸账户也免除存款保险限制和审查制度。三是利率市场化改革——离岸金融市场的利率市场化水平较高,存款利率高而贷款利率低,资金的跨境自由流动使得不同离岸金融市场之间的利率水平趋于一致。四是信用管制放松——离岸金融市场是一个大型的金融批发市场,业务和资金规模都比较大,必须适度放宽贷款的信用额度限制。

3. 税收政策优惠

各离岸金融市场的税率差异很大,避税港型离岸金融市场的低税率和较少的政府干预是其最大优势。避税港型离岸金融市场对外国主体所获得的各项收入或财产进行税收减免,并与一些经济大国签署避免双重征税条约,这为一些高收入纳税人通过将收入或者资产转移进行避税创造了良好条件。避税港型离岸金融市场,如开曼群岛、百慕大群岛、巴哈马群岛等,不开征个人和公司所得税、财产税、遗产税和赠予税;而中国香港特区、巴拿马、巴林、瑞士等离岸金融市场一般只征收较低的所得税、遗产税和赠予税;伦敦免征境外流入资金的利息税,东京对离岸账户资金也免征利息税,纽约同时免除利息预扣税和地方税。

4. 完善的法律法规体系保障

完善的法律制度体系是离岸金融市场健康发展的一个重要保障。除了基本的《金融服务法》,有些国家和地区还针对银行、保险、信托等业务制定了专门的法律法规。在离岸金融市场建设的早期,大多数离岸金融市场都通过法律的形式来吸引国际金融机构和资本的进入,促进市场规模的快速发展。因此,构建与国际接轨的金融法律制度和市场规则是离岸金融市场建设的重要内容之一,应结合当地实际发展情况,并与其他金融市场自然衔接,以利于金融机构和各类离岸公司聚集运作。

(三) 健全的风险防控与监管体系

1. 专业有效的风险监管机构设置

由于离岸金融市场的高度开放性、产品和业务的复杂性,而且与国际金融市场的紧密关联,离岸金融市场的稳定发展对全球金融稳定具有重大的影响,因此大型国际金融机构非常重视对离岸金融市场及离岸业务的监管。根据具体监管内容,可分为离岸金融市场监管标准的制定者、监管体系的评估者、监管的协助者以及其他监管机构四类。此外,各离岸金融市场所在国均设立了针对离岸金融市场的政府监管部门。根据离岸金融市场的特征和业务需求单独设立监管机构,可提高监管的专业性和有效性。由于与在岸金融监管机构相独立,不利于彼此之间的信息沟通交流,容易引发监管冲突,因此,许多国家选择由现有的在岸金融监管机构对离岸市场进行监管。

2. 充分的市场准入与退出监管

市场准入制度是离岸金融市场进行金融监管的首要措施。在离岸金融市场的机构准入监管方面,部分离岸金融市场仅允许银行类金融机构进入,即离岸金融市场是一个以银行为主的金融市场,如东京、中国台湾离岸金融市场;伦敦、新加坡、马来西亚和中国香港特区等地的离岸金融市场准入也基本属于此类,但其采用颁发执照模式进行许可管理。当然,也有一些离岸金融市场对准入机构的限制较少,允许多种金融机构进入,形成一个多元化的金融市场体系,如加勒比地区的离岸金融市场。此外,大多数离岸金融市场要求国外银行进入时只能采取设立分支机构的形式,如中国台湾地区明确规定离岸金融市场的运作主体仅限于分行的组织形式,而外国机构子公司或附属境内公司均不能进入离岸金融市场。

3. 必要的风险经营主体监管

从离岸金融市场建设与发展进程看,经验可总结为:一是发达基础设施提供的技术性支撑与环境条件促动的功能性互洽是前提,不同类型离岸金融市场的技术与环境方面的倚重要素不同,国际型离岸市场的形成不仅需要基础设施的技术支撑,还需要优良的政治经济环境;而避税港型离岸市场的形成更多取决于自然性的地理区位优势。二是金融自由化制度是发展的核心,无论是特殊独立的账户设计、放松的金融管制、优惠的税收政策,还是完善的法律法规,都是规范和活跃离岸金融市场的必备要素。三是风险监管与防控体系是安全保障,需要通过完善的金融监管制度来保证离岸金融市场的稳定运行。

三、国际航运服务贸易开放与监管的国际经验

(一) 海运服务贸易开放与监管的国际经验

1. 伦敦高端海运服务贸易的开放与金融相结合

(1) 船舶融资。英国政府长期以低息贷款方式支持船舶投资,以船舶建造调整基金形式补贴造船合同。此外,还以商船进口免征关税、造船原料和设备进口免征关税等方法来鼓励船舶投资。伦敦的金融海运城中海运专业投资银行有50多家,这些银行每年为海运方面提供的贷款高达150亿—200亿英镑,占全球海运贷款总额的15%—20%。同时,投资银行也向海运业提供融资与咨询服务,主要业务涉及兼并与收购、股权与债券发行及其他结构性融资等。英国主要的船舶融资方式为税务租赁模式,即利用英国税法中关于减免税的规定降低融资成本。在此模式下船舶折旧率可达25%,可使承租人实现净现值利益,同时令出租人利用加速折旧获益。

(2) 海事保险。伦敦是世界保险业的中心,云集了全球前20家保险和再保险公司。伦敦海运保险市场保费占国际海运保险市场的23%。此外,伦敦还是保险赔付的最大管理中心。伦敦也是船舶所有人互保协会的发源地,承担着大量的商业保险公司不愿意承保的业务。目前,全球20家顶尖保险公司均在英国市场上承接海运保险业务。

(3) 资金结算。海运资金结算中心是由海运企业内部设立的,是办理成员间资金往来结算、调拨、运筹以降低资金成本、提高资金使用效益的内部资金管理机构。它将银行的管理方式引入海运企业,将闲置货币资产化、生息资本社会化,其业务主要包括资金管理、消费信贷、买方信贷、设备融资租赁、保险、证券发行和投资等。

(4) 海运价格衍生品。海运金融衍生品是指以海运力、运价相关指数作为交易标的,以期货、期权、远期协议和互换等作为交易合约模式的金融工具。1985年,波罗的海海运交易所推出了最早的运费衍生品——波罗的海运费指数期货。1992年,远期运费协议(FFA)正式在波罗的海海运交易所操作,在当今海运运费市场中占据绝对优势。波罗的海海运交易所是全球唯一实现自我监管的交易所,世界上50%的新船和二手船的交易通过设在英国的该交易所完成。

2. 新加坡海运服务贸易开放与监管——以专项计划扶持

(1) 单一窗口制度。新加坡致力于通过单一窗口Tradenet提高跨境贸易服务的效率和质量,并持续优化改进功能以满足港航物流业务需求,为贸易、物流客户提供便捷、高效的服务。Tradenet是早在1989年由新加坡政府投资的EDI贸易服务网政府,由海关主导、11个政府部门共同参与,覆盖进口、出口、转运等各类业务,该网络把新加坡所有国际贸易主管机构连接到一个整体系统网络中,实现政府各部门之间的信息共享。每个政府部门的法定条规都在Tradenet上,企业发出申请,会通过Tradenet自动发送到相关政府部门,与Tradenet后台数据(各政府部门自己系统)自动对碰,如果对碰没有问题就会直接通过,对碰不上的会退回申请。当对碰不上时,会进入人工审核,由相关政府部门的专家审核,而不是全部由海关审核,如果相关部门要求查验,海关就会授权移民关卡局(ICA)进行查验。

(2) 联网贸易平台。新加坡建立了国家贸易信息管理平台NTP,连接企业、社区系统、平台和政

府系统。这为新加坡成为全球领先的贸易、供应链和贸易融资中心奠定了基础。同时,通过贸易数字网连接新加坡与世界其他地区和国家,交换贸易文件和数据来简化管理流程、促进贸易。这个一站式的贸易信息管理系统,连接企业与政府,支持信息数据共享。企业只需要提供一次数据,之后即可选择授权共享给物流运营商和其他生意伙伴。这些数据信息也可用于海关报关及其他政府机构监管批准。NTP 是将现有公私合营模式的两个平台:B2G 单一窗口 Tradenet 和 B2B 数据交换平台 TradeeXchange,整合为由海关拥有的国家贸易平台,参与的政府部门有 24 个;建设该平台的主要目的是解决供应链分离、低效的数据流程和孤立式的运作。

(3) 无纸化的海运监管及通关。要与 MPA(新加坡海事局)进行联系,客户首先必须开立一个账户。一旦账户建立,可以免费访问新加坡海事局 10 个用户,以促进客户遵守法律和监管要求进行业务和财务交易。新加坡的 Marinet 只允许提供电子发票和电子报表。无纸化的计划还落实到海运货物清关,新加坡海关要求对海运集装箱实行无纸化通关。

3. 美国海运服务贸易开放与监管——以国家利益为原则

在海运利益的划分中,美国并不是一个以海运企业为利益倾向的国家。美国的海运服务开放与监管非常强调维护国家利益。例如,在沿海运输权开放问题上,美国一直是持不开放态度。在美国有关沿海运输权的法律有 30 多部,沿海运输权只适用于美国港口之间的客货运输,不包括美国水域内的渔业、美国港口内或者两地之间的拖航,也不包括美国水域内所有的疏浚、救助以及 200 海里的专属经济区内的矿产和其他能源的开采等作业[①]。

(二) 上海自贸试验区新片区海运服务贸易开放与监管的对策建议

1. 加大海运服务与海运金融的结合

对标国际标准以及区域标准,我国在建立自贸试验区后,已逐步取消有关海运服务业的股比限制,但与海运金融的结合有待提高,实现上海海运中心从以货物为主转向高端服务。实现这样的目标,应该打造和完善"两个平台一个高地"。一是建立海运融资租赁平台,加大发展海运融资租赁,简化船舶融资租赁的海关监管手续,扩大船舶保税维修业务的规模。二是完善并充分利用海运交易所平台,建立海运交易指数,打造海运价格衍生品,提高海运企业抗风险能力,改变我国海运企业在海运市场强劲时,只能依靠扩充运力获得经营利润,而在海运不景气时出现大面积亏损的被动局面,增强我国海运企业在国际市场中的话语权。三是在上海建设海运人才高地,培养精通海事保险、海事法律、海事仲裁的人才,为高端的海运服务业进行人才储备。同时,通过"意思自治"原则与"最密切联系"原则相结合增加中国法的法律适用,让海事仲裁与纠纷处理选择中国法解决。

2. 大幅提高海运服务便利和效率

以海运市场为核心,海运服务业群分为五类:一是海运主体(船舶所有人、船舶承租人、船舶管理人、班轮公司);二是行业协会(国家和国际机构代表、工会);三是中介服务(海事保险、银行、审计测量师和技术顾问、法律从业者);四是支持服务(商业顾问、海事院校、信息通信和技术服务);五是海事治理和监管机构(海事局、国际海运组织和机构代表)。如此复杂多层次的主体产生各种法律关系和商业关系,因此为保证海运服务的便利和效率应以新加坡作为参照标准,采用专项计划扶持,形成全国一体的单一窗口系统、全国统一的港口管理系统 Portnet、全国统一的海运物流系统 Marinet,这样才能实现公平与效率、便利与安全的统一。

---

① 於世成、胡正良、郑丙贵:《美国航运政策、法律与管理体制研究》,北京大学出版社 2008 年版。

3. 审慎对待沿海运输权开放

对沿海运输权的开放问题,应审慎对待。上海自由贸易试验区开放沿海运输权给中资外籍船舶,允许其进行集装箱沿海运输捎带。我国香港特区对其提出自身的需求,其他海运公司,如马士基公司也提出要求放开沿海运输权的需求,印度于2018年5月也提出开放沿海运输权。目前世界上大多数国家并没有开放沿海运输权,这也是世界贸易组织所允许保护的"自留地"。所以,沿海运输权不开放符合法理也符合实践。如果需要对等开放,也要对"对等"做出适当解释,对等绝不是表面而言的互相开放,更为关键的是实质对等,即以集装箱运力来进行开放的对等。

四、高端维修服务贸易开放与监管国际经验借鉴

(一)高端维修服务贸易开放与监管的国际经验

在自贸区发展的历史上,爱尔兰香农自由贸易区有着举足轻重的地位,它开创并成功探索了一条建立自由贸易区的全新经济开发区模式。香农自由贸易区是世界上最早的、最大的自由贸易区,尤其在航空、电子和工程领域具有世界领先地位[1]。从1980年起,香农自由贸易区的成功经验吸引了来自中国的目光,其利用外资建立出口加工区的经验,为改革开放初期中国建立四大经济特区提供了借鉴。纵观香农自由贸易区的发展历程,每个发展阶段都在一定的政策措施中取得了成就,随着国际经济发展和贸易形式的改变,香农自由贸易区自身也在不断转变其发展模式。

从客观因素讲,香农自由贸易区具有得天独厚的地理优势,同时后期发展了完善的基础设施,创造了良好的营商环境。在发展中形成了完善的交通、通信、科研平台等基础设施。香农自由贸易区一体化综合开发交通、办公设施、水电供应等配套服务,提供健全的基础设施和优质服务;香农国际机场利用其得天独厚的地理优势,致力建成欧洲至北美的航空枢纽,目前拥有30多条直飞国际航线,3小时内可达欧洲几乎所有主要城市;光纤通信与宽带网络连接欧美主要大城市[2]。爱尔兰的铁路网络横穿全岛,M7和M18号高速公路系统连接起利默里克、都柏林和高威。N20/M20公路可直达科克和凯里[3]。从软实力来说,香农自由贸易区一贯坚持加强人才培养,为自贸区发展提供智力支撑。1984年,以利默里克大学为核心,建立了利默里克国家技术园区,为整个自由贸易区提供技术创新的支持。香农自由贸易区有四所著名的大学和学院,分别是利默里克大学(UL)、利默里克工学院(LIT)、高威国立大学(UCG)、高威梅雅理工学院(GMIT)[4]。利默里克大学助力香农自由贸易区建设,培养发展高新技术产业所需人才,同时,自由贸易区与大学的董事互在对方机构任职,更有利于建立紧密的合作模式,促进科技成果的转化。香农自由贸易区凭借该优势保持了对外来投资的长期吸引力。

在不同阶段的发展时期,政府政策起了主导作用。政府出台措施,在一定程度上促进了相关产业的结构调整,同时保证了自由贸易区的产业发展方向,特别是通过优惠措施吸引外来投资和企业在此发展。在2000年前,爱尔兰的企业所得税是欧洲国家中最低的,香农自由贸易区也同样采取这一税率,所不同的是,它将所得税税率的适用范围从工业生产部门扩展到所有的国际服务性行业,包括国际商业机构的总部、出版商、仓储、国际金融服务、咨询与培训服务等所有与国际贸易有关的部门。

---

[1] 艾毅农:《自由贸易区巡礼——爱尔兰香农自由贸易区》,《世界机电经贸信息》2000年第9期。
[2] 王胜等:《爱尔兰香农自由贸易区发展经验探析》,《今日海南》2018年第6期。
[3] 徐胜:《爱尔兰香农——世界第一个自由贸易区》,《重庆与世界》2017年第23期。
[4] 徐胜:《爱尔兰香农——世界第一个自由贸易区》,《重庆与世界》2017年第23期。

爱尔兰政府还与世界上很多重要工业国签订双边税收优惠协议,并公开保证外国投资者的税后利润可不受任何限制自由汇出。除税收优惠外,香农自由贸易区规定:凡是在区内的外商投资建厂,政府对资本投资包括地基、建筑和设备提供补助资金,对获准的研究和发展计划给予补贴,对劳动力培训和管理给予补贴,对就业给予补贴等①。在这些优惠政策安排和实施下,香农自由贸易区形成了产业集群。香农自由贸易区利用资源、区位优势,顺应世界经济发展趋势,适时调整发展政策和战略,形成了农牧业、航空航天、港航交通、旅游管理四个产业集群。

(二)上海自由贸易试验区新片区高端维修服务贸易开放与监管的对策建议

1. 建立全球维修的正面清单,进一步加大开放力度

上海扩大开放100条明确提出:"支持航空产业对外合作开放,吸引航空发动机总装、机载系统和关键零部件外资项目落地,支持外资来沪发展飞机整机维修和部附件维修业务。"因此,结合上海自由贸易试验区新片区的高端制造业,建立高端维修的正面清单,继续以进一步发展飞机整机及部附件维修、船舶发动机、高端医疗器械全球维修等领域。适当降低保税检测维修门槛,拓展区内维修的经营范围,减少对产品生产地、原产厂家及品牌等的要求和限制。探索开展"两头在外"航空器材包修转包区域流转试点,支持飞机维修企业承揽境外航空器材包修转包修理业务,支持设立外商独资飞机维修企业②。

2. 优化通关监管流程

探索建立适用服务贸易发展的口岸通关模式,而不是完全按照监管货物贸易的模式进行。加快与服务贸易相关货物的通关一体化改革,在区内对相关货物实行"一线放开",在其他区域创新海关查验作业方式和手段。通过企业分类管理,实行高度便利化措施。以同步建设数字围网和数字化大平台为抓手,先行启动互联网、大数据、人工智能与现代服务业有机融合的信息基础设施建设,旨在充分发挥特殊监管区域的职能和政策红利,着力提升自由贸易试验区内涵建设和营商环境品质③。

3. 吸引人才,支持研发活动,鼓励产学研交流合作

安排专项资金资助高端设备维修共性技术的研发,和高校合作研发,支持创新活动,加强知识产权保护。同时,给予高科技企业及高端人才税收优惠政策和购房资格政策。为人才提供良好的综合环境,形成完善的公共配套服务环境。

4. 税收优惠措施

香农自由贸易区发展过程中出台了一系列鼓励与促进企业发展的优惠政策,香农自由贸易区成为著名的低税港,吸引了大量外企进驻。跨国企业在香农自由贸易区的实际税负远低于美国和其他欧盟国家,并对于来自特定国家和地区的特定收入给予更低税率甚至免税优惠④。香农自由贸易区高端维修服务业的发展在一定程度上离不开低税港这一特点。

5. 形成产业集群

天津自由贸易试验区、厦门自由贸易试验区以及香农自由贸易区的共同特点就是在高端维修发展过程中形成了典型的产业集群。例如,香农自由贸易区的实质是以航空港为特征的自由港的陆域拓展,形成空港配套服务业产业集群。这对本产业以及上下游相关产业的发展都会起到相互促进作用。

---

① 徐胜:《爱尔兰香农——世界第一个自由贸易区》,《重庆与世界》2017年第23期。
② 李锋、陆丽萍、樊星:《聚焦重点产业加快推进自贸试验区新片区重大制度创新举措落地》,《科学发展》2019年第9期。
③ 张志昂:《上海自贸试验区新片区应大胆创新数字监管模式》,《第一财经日报》2019年3月18日。
④ 王胜等:《爱尔兰香农自由贸易区发展经验探析》,《今日海南》2018年第6期。

五、专业服务贸易开放与监管国际经验借鉴

（一）专业服务贸易开放与监管的国际经验

1. 韩国

（1）缩小制造业和服务业的差别待遇。包括：缩小制造业和服务业间土地保有税的负担差别、合理调整服务业领域的中小企业划定范围、减免有关服务产业用地的开发负担金、改革服务业适用的电费标准体制、扩大《中小企业人力资源特别法》中知识密集型服务行业的适用范围等。

（2）修改相关不合理规定。包括完善知识密集型服务有关制度、加强物流、流通及个人服务业体系建设等。

（3）完善基础设施和服务贸易统计制度。建立各地区自治团体服务业扶植体制；完善新兴产业竞争力法律制度；允许在运动设施用地内增设建筑物；减轻修建青少年锻炼设施相关费用；改善服务贸易统计的软硬件设施；使服务贸易统计制度规范化和制度化。

（4）放宽外国人投资部分服务产业区域限制和降低最低注册资本金额限制。

（5）加大税收和金融支持并完善贸易人力资源培养体系。

2. 美国

（1）制定前瞻性"服务先行"出口发展战略。美国历年《国家出口战略》报告的所有战略、政策和措施完全适用于服务贸易。"服务先行"的出口战略成为《国家出口战略》的重要内容。

（2）建立起完善的法律、法规体系，为服务贸易发展提供良好的制度环境。对内美国政府通过立法、设立专门机构等手段，建立起完善的服务贸易法律法规体系和管理机制。

（3）制定服务业出口战略，为服务业向外扩张提供保障。一方面美国政府制定各种鼓励服务业出口的计划、政策和措施，如派高级贸易团出访，总统外交经济等手段扩大服务业出口；另一方面通过多边贸易谈判消除他国政府的服务贸易壁垒，同时为缩短谈判实践，快速占领市场，凭借经济实力开展双边谈判，扩大美国进入他国服务市场的机会。

（4）服务贸易人才充沛。长期高水平的教育投入和人才的引进机制，使得美国拥有世界上人数最多、最具优势的科技队伍。丰裕的人才优势支撑美国服务贸易优势产业得以持续发展。

（5）高效的服务贸易出口体系。美国服务贸易出口机构主要由以下三个体系构成：一是咨询、决策与协调体系；二是服务贸易促进体系；三是美国民间出口服务体系。上述体系承担了从宏观到微观的各项职能，为专业服务贸易出口保驾护航。

3. 英国

（1）管理制度与监管机构完善。在英国，各服务行业有不同的管理规定及监管机构，由具体行业管理机构或组织负责某行业的贸易促进相关事宜。此外，英国政府资助的机构或者行业组织也对服务贸易进行协调与管理。

（2）服务贸易统计规范。英国服务贸易统计由英国国家统计局归口管理，不同行业分别提供统计数字，由国家统计局统一对外发布统计公报。英国国家统计局发布的初期服务贸易统计数据一般都会进行修正，最终统计数字通过年度红皮书对外出版。英国国家统计局对服务贸易的统计分类基本遵循国际货币基金组织的分类标准，并结合本国服务业实际情况进行微调。

4. 经验总结

（1）要有专业服务贸易的长远发展战略。专业服务贸易的发展不是一蹴而就的，需要不断地积

累。在专业服务贸易发展早期,各国都制定科学的、长远的发展战略,慢慢扶植与培育专业服务贸易发展。

(2)专业服务贸易以及服务贸易的监管和管理机构健全。在国外,服务贸易的管理机构大都由专门的机构来负责,甚至针对不同的服务业由不同的机构来进行监管,还有专门的协调机构来协调多部门监管所带来的矛盾。

(3)专业服务人才充沛。国外专业服务人才培训体系完善,人力资源充沛,这直接促进了国外专业服务贸易的发展。

(4)服务贸易统计完善且科学。这有利于提高服务贸易统计的质量,根据统计结果客观真实反映服务贸易的发展现状,从而做出更有利的决策。

(5)完善专业服务贸易的营商环境。专业服务贸易发达的国家大多注重服务贸易营商环境的建设,通过降低投资标准、给予金融和税收政策支持、完善出口体系等方式来优化服务贸易和专业服务贸易的营商环境。

(二)上海自由贸易试验区新片区专业服务贸易开放与监管的对策建议

1. 制定专业服务贸易的长期发展战略

专业服务贸易的发展是长期的、持续的,应积极论证,探讨专业服务贸易的发展方向、机构设置、发展领域、政策扶植、营商环境优化、人才培养、服务贸易统计完善等各层次的问题。

2. 以自由贸易试验区新片区建设为契机、尝试拓展高端的专业服务贸易

目前,上海专业服务贸易以劳动密集型的专业服务贸易为主,缺乏知识密集型的专业服务贸易,如技术服务、研发服务、咨询服务、管理服务等。未来应以自由贸易试验区为依托,尝试降低知识密集型的专业服务贸易进入门槛,给予这类专业服务贸易税收、金融政策上的优惠政策,从而改善上海专业服务贸易的结构。

3. 完善上海专业服务贸易监管和服务机构设置

设置服务贸易的专门监管机构,并对不同的服务业设置专门的监管机构,重视协调机构的设置来协调不同监管机构之间的矛盾。此外,要重视民间组织和行业组织的发展。

4. 扶植本土专业服务贸易企业、提高专业服务贸易出口比重

降低专业服务贸易企业的进入门槛,培育更多的本土专业服务贸易企业,扩大专业服务贸易出口,提高专业服务贸易出口比重,减少专业服务贸易逆差。

5. 重视服务贸易统计

建立科学的、合理的服务贸易分类和统计体系,做好服务贸易统计工作。我国从2017年开始启动服务贸易统计并在统计年鉴上有所体现。但服务贸易统计依然薄弱,各地区存在分类不一致的现象,统计方法有待进一步优化。因此,要做好服务贸易的统计工作,为服务贸易的决策提供更多的现实依据。

执笔:黄丙志(上海海关学院)

服务贸易最佳实践和经验总结报告

——2020年二十国集团(G20)贸易部长会议报告

(2020年9月22日)

这份综合报告是由贸易和投资工作组(TIWG)主席在主席的责任下根据G20政府和受邀国家提供的不同意见编写的,并且不影响其各自的立场。

● 服务业和服务贸易的经济贡献

G20的与会者强调,服务业和服务贸易已成为经济增长的重要引擎。服务贸易有助于使经济和国家出口结构多样化,以及改善基础设施,包括依赖商品的经济体和发展中国家的基础设施。

服务业在G20经济体中的重要作用体现在该行业占GDP的较高份额(例如,中国和俄罗斯为54%,加拿大、德国、日本和南非接近70%,英国为80%)及其对就业的贡献(例如,印度尼西亚为55%,俄罗斯为67%,韩国为70%,澳大利亚为80%)。典型的,服务业在GDP和就业中所占的份额最近趋于增加。在新成立的企业中,这一行业也占了主导地位(例如,德国约80%)。

服务业在国际贸易和投资中发挥着越来越大的作用。总体而言,过去十年中,服务贸易的增长速度超过了货物贸易。许多国家的报告写道,服务在其总出口中所占的份额一直在增加。在南非,该国服务业工作的10%与服务出口有关。在西班牙,服务出口占GDP的10.6%。在俄罗斯,服务出口占非商品出口的43%。

发展中国家在服务贸易中的参与也有所增加,而数字服务在该贸易中发挥着越来越重要的作用。发展中国家在许多服务和开发方面具有比较优势。这种潜力可以帮助实现商品以外的出口多样化。在阿根廷,基于知识的服务对微型,中小型企业(MSMEs)尤为重要,这些企业几乎占该国服务出口的一半。在发展中经济体中,出口实力和增长突出的一些部门包括商业服务、金融和保险、电信、计算机、信息服务、旅游运输、建筑和卫生服务。服务业在外来直接投资中也占很大的份额(外国直接投资)(例如,2019年土耳其为70%,印度为60%)。

预计服务业和包括数字服务在内的服务贸易将在新冠肺炎疫情后的经济复苏中发挥重要作用。这一流行病对服务部门造成了重大损害,但各个领域向数字服务的转变有助于增强韧性,并可能提供未来的增长机会。

● 服务业作为其他经济活动的投入及其在供应链中的作用

在G20经济体中,服务业越来越多地用作制造业和农业部门生产过程中的投入。这对整个经济的生产力、商品出口的竞争力和经济多样化具有重大影响。

服务投入使企业能够提高生产率,生产更多的产品。此外,与商品一起提供的服务,如保险、融资或维修服务,使公司能够通过向客户提供综合解决方案来持续增加价值。

对于许多G20与会者而言,服务以增值形式占制成品出口和总出口的很大一部分。例如,在墨西哥、俄罗斯、英国和美国,服务业的增值内容约占制造业出口总额的三分之一。就增值而言,服务业估计占英国出口总额的三分之二,对于欧盟而言占近60%,对巴西而言则占约一半。服务业出口中的很大一部分增加值来自进口服务。

这强调了商品出口高度依赖于服务投入。对于制造业和农业企业来说,获得高质量服务(例如电信、金融、物流、运输服务)以连接全球和区域价值链是必不可少的。服务业的活力,有效的法规和对服务贸易的开放性与整体竞争力以及融入全球市场和多样化息息相关。许多与会者强调,尊重隐私和数据安全性的数字化服务的提供和数据的自由流动可以促进将服务用作商品生产和贸易的输入。

此外,与制造业相比,许多服务行业的较低进入成本促进了中小企业在全球价值链中的参与。

● 服务业贸易政策和服务业在增长、发展和多样化战略中的作用

服务和服务贸易对G20与会者增长、发展和多样化战略发挥着重要作用。高度创新和竞争激烈的服务业对保持全球经济增长和效率至关重要,是21世纪发展中国家和发达经济体经济多样化的关键驱动力。增加服务贸易可促进经济多样化,从而加强经济稳定,减少易受冲击的程度。

G20各与会者强调了可用于创造多样化条件的战略,包括结合国内措施和贸易政策,例如:倡导在国内外加强服务贸易自由化,提高服务政策的透明度,支持企业出口服务,吸引外国对服务业的直接投资,促进数据的自由流通,而又不影响合法的公共政策目标,改善商业环境,以及促进与环境保护有关的服务,例如将循环经济用作可用工具之一等等,以实现环境的可持续性。

G20各与会者强调本国服务政策在促进增长和多样化方面发挥的关键和积极作用。在这方面,强调了开放服务业部门以接受国际竞争的措施的积极影响,以及高质量和透明的国内管制框架和良好的商业环境的高度相关性。这种政策可有助于提高国家公司的竞争力,促进更多地参与国际贸易。

关于服务贸易的开放性,例如,沙特阿拉伯决定允许100%的外资拥有公路运输服务,以提高效率、安全性、可持续性,并促进商品的互联互通和贸易。巴西对航空运输业的全面开放旨在促进获得关键服务投入,从而提高整体竞争力。土耳其方面,取消了公共垄断并向电信,邮政和快递服务的竞争开放了市场,从而使电信和后勤服务得到了改善,价格也更便宜。G20的一些经济体还强调了改革对其外国投资体制的好处,这促进了模式3(商业存在)下的服务贸易。印度为外国直接投资打开了新的领域,并放宽了签证制度。

关于国内监管框架和商业环境,与会者强调指出,政府政策可以标准化和简化对服务行业的许可、注册和其他要求,并通过建立独立、公正的行业监管机构,例如电信服务行业,来保持公平竞争,可以为服务公司和服务贸易增长创造更有利条件。

在国际行动方面,许多与会者强调,服务自由化和具有约束力的承诺可以提供稳定性,可预测性和较低的贸易壁垒。许多与会者强调了在世界贸易组织中就国内法规纪律进行谈判的重要性,指出它们对法规透明度的贡献及其对企业(特别是中小型企业)的利益。许多与会者强调了世界贸易组织电子商务规则制定对促进数字经济中的服务贸易的重要性,以及小型企业更多地参与数字贸易的好处。一些与会者强调,在着手制定电子商务规则之前,必须在世界贸易组织电子商务工作计划下开展探索性和非谈判性参与。一些与会者强调,有必要重新振兴世界贸易组织国内法规工作组中的多边讨论。一些与会者强调了关于数据治理的国际讨论的重要性。最后,一些与会者强调需要集中精力克服数字鸿沟,改善发展中国家的数字基础设施并增强数字能力。

G20与会者还认为,在参与双边或区域贸易谈判的背景下,开展全面工作,确定影响服务贸易的

相关适用措施,可通过提高透明度和可预测性促进服务贸易。一些国家政府还采取行动加强与私营部门的合作。例如,在巴西,"Simplifica项目"旨在通过解决私营部门发现的瓶颈问题来简化商业环境。俄罗斯发起了"监管断头台"倡议,规定修订所有强制性要求和程序,以撤销私营部门认定的不必要和过度的要求。

G20的许多与会者已经采取了专门为帮助中小企业进入全球服务市场的行动。根据澳大利亚的"服务业出口行动计划",澳大利亚政府对行业主导的旨在提高服务业出口潜力的建议作出了回应。在印度尼西亚,政府制定了一项计划,以促进旅游业成为创意经济的一部分。通过促进优先目的地的发展,实现经济多样化战略的关键。

● 提高服务贸易的透明度和可预测性

G20各与会者认为,提高服务贸易政策透明度、促进服务贸易十分重要。

许多与会者强调了及时通报世界贸易组织措施的重要性,以及尽可能在措施实施前在网上公布措施的重要性。会议还强调,在制定新措施或对现有措施进行改革方面,政府各部门以及行业和主要贸易伙伴进行广泛咨询的重要性。还提到了国际组织,例如世界贸易组织,在提供关于服务贸易的进一步资料方面的作用。

许多与会者表示,关于国内条例透明度和贸易协定中有约束力的承诺的国际规则也作出了重要贡献。稳定和透明的国内监管框架以及国际服务贸易规则为服务贸易供应商带来稳定、透明和可预测性。

● 服务贸易和贸易援助

许多G20发展中国家认为,贸易援助在促进服务贸易国际合作中发挥着关键作用,需要动员贸易援助,以提供新的贸易机会,降低服务贸易成本,并通过为服务市场提供有利的环境来增强连通性。

贸易援助可以在几个关键领域支持服务贸易政策的实施,例如以下政策:促进基本基础设施服务的提供;帮助建立在线服务提供的有利条件;促进价值链整合,并促进获取和提供用作货物生产和出口投入的服务;通过多种提供方式促进服务出口以提高多样化,如跨境电子商务;并协助制定和实施国内和跨境电子商务的国家法律框架。

许多国家指出,开放和规范的服务市场对于确保发展中国家能够融入区域和全球价值链并从全球服务贸易中受益至关重要。有人指出,市场准入并不是唯一的障碍,因为缺乏基础设施,足够的监管框架和技能水平可能会影响发展中国家企业利用贸易机会的能力。尽管对最不发达国家的优惠,例如在世界贸易组织最不发达国家服务豁免中,以及其他面向出口的方案可能很重要,但帮助克服供应方限制的能力建设对于促进服务贸易的发展至关重要。

● 服务贸易对增强妇女权能和青年就业的贡献

G20与会者认为,妇女和青年在服务业中发挥着更大的作用。在加拿大,90%的女性劳动力从事服务业,年龄在15岁到24岁之间的男女劳动力中也有86%从事服务业。在西班牙,29岁以下的劳动人口有 80% 受雇于服务业（29 岁以上的劳动人口有 75%）。分性别看，女性劳动力的 89% 和男性劳动力的 65% 受雇于服务业。在俄罗斯，女性在服务业的就业率超过 80%，而在制造业和农业部门的比例分别为 15% 和 4%。在英国，在服务业担任高级管理职位的女性比在制造业多。

由于服务部门在新成立的企业中占绝大部分，因此，充满活力的服务部门为妇女和年轻人开办自己的公司提供了重要机会。在加拿大，女性在这一领域开创了更多的企业。

在这种情况下，鼓励服务贸易的政策往往会增加年轻人和妇女的机会。在认为妇女和青年无法充分参与经济活动的国家，服务业的发展为释放潜力和推动他们参与劳动力市场提供了一个有希望的渠道。

报告指出，在一些国家，服务业的工资差距低于制造业，因此，服务业的发展具有促进劳动力市场性别平等的潜力。一些与会者还提到，由于进入壁垒相对较低，电子商务对于增加妇女和代表性不足的群体参与服务贸易具有重要意义。

翻译：陈佳璐（上海大学经济学院）

2019 上海服务贸易运行指引报告摘要[①]

一、《2019 上海技术贸易运行指引报告》

当前,我国正在加快从科技大国向创新型国家,进而向科技强国迈进,需要更好、更稳定、更持续的国际技术贸易体系和国际贸易环境。上海作为我国率先设立自由贸易试验区的"桥头堡",近年来大力推动多边贸易与上海国际贸易中心建设,创建了中国(上海)国际技术进出口交易会平台,率先启动了专为技术贸易设立的国家级、综合性展会模式,有效促进了我国与各国间的技术转移与创新合作。本指引报告梳理了当前逆全球化背景下各主要国家技术贸易发展的政策导向及竞争态势,聚焦新形势下全球技术贸易发展的焦点需求,并在此基础上对上海近年来技术贸易发展的整体态势及特征问题进行对标分析。

近年来,上海技术贸易总体规模持续扩大,技术出口占全国的比重持续增长,贸易合同高度集中在制造业,体现了上海企业作为技术供应者不断走强的综合竞争力,这个态势在"一带一路"倡议下还将呈现更大的发展活力。从结构上看,制造业企业是核心需求方与供给方,上海制造业的技术密集度相比我国其他地区更高,对外技术合作历史较长,在国际技术市场的交易经验也更加丰富。此外,上海自从2013年以来每年连续承办中国(上海)国际技术进出口交易会,为跨境技术贸易发展提供了重要展示与交易促进平台,对于上海的高端制造等主导性制造业发展与海外合作发挥了重要的推动作用,也为长三角乃至全国的制造企业提供了技术展示、交易磋商和金融服务的重要窗口。

上海技术贸易发展面临的主要问题有:技术贸易绝对规模增长较快,与货物贸易相比仍然偏低;外资企业占比过大,贸易主体结构有待优化;不同行业的技术贸易发展不平衡,科技成果转化有待加强;技术贸易壁垒进一步加剧,知识产权保护面临考验。

2019年,上海在以下方面促进技术贸易发展:搭建全球领先科技展示舞台,打通技术贸易"最后一公里";成立全球跨境技术贸易中心,打造世界级技术贸易枢纽;第十八届印尼中国技术设备和商品展成功举办;第十七届上海软件贸易发展论坛成功举办。

从外部环境来看,双边和多边贸易规则受到冲击,发达国家加紧新兴技术出口管制,欧美等国不断升级外资审查,给上海技术贸易发展带来挑战。随着世界贸易结构的变化,知识产权、技术交易的比重在未来将会进一步提高,普通商品在对外贸易中的比重和重要性将会呈现下降趋势。在国际技术贸易的规模、内容和模式都在不断变化发展的同时,发展中国家的利益诉求、发达国家的技术出口管制、传统就业岗位的减少、国际贸易争端等问题没有得到有效解决。伴随着数字技术等新技术的应用,新的技术贸易模式不断涌现,这些问题给国际技术贸易规则、理论和实践都带来了新的挑战,如何构建更加高效的国际技术贸易体系,以更快适应快速变化、相互依存而又相互竞争的贸易环境,成为新形势下上海进一步融入全球技术贸易体系的重大议题。整体来看,融合、创新、联动,应是上海打造

[①] 《2019年上海服务贸易运行指引报告》是上海市商务委员会政府采购的上海服务贸易公共服务项目,包括2019邮轮旅游、服务外包、文化贸易、金融服务、中医药服务、新兴服务贸易、技术贸易、数字贸易等产业运行指引报告。本文为各运行指引报告的内容摘要,如需了解报告详细内容,可登录上海市商务委网站。

高效的国际技术贸易体系的核心方向。

上海应以融合的姿态适应全球科技开放,以创新的方式参与全球经济秩序重塑,以资源联动的形式加快适应全球化竞争,参与国际技术贸易的内容指引、标的指引和方式指引。

在具体运行路径方面,推进自由贸易试验区制度创新,打造贸易制度环境高地;加快技术贸易结构调整,提高技术贸易竞争力;依托科技创新中心建设,提升技术服务支撑力;利用金融创新工具,促进企业间技术协同创新;推动公共服务平台建设,促进技术贸易多双边合作。

执笔:马征远　杨　露　刘樱霞　王恒哲

二、《2019上海金融服务贸易运行指引报告》

当前,我国金融业对外开放进程按下快进键,多领域金融开放措施接连落地,金融对外开放全面推进。指引基于全球经贸规则变动的新趋势和新特点,系统梳理了《中美第一阶段经贸协议》金融服务章节的特点及主要内容以及近期推出的各项开放政策中涉及金融的条款,如《全面推进北京市服务业扩大开放综合试点工作方案》《中国(海南)自由贸易试验区总体方案》《中国(上海)自由贸易试验区关于扩大金融服务业对外开放进一步形成开发开放新优势的意见》《中国(上海)自由贸易试验区临港新片区总体方案》《上海市新一轮服务业扩大开放若干措施》《中国(上海)自由贸易试验区跨境服务贸易特别管理措施(负面清单)(2018年)》《关于进一步加快推进上海国际金融中心建设和金融支持长三角一体化发展的意见》等,提出上海的对接点或可资借鉴的内容;考察上海金融服务贸易的基本情况与不足,剖析上海金融服务贸易提升发展的瓶颈问题、创新需求及政策环境需求;结合中长期国内外宏观经济和政策环境的变化趋势,提出上海金融服务贸易创新发展的对策建议;详细梳理金融服务贸易的内涵、类型与统计分类,具体介绍了美国、欧盟、新加坡和中国香港特区金融服务在各种统计方式下的统计内容,为中国构建和完善金融服务贸易统计制度提供理论支撑。

当前上海金融服务贸易并不具备优势,金融保险服务贸易总额小,占上海服务贸易总额的比重仅为1‰左右。从服务种类来看,英国、美国、新加坡和中国香港特区服务出口中,金融服务出口占比均远超保险和养老金服务出口,世界总体也是如此,但上海则相反,即保险服务出口大于金融服务出口。与北京相比,上海金融服务贸易也存在差距。2018年以来,上海有序扩大金融业开放,在银行、证券、保险及征信、评级、支付等领域推出了一系列开放措施,已累计向国家金融管理部门上报了五批48个对外开放项目。目前,一批具有标志性意义的项目已在全国率先落地。上海已经成为我国外资金融机构最多的城市。全球金融中心指数(GFCI)和新华—道琼斯国际金融中心发展指数(IFCD)两大主流国际金融中心评价指数的最新结果表明,上海竞争力次于伦敦、纽约、香港等城市,与新加坡、东京相当。但是,总体来看,上海在资本项目开放、金融服务业开放、本外币跨境使用、金融产品创新、风险管理水平、金融法律法规国际化程度等方面距离国际知名金融中心还有较大差距。

在金融业开放方面,上海还存在以下不足:资本项目可兑换和资金跨境流动便利化程度仍有待提高;FT账户使用主体和功能有待进一步完善;金融监管体系不够健全。上海应创新试验开放水平更高的金融负面清单;拓宽自由贸易账户功能;进一步开展金融产品和工具创新;加快建设全球资产管理中心、人民币跨境投融资中心;着力提高金融机构的数量和质量,集聚更多具有影响力和竞争力的金融机构;做好金融创新风险压力测试,健全金融风险防控体系;创新绿色金融和新科技运用。

执笔:殷　凤　龙飞扬

三、《2019上海数字贸易运行指引报告》

随着数字技术的不断发展,数字贸易的内涵与范畴也在不断丰富。在当下的大数据和人工智能时代,数据流、云平台、人工智能服务等成为数字贸易的最新形态,而此前的形态由于新技术的推动,不断涌现出新业态和新模式。本报告将数字贸易的范畴划定为:数字化产品和服务的贸易,以及通过数字化载体实现的传统货物和服务的贸易。这个范畴既涵盖了贸易对象的数字化,也涵盖了贸易方式的数字化。

上海作为贸易中心和科创中心,要在数字贸易的发展中起引领作用。根据《上海市数字贸易发展行动方案(2019—2021年)》,将进一步加大力度打造上海数字贸易国际枢纽港,建设数字贸易创新创业中心、交易促进中心、合作共享中心。

本报告将上海数字贸易放在国际贸易规则博弈以及中国和上海经济转型升级的大视野下,分析了全球数字贸易的产业状况和规则调整的大趋势,对上海数字贸易中的数字服务行业应用、云服务、数字内容、跨境电子商务等四个重点领域的发展现状进行梳理,对上海建设数字贸易国际枢纽港中的要推动的三大重点工作任务——要素流动机制、数字监管体系、总部集聚功能建设的短板进行了分析,结合上海当前经济转型升级中的"三大任务、一大平台"提出进一步推进上海数字贸易发展的政策建议。

目前,一些国家和地区通过区域贸易协定的方式,逐步构建和完善与数字贸易有关的规则,以求在国际贸易新规则制定中掌握了话语权与领导力。美国和欧洲等国也开始与一些国家和地区在贸易规则谈判中加入数字贸易规则条款,形成各自的主张。数字贸易规则博弈日趋激烈,数字贸易规则"自系统性"越来越强,但数字贸易规则主张分歧明显。规则制定趋向于双边、区域和诸边贸易协定。跨境数据流动成为贸易规则谈判焦点。

上海数字贸易"新基建"迎来新一轮布局,各重点产业正在加快形成一批"隐形冠军"。上海数字贸易发展突破中的短板和难点主要有:在要素流动方面,一是跨境数据流动在开放和监管上存在两难,二是在互联网人才方面存在一些短板或不足;在数字监管方面,一是依托于数字贸易的虚拟交易显著增加、征税面临挑战,二是交易真实性认定困难,虚假交易监管难;在总部集聚方面,上海尚没有形成具有全球影响力的数字贸易平台,很难以搜索引擎和社交网络作为构建全球数字贸易平台的突破口,还没有形成具有全球影响力的平台型企业,还没有建立起一个以数字贸易平台为核心的生态圈,影响了数字贸易做大做强以及产生溢出效应。

上海应以自由贸易区新片区建设为契机完善数字贸易新开放规则,在自由贸易区建设离岸数据中心、开展数据流动便利化试点,参与数字贸易国际规则制定,形成高水平自由贸易协定,以自由贸易试验区新片区为依托,探索建立数字贸易统计体系;以上海优势产业为基础促进数字贸易创新和集聚,着眼"高"(高端)、"新"(创新)、"前"(前沿),持续催生出数字贸易的新技术、新业态、新模式,新平台;以国内外合作平台为支撑促进数字贸易走出去,通过长三角一体化、进博会、"一带一路"等促进数字贸易国际合作,大力推动跨境网络支付体系发展。

执笔:唐 涛 张鹏飞

四、《2019上海新兴服务贸易运行指引报告》

伴随着知识经济的兴起,以信息、知识为主的服务业已逐渐成为优化中国经济结构、增强城市对内聚合和对外辐射力,提升全球价值链水平的重要推手。在服务业开放的大趋势下,以新兴服务业为基础的新兴服务贸易更是迅速崛起,成为信息时代经济全球化的重要内容。对于出口国而言,相对于传统贸易而言,新兴服务贸易的边际成本远低于传统服务贸易,甚至随着规模报酬的递增可趋向于0,大力发展新兴服务贸易的生产效率更高;对于进口国而言,制造业部门通过对新兴服务贸易的进口,可提高低端环境部门效率,从而增加产业国际竞争力;对于企业而言,新兴服务贸易企业可以打通东道主的上下游供应链渠道,国内企业也可以提升产品价值链水平。

从近期全球新兴服务贸易表现看具有三大变化:一是商业存在已成为全球新兴服务贸易中最主要的表现形式且迅速增长,占2017年全球服务贸易总量的60%;二是随着数字技术的快速发展,全球新兴服务贸易数字化趋势明显,新兴服务贸易中超过60%的是数字贸易,由此在技术进步和规则协定上展开了一系列最新的讨论;三是中国等发展中国家出口增速非常快,未来人口结构也将为全球新兴服务贸易提供发展机遇,降低贸易壁垒和减少监管将是服务贸易未来国家谈判主要议题。

当前,国内外新兴服务贸易表现出如下新特征:从规模向高质量发展新阶段转化;主要经济体间发展差异开始扩大;中国新兴服务贸易成为新增长点。

上海新兴服务贸易整体继续保持增长势头,经济韧性较强;养老保险优势明显,知识密集型专业服务业亟待发力;业务外包成长迅速,新一代技术应用成为亮点;贸易环境不断优化,城市综合竞争力持续提升。

后疫情时代,全球价值链将发生深刻的结构性变化,上海与新加坡、香港等相比,新兴服务贸易差距和短板明显。未来上海"五个中心"建设、"三大任务"落实等都向上海新兴服务发展提出了新的要求,也带来了新的契机。上海需要依托自贸试验区及新片区在进一步扩大服务业对外开放、鼓励技术创新、加强国家合作等方面发力,不断增强上海的经济活力和城市竞争力。在对标全球最高标准、最好水平中寻找成长新空间:进一步提高新兴服务贸易进口比重,发挥引领功能;补齐上海金融服务贸易出口短板,形成联动效应;升级总部结构,强化全球知识经济资源配置功能;进一步降低税负、提高市场开放度和政府服务水平。

具体对策方面,上海应对标CPTPP和USMCA,进一步扩大新兴服务贸易开放;借鉴香港和新加坡成功经验,进一步扩大对新兴服务贸易的政策扶持;对标国际金融中心城市发展历程,优化完善上海国际金融发展生态;依托"一带一路"等区域合作,扩大新兴服务贸易出口。

执笔:汤蕴懿　张鹏飞

五、《2019上海市服务外包运行指引——生物医药研发外包篇》

随着全球生活水平整体不断提高、老龄化程度加重以及群体健康意识增强,全球生物医药市场呈现持续增长态势,生物医药产业化进程明显加快。生物医药研发需求强劲,全球医药研发支出持续保持增长态势。全球生物药热度持续提升。全球生物医药研发外包成为中坚力量。中国生物医药研发外包发展步入快车道,行业规模高速增长,医药和生物技术研发服务接包保持两位数增长。

上海生物医药产业已经形成规模增长稳定、创新成果突出、空间布局优化、通关政策创新、产业生态完备的发展环境;在此基础上,上海生物医药研发外包形成了国际巨头引领、先进技术持续突破、体制机制不断创新的良好发展态势。

上海生物医药研发外包面临的问题与瓶颈主要有:整体产业竞争力有待进一步提升,产业规模有待进一步扩大,市场单一性导致行业抗风险能力较低,产业内链条与产业外链条有待进一步完善;

体制机制创新空间有待进一步打开,特殊物品进口监管存在制度障碍,医疗器械进口仍面临监管证件多、审批流程繁杂等问题;高企的商务成本与创新创业优势间仍未取得平衡,投入产出效率不高,综合商务成本上升,土地、人力成本高,融资贷款难;中高层次人才短缺制约企业发展,对生物医药研发人才政策支持力度仍有提升空间。

上海生物医药研发外包创新发展的总体思路是,"宽严"并举,"软硬"兼顾,坚持体制机制改革引领,全方位完善创新链、资源链、产业链、区域链,打造全球顶尖水平的生物医药研发外包生态链闭环。具体对策建议:自贸区内特殊物品进口监管"先行先试"。加快建设和国际接轨的特殊物品进口风险等级体系,完善分类监管模式,进一步提高研发用特殊物品通关便利,加强通关"绿色通道"建设,将针对领军企业的优惠政策拓展覆盖到整个行业,扩大研发用特殊物品进口税收减免范围,予以自贸区外特殊物品采购一定的监管便利;加快推进医疗器械进口监管便利化。以"企业分类管理,产品风险管理"为框架建立基于风险评估的自贸区进口医疗器械企业监管新模式,对于特殊用途医疗器械进口予以通关便利,扩大研发用医疗器械的税收减免范围;加快打造具有全球顶尖水平的创新链、资源链、产业链、区域链闭环。强化"研发投入、专利支持、国际合作、技术转化",打造系统创新链,"国际资源、企业资源、人才资源、资金资源"多点发力,提供充足资源支持,支持CRO产业链"内部延长"、CRO与CDMO"内外协同",聚焦核心、协同协作、三级联动构建区域布局新方向。

执笔:涂 舒

六、《2019 上海文化贸易运行指引报告》

2019年,我国文化贸易的产业结构持续优化,文化领域双向投资明显加速,文化贸易总量实现了平稳增长。就上海而言,上海"文创五十条"、上海文化品牌建设、促进上海在线经济发展政策的陆续发布与实施加速,推动了文化贸易的进一步发展。上海文化贸易总体上呈现出文化贸易内容科技含量愈来愈高、文化贸易手段与形式创新性愈来愈强、文化贸易的业务模式愈发多元化、文化贸易各个细分领域齐头并进且各具特色的发展态势。

本报告以纵向分层为整体架构,将国内文化贸易现状与特征作为研究切入点,研究梳理国内外优秀案例,厘清上海市文化贸易发展概况及逻辑特征。通过文献研究、企业调研、专家访问及员工在线访谈等工作,系统、结构化地阐述国内及上海市文化贸易发展情况,深入掌握各垂直细分领域的发展现状、标杆企业发展情况,进一步深度挖掘重点在线文化贸易基本情况,抽象提炼优秀企业运营模式,探索上海市文化贸易发展的制约因素,阐述后疫情时代上海发展文化贸易的业务模式、发展难点与痛点。在上述基础上,立足国际视野,对标国内外标杆企业的案例提炼,针对性地总结、提炼出促进上海文化贸易进一步发展的对策建议。

当前,国内文化贸易发展具有以下基本特征:科学技术极速渗透,技术创新成为文化产业与文化贸易新型动能;产业跨界深度融合,新需求、新市场焕发全新活力。各地大力推进文化、旅游、商业等行业融合发展,积极适应商业消费趋势,资源整合渠道逐步规范,产业联动效应日益凸显;出口版图更为广阔,动漫、电视剧等行业的优秀产品进入国际主流市场。

国际文化贸易主要有以下特征:文化贸易比重持续提升,贸易品类增长迅速;发展中国际话语权加强,文化贸易南北差距大;文化贸易数据统计难度较大,缺乏国际标准体系。

近年来国内外文化贸易发展趋势表现在:文化产品表现形式多样化,文化市场进一步扩张;文化产品和服务的国际流通进一步加强;国际经济贸易呈现区域化、差异化发展;版权日益成为文化产业关注重点。

2019年,上海市文化产品和服务进出口总量为117.132亿美元,同比增长15.21%,实现两位数增长。优势产业持续领跑,上海品牌不断走向国际;数字化创新助力重点文化产业转型,推动跨国文化交流;国家战略护航产业发展,主场外交协力文化出海;用好政策"组合拳",为企业发展保驾护航。呈现以下演变趋势:文化产业基地进一步发展,产业集聚效应进一步凸显;技术变革带动产业升级,不断推动文化高质量发展。上海要继续推动落实《关于加快本市文化创意产业创新发展的若干意见》,全面深化文化体制改革,推进文化产业实现更高质量发展,提升产业能级和核心竞争力,以全力打响"上海文化"品牌为重点,继续加快建设国际文化大都市。一是进一步融入国家战略部署与发展大局,推动长三角一体化更高质量发展,以长三角文博会为契机,继续深化文旅、影视、演艺、出版、印刷、动漫、电竞、文金等重点领域跨区域合作机制;以自贸试验区全面深化改革开放为契机,进一步扩大文化领域开放力度,加强"一带一路"对外文化交流和贸易,推动"中华文化走出去"。二是加快推进"两中心、两之都"建设,做大做强影视、演艺、艺术品、电子竞技等重点产业,谋实重点项目和配套政策,促进产业发展有亮点、有抓手。三是深化文化跨界融合发展,重点围绕5G、区块链、大数据、人工智能等新兴技术的应用开发,加快文化金融合作,提升文化科技创新,促进文化旅游融合,提升文化贸易水平,搭建一批跨界融合产业服务平台,以平台为抓手促进融合发展。四是加强产业载体建设,提升文创园区发展质量,进一步完善园区发展政策,推动国家级文化产业园区提升能级。五是有序推进重大文化设施建设,实施重点项目带动战略,以重大功能性文化设施建设辐射周边商旅产业发展。六是强化产业人才引进培育力度,充分发挥"源头"和"码头"优势,完善产教融合机制,深化推动文教结合。

当前上海国际文化贸易发展面临的难题主要包括:服务平台效用不足,海外平台搭建滞后;产业模式同质严重,内容创新难克雷同;文化折扣差异明显,高端人才依旧紧缺;技术创新驱动不足,技术融合应用乏力;金融创新模式单一,金融支持渠道分散。

后疫情时代,上海文化贸易既存在较大的发展压力,也因其自身的特殊性,迎来了发展机遇,文化制造:强化"工业生产"在文化发展中的作用;数字文化:动漫游戏引领文化贸易结构优化;多元创新:共建"社会价值"与"人才价值"。上海应抢抓后疫情时代机遇,促进在线文化贸易发展。第一,从政府主管部门来看,要在战略梳理、战略研判基础上,统一认识,即狠抓在线文化贸易,是后疫情时代促进上海文化贸易、在线经济发展的重大战略抉择。在此基础上,明确"十四五"期间政府职能部门的四项重点工作。第二,回归原点、回归产品,通过政策辅导、案例培训、同行交流等服务形式,以文化产品既要"走出去",也要"走下去",最终还要"走进去"为终极目标,从在线文化产品缩短文化距离、降低文化折扣为切入,强化对象国市场的内容再开发、再生产。一方面,为打造具有中国文化气概、上海文化特色,同时又为贸易对象市场所认同的在线文化产品矩阵谋篇布局;另一方面,针对普遍存在的在线文化产品海外贸易过程中未能演绎出地方/地域文化特质、个性化、地域性文化特征深化不够等问题,建议出台促进表达海派地域文化特征的内容产品专项政策支持政策。第三,以建设企业层面的、第三方运营的上海在线文化贸易发展促进平台为突破口,最大限度地整合、聚合相关产业资源,借鉴行业标杆企业的好做法、好经验,深化平台服务内容、创新平台服务手段,为促进上海在线文化贸易服务发展奠定坚实基础。第四,围绕策划"上海在线文化产业软硬结合发展模式年度高峰论坛",与促进上海文化装备产业政策导向相关联,推进上海文化装备产业与在线文化贸易业务的有机结合,借鉴任天堂等业界优秀企业做法,实施软硬件相结合战略,以软硬件相互支撑、优势互补来做大上海在线文化贸易总量。第五,以区块链技术深度运用为切入,以打造具有上海特色的在线文化贸易版权管理系统为抓手,具体而言就是,整合社会各方资源,支持、促成第三方机构申报的"上海在线文化贸易版权管理系统项目"在市发改委服务业引导资金等项目中立项,为做大上海文化贸易规模提供强有力的规制、技术支持。第六,强化文化与金融结合政策,整合资源,放大不同渠道市、区两级政府扶持、引导资金的支持效应,在此基础上探索政府资金与市场商业资本相结合的多渠道融资、投资模式,为我市在线文化产品开发、在线文化贸易及相关工作提供持续、畅通的输血机制。另一方面,建议适时举办"文化贸易版权金融创新论坛",积极改进在线文化贸易中的版权质押金融支持模式,打通商业资本、在线文化市场主体、政府资金与社会中介区隔,通过新型金融支持模式创新,改变过去过分依赖银行的、风险由单一方承担支持模式。第七,跨界融合、无界合作已成业内趋势,但政府职能部门工作面临的现实困难是部门与部门之间的工作壁垒难以消除,部门间的沟通成本居高不下。建议成立"政资产学研用"六类市场主体为参与者的、跨国界、跨地域、跨行业、跨所有制的,且超脱于政府职能部门之上的"上海促进在线文化经济发展战略联盟",通过战略联盟这一新兴组织形态,强化沟通、促进协同,实现共赢。第八,要深刻认识大数据基础上内容精细化、颗粒度对促进在线文化贸易的重要意义,通过举办研讨会、论坛、企业宣讲及项目申报等形式,大力推进AI+大数据技术与在线文化贸易的结合,助力文化贸易中流媒体业务的创新。第九,强化对在线文化贸易商业模式创新的研究,从提升抗风险能力,巩固企业出海实力出发,促进商业模式多样化、多元化。第十,要加强对企业发起设立的、上海在线文化贸易细分化支持平台的配套政策研究,通过国内外平台与平台之间的强强联合、互补合作,打通在线文化企业、产品的出海路径,实现文化产品海外贸易渠道开发的创新。

执笔:任 健 王文举 袁 帆 刘 峰 景佳琦 申佳璐 柯瑞丰 顾露亚 吴 丹 郭秋琦

七、《2019上海邮轮旅游服务贸易运行指引报告》

2019年是中国邮轮市场由"高速度增长"转向"高质量、高品位发展"的战略调整期,邮轮市场供给量和需求量有所降低,但也为提升邮轮港服务品质,完善邮轮港口周边配套,拓宽分销渠道,强化邮轮市场培育和规范提供了窗口期。同时,国产大型邮轮建造实质性启动,本土邮轮船队规模扩大,邮轮配套产业集群初具雏形,邮轮港口接待能级显著提升,邮轮政策环境持续优化,也标志着中国进入邮轮经济全产业链发展的新阶段。2019年是上海从邮轮旅游迈向邮轮经济的关键跨越期,也是邮轮经济产业链延伸的战略机遇期,邮轮旅游服务贸易取得阶段性成果,邮轮研发设计、邮轮维修制造配套、邮轮物资供应、邮轮融资租赁、邮轮跨境电商、邮轮免税店商业发展、邮轮会展等业态蓬勃发展,关联产业也在逐步发展壮大,推动上海邮轮服务贸易发展提升国际邮轮旅游服务贸易能级,是优化上海服务贸易结构的重要领域。上海获批首个中国邮轮旅游发展示范区,这是上海拓展邮轮服务贸易的重要载体。依托邮轮旅游服务贸易平台,是上海促进长三角一体化协同发展的重要抓手。

当前,全球邮轮旅游服务贸易快速发展,竞争加剧,重心转向亚太。我国邮轮旅游市场进入战略调整期,邮轮经济政策进入红利释放期,邮轮经济进入转型升级关键期。新冠肺炎疫情制约我国邮轮旅游市场规模增长,对邮轮公司运营造成严重影响,邮轮港口收入下滑严重。

从上海来看,邮轮旅游市场需求持续增强,供给显著增强,邮轮入境旅游规模快速增长,邮轮船舶物资供应稳步发展,邮轮免税商业规模显著扩大,邮轮商业载体规模初具规模,邮轮企业集聚效应初步显现,邮轮行业协会规模逐步扩大,邮轮会展经济影响显著增强,邮轮旅游服务贸易政策逐步完善。

上海邮轮旅游服务贸易发展面临的瓶颈主要包括:国际货柜转运尚未建立制度;邮轮船供本地采购无法退税;邮轮入境旅游消费发展缓慢;国内采购通用物资无法上船。

疫情过后邮轮服务贸易稳步恢复,邮轮研发技术服务贸易逐步兴起,国际邮轮船供中心功能将日益凸显,邮轮港入境免税消费成新增长点,国际邮轮入境旅游消费逐步扩大。

2020年是上海邮轮经济全产业链的深化发展之年,也是上海中国邮轮旅游示范区全面建设的开局之年。上海邮轮旅游市场走过了十年的黄金增长期,处于全球邮轮经济发展的第一梯队,坚持最高标准、最好水平,发挥上海邮轮经济发展母港优势、区位优势、先发优势、政策优势,正处于迈向高质量发展的关键期,代表国家参与全球邮轮经济竞争与合作。作为中国邮轮产业要素最为集聚的区域,上海宝山已明确实施打造国际邮轮之城、智能制造之城的"双城战略",提出将面向全球,创造高品质生活,推进城市优化升级,实现从"港口物流基地"到"国际邮轮之城"的战略转型,迈向更富魅力的国际邮轮之城,打造邮轮经济千亿级产业链。为进一步促进上海邮轮旅游服务贸易发展,上海应完善疫情邮轮企业扶持体系,推动邮轮企业复工复产复市;加快推动邮轮产业政策创新,打造国际邮轮政策创新中心;推动国产大型邮轮设计建造,打造国际邮轮科研创新中心;推动国际邮轮产业配套集聚,打造本土邮轮配套产业中心;建设国际邮轮旅游消费胜地,打造国际邮轮旅游消费中心;建设国际邮轮物资供应基地,打造国际邮轮物资分拨中心;推动国际邮轮核心企业落户,打造邮轮企业总部经济中心;大力拓展邮轮行业金融功能,打造国际邮轮金融服务中心。

执笔:叶欣梁　孙瑞红　史健勇　邱　羚　梅俊青　闫国东　王前锋　邹　琳　焦晨杨　王仁鑫

八、《2019 上海中医药服务贸易运行指引报告》

中医药以其独特的健康哲学思想、健康医疗服务,为中国百姓带来高品质生活的同时,中医药服务贸易也日益成为中国服务贸易特色领域和未来"蓝海"。特别是在此次疫情期间,中西医结合抗击疫情,由此形成的中国经验、"中国处方"有望帮助世界其他国家和地区更好地控制疫情。在抗击新冠疫情的中国方案中,中医药功不可没,不但在遏制国内疫情方面发挥重大作用,更随着海外疫情的蔓延,中医药抗疫经验走出国门,迈向国际战场。将弘扬中医药文化与中医药走出去相结合,不仅可以快速提升中医药服务能力和中医药服务产品国际竞争力,同时也进一步促进中医药国际传播和发展,推广在中医药理论指导下的健康生活方式和生活理念,促进中医药文化和中华民族优秀传统文化的国际传播,帮助世界更好的理解中国文化、中国精髓。

近一年来,各国对中医药服务贸易的规则总体保持稳定,其中一些国家在推动中医药立法方面取得了积极进展,尤其在非欧美国家,这种中医药的"外围突破"仍然具有极为重要的意义。与此同时,中医药服务在欧美国家也开始进入医疗保险体系,意味着中医药服务开始进入欧美主流医疗服务领域。而 2020 年之初的新冠肺炎疫情也为中医药进入欧美主流国家提供了可能。从国家到地方,中医药服务贸易都在稳步推进。与此同时,随着"一带一路"建设的不断推进,沿线国家互利合作日渐深入,中医药服务贸易也愈加畅通。

上海中医药服务贸易正进入内涵提升和高质量发展的新阶段,全球市场不断扩大,中药类商品贸易稳步增长,海外消费市场不断扩大,中医药诊疗规模保持稳定,医疗旅游服务异军突起,区域综合服务优势得到体现;服务能力更加凸显,中医药服务体系日趋完善,各类主体创新能力显著增强,以标准化建设夯实国际化"底板";业态模式日益丰富,依托进博会品牌打造进口大平台,中医药远程服务平台凸显中国优势,加大官产学研合作共同推动创新。

上海中医药服务贸易高质量发展面临的挑战主要包括:政策供给侧与服贸主体发展需求不匹配;服贸主体自主创新与服贸意识有待加强;产业链运作缺乏协同使得创新转化不畅;国际健康市场需求倒逼产业升级的挑战。

当前,境外新冠肺炎疫情呈加速扩散蔓延态势,全球经济活动受到严重影响,给国内经济发展特别是产业链修复等带来严峻挑战。卫生健康领域兼具防疫情、保民生、促经济作用,在消费、投资、出口方面潜力巨大,应以卫生健康为突破口,"三驾马车"齐发力,统筹推进民生和经济高质量发展,助力实现今年经济社会发展目标任务。从现实看,进入后疫情时代以后,在国际国内消费升级、产业升级以及政策升级等背景下,要推动中医药服务贸易的高质量发展,有必要坚持受众与市场导向,从优化结构、提质增效、产业升级等方面着力投入。由此,要从进一步打造和提升上海品牌的内涵和能级的角度,着力提升核心竞争力,并以此为龙头带动区域协同发展,将是今后上海中医药服务贸易持续努力的方向。

优化上海中医药服务贸易的发展路径是:第一,整体打造上海中医药服务贸易"城市品牌",以中医药出口基地建设为抓手,推动形成具有上海特色的中医药产品与服务为核心,健康、旅游、教育以及衍生品等为支撑的整体品牌。政府相关部门如商务委、卫健委及科委等要形成合力,梳理各类型的中医药服务贸易主体,加快培育综合实力强、具有国际影响力的服务贸易主体,通过"名企、名药、名店、名医"四位一体,"医、药、文化、教育、生活"五维设置,以及"以医带药、医药结合"的经营模式,推动传统中医药品牌转型,打造新时代中医药名牌;第二,不断坚持以标准化为核心突破口,要充分发挥企业及第三方产业服务组织的能动性,通过相关政策来引导这些企业或产业服务社会组织根据自身优势来创新产品与提升服务,尤其是要通过这些组织来打通产学研之间的壁垒和障碍,以其沟通联络联系枢纽作用对接投资、科研与(服务或产品)生产,既要在建立和完善中医药品质等级体系的同时提升行业的标准化水平,也要推动服务产品和形式的创新优化,如中医药与生活日用结合的衍生品创新,以及第三方服务产品与形式的创新,在推动中医药产品创新的同时更能够适应现代人的生活需要,并由此推进中医药的现代化与国际化;第三,以协作推动中医药产业链升级,积极探索服务模式、产业模式创新,形成比较完整的中医药服务贸易产业链,培育一批具有核心竞争力的中医药服务贸易市场主体。以上海中医药服务贸易区建设为抓手,以中医药出口基地建设为抓手,发挥产业基金的重要支撑作用,积极探索,创新服务模式、创新产业模式,培育比较完整的中医药服务贸易产业链,完善事前事中事后支持、造就一批具有核心竞争力的中医药服务贸易的市场主体,以点带面,形成中医药服务贸易行业发展的基本格局;促进中医药服务贸易区域协同发展。探索建立长三角中医药高质量发展体制机制,推进长三角中医药医疗、教育、科研等共建发展,引领长三角区域成为全国中医药传承创新发展新高地。

执笔:张虎祥　于　辉

第三部分

政策文件

中华人民共和国出口管制法

(中华人民共和国主席令〔2020〕第 58 号)

《中华人民共和国出口管制法》是为维护国家安全和利益,履行防扩散等国际义务,加强和规范出口管制,制定的法律。

2020 年 10 月 17 日,《中华人民共和国出口管制法》经第十三届全国人民代表大会常务委员会第二十二次会议通过。2020 年 10 月 17 日,中华人民共和国主席令(第 58 号)予以公布,自 2020 年 12 月 1 日起施行。

目 录

第一章 总 则
第二章 管制政策、管制清单和管制措施
 第一节 一般规定
 第二节 两用物项出口管理
 第三节 军品出口管理
第三章 监督管理
第四章 法律责任
第五章 附 则

第一章 总 则

第一条 为了维护国家安全和利益,履行防扩散等国际义务,加强和规范出口管制,制定本法。

第二条 国家对两用物项、军品、核以及其他与维护国家安全和利益、履行防扩散等国际义务相关的货物、技术、服务等物项(以下统称管制物项)的出口管制,适用本法。

前款所称管制物项,包括物项相关的技术资料等数据。

本法所称出口管制,是指国家对从中华人民共和国境内向境外转移管制物项,以及中华人民共和国公民、法人和非法人组织向外国组织和个人提供管制物项,采取禁止或者限制性措施。

本法所称两用物项,是指既有民事用途,又有军事用途或者有助于提升军事潜力,特别是可以用于设计、开发、生产或者使用大规模杀伤性武器及其运载工具的货物、技术和服务。

本法所称军品,是指用于军事目的的装备、专用生产设备以及其他相关货物、技术和服务。

本法所称核,是指核材料、核设备、反应堆用非核材料以及相关技术和服务。

第三条 出口管制工作应当坚持总体国家安全观,维护国际和平,统筹安全和发展,完善出口管制管理和服务。

第四条 国家实行统一的出口管制制度,通过制定管制清单、名录或者目录(以下统称管制清单)、实施出口许可等方式进行管理。

第五条 国务院、中央军事委员会承担出口管制职能的部门(以下统称国家出口管制管理部门)按照职责分工负责出口管制工作。国务院、中央军事委员会其他有关部门按照职责分工负责出口管制有关工作。

国家建立出口管制工作协调机制,统筹协调出口管制工作重大事项。国家出口管制管理部门和国务院有关部门应当密切配合,加强信息共享。

国家出口管制管理部门会同有关部门建立出口管制专家咨询机制,为出口管制工作提供咨询意见。

国家出口管制管理部门适时发布有关行业出口管制指南,引导出口经营者建立健全出口管制内部合规制度,规范经营。

省、自治区、直辖市人民政府有关部门依照法律、行政法规的规定负责出口管制有关工作。

第六条 国家加强出口管制国际合作,参与出口管制有关国际规则的制定。

第七条 出口经营者可以依法成立和参加有关的商会、协会等行业自律组织。

有关商会、协会等行业自律组织应当遵守法律、行政法规,按照章程对其成员提供与出口管制有关的服务,发挥协调和自律作用。

第二章 管制政策、管制清单和管制措施

第一节 一般规定

第八条 国家出口管制管理部门会同有关部门制定出口管制政策,其中重大政策应当报国务院批准,或者报国务院、中央军事委员会批准。

国家出口管制管理部门可以对管制物项出口目的国家和地区进行评估,确定风险等级,采取相应的管制措施。

第九条 国家出口管制管理部门依据本法和有关法律、行政法规的规定,根据出口管制政策,按照规定程序会同有关部门制定、调整管制物项出口管制清单,并及时公布。

根据维护国家安全和利益、履行防扩散等国际义务的需要,经国务院批准,或者经国务院、中央军事委员会批准,国家出口管制管理部门可以对出口管制清单以外的货物、技术和服务实施临时管制,并予以公告。临时管制的实施期限不超过二年。临时管制实施期限届满前应当及时进行评估,根据评估结果决定取消临时管制、延长临时管制或者将临时管制物项列入出口管制清单。

第十条 根据维护国家安全和利益、履行防扩散等国际义务的需要,经国务院批准,或者经国务院、中央军事委员会批准,国家出口管制管理部门会同有关部门可以禁止相关管制物项的出口,或者禁止相关管制物项向特定目的国家和地区、特定组织和个人出口。

第十一条 出口经营者从事管制物项出口,应当遵守本法和有关法律、行政法规的规定;依法需要取得相关管制物项出口经营资格的,应当取得相应的资格。

第十二条 国家对管制物项的出口实行许可制度。

出口管制清单所列管制物项或者临时管制物项,出口经营者应当向国家出口管制管理部门申请许可。

出口管制清单所列管制物项以及临时管制物项之外的货物、技术和服务,出口经营者知道或者应

当知道,或者得到国家出口管制管理部门通知,相关货物、技术和服务可能存在以下风险的,应当向国家出口管制管理部门申请许可:

（一）危害国家安全和利益;

（二）被用于设计、开发、生产或者使用大规模杀伤性武器及其运载工具;

（三）被用于恐怖主义目的。

出口经营者无法确定拟出口的货物、技术和服务是否属于本法规定的管制物项,向国家出口管制管理部门提出咨询的,国家出口管制管理部门应当及时答复。

第十三条　国家出口管制管理部门综合考虑下列因素,对出口经营者出口管制物项的申请进行审查,作出准予或者不予许可的决定:

（一）国家安全和利益;

（二）国际义务和对外承诺;

（三）出口类型;

（四）管制物项敏感程度;

（五）出口目的国家或者地区;

（六）最终用户和最终用途;

（七）出口经营者的相关信用记录;

（八）法律、行政法规规定的其他因素。

第十四条　出口经营者建立出口管制内部合规制度,且运行情况良好的,国家出口管制管理部门可以对其出口有关管制物项给予通用许可等便利措施。具体办法由国家出口管制管理部门规定。

第十五条　出口经营者应当向国家出口管制管理部门提交管制物项的最终用户和最终用途证明文件,有关证明文件由最终用户或者最终用户所在国家和地区政府机构出具。

第十六条　管制物项的最终用户应当承诺,未经国家出口管制管理部门允许,不得擅自改变相关管制物项的最终用途或者向任何第三方转让。

出口经营者、进口商发现最终用户或者最终用途有可能改变的,应当按照规定立即报告国家出口管制管理部门。

第十七条　国家出口管制管理部门建立管制物项最终用户和最终用途风险管理制度,对管制物项的最终用户和最终用途进行评估、核查,加强最终用户和最终用途管理。

第十八条　国家出口管制管理部门对有下列情形之一的进口商和最终用户,建立管控名单:

（一）违反最终用户或者最终用途管理要求的;

（二）可能危害国家安全和利益的;

（三）将管制物项用于恐怖主义目的的。

对列入管控名单的进口商和最终用户,国家出口管制管理部门可以采取禁止、限制有关管制物项交易,责令中止有关管制物项出口等必要的措施。

出口经营者不得违反规定与列入管控名单的进口商、最终用户进行交易。出口经营者在特殊情况下确需与列入管控名单的进口商、最终用户进行交易的,可以向国家出口管制管理部门提出申请。

列入管控名单的进口商、最终用户经采取措施,不再有第一款规定情形的,可以向国家出口管制管理部门申请移出管控名单;国家出口管制管理部门可以根据实际情况,决定将列入管控名单的进口商、最终用户移出管控名单。

第十九条　出口货物的发货人或者代理报关企业出口管制货物时,应当向海关交验由国家出口管制管理部门颁发的许可证件,并按照国家有关规定办理报关手续。

出口货物的发货人未向海关交验由国家出口管制管理部门颁发的许可证件,海关有证据表明出口货物可能属于出口管制范围的,应当向出口货物发货人提出质疑;海关可以向国家出口管制管理部门提出组织鉴别,并根据国家出口管制管理部门作出的鉴别结论依法处置。在鉴别或者质疑期间,海关对出口货物不予放行。

第二十条 任何组织和个人不得为出口经营者从事出口管制违法行为提供代理、货运、寄递、报关、第三方电子商务交易平台和金融等服务。

第二节 两用物项出口管理

第二十一条 出口经营者向国家两用物项出口管制管理部门申请出口两用物项时,应当依照法律、行政法规的规定如实提交相关材料。

第二十二条 国家两用物项出口管制管理部门受理两用物项出口申请,单独或者会同有关部门依照本法和有关法律、行政法规的规定对两用物项出口申请进行审查,并在法定期限内作出准予或者不予许可的决定。作出准予许可决定的,由发证机关统一颁发出口许可证。

第三节 军品出口管理

第二十三条 国家实行军品出口专营制度。从事军品出口的经营者,应当获得军品出口专营资格并在核定的经营范围内从事军品出口经营活动。

军品出口专营资格由国家军品出口管制管理部门审查批准。

第二十四条 军品出口经营者应当根据管制政策和产品属性,向国家军品出口管制管理部门申请办理军品出口立项、军品出口项目、军品出口合同审查批准手续。

重大军品出口立项、重大军品出口项目、重大军品出口合同,应当经国家军品出口管制管理部门会同有关部门审查,报国务院、中央军事委员会批准。

第二十五条 军品出口经营者在出口军品前,应当向国家军品出口管制管理部门申请领取军品出口许可证。

军品出口经营者出口军品时,应当向海关交验由国家军品出口管制管理部门颁发的许可证件,并按照国家有关规定办理报关手续。

第二十六条 军品出口经营者应当委托经批准的军品出口运输企业办理军品出口运输及相关业务。具体办法由国家军品出口管制管理部门会同有关部门规定。

第二十七条 军品出口经营者或者科研生产单位参加国际性军品展览,应当按照程序向国家军品出口管制管理部门办理审批手续。

第三章 监督管理

第二十八条 国家出口管制管理部门依法对管制物项出口活动进行监督检查。

国家出口管制管理部门对涉嫌违反本法规定的行为进行调查,可以采取下列措施:

(一)进入被调查者营业场所或者其他有关场所进行检查;

(二)询问被调查者、利害关系人以及其他有关组织或者个人,要求其对与被调查事件有关的事项作出说明;

(三)查阅、复制被调查者、利害关系人以及其他有关组织或者个人的有关单证、协议、会计账簿、业务函电等文件、资料；

（四）检查用于出口的运输工具，制止装载可疑的出口物项，责令运回非法出口的物项；

（五）查封、扣押相关涉案物项；

（六）查询被调查者的银行账户。

采取前款第五项、第六项措施，应当经国家出口管制管理部门负责人书面批准。

第二十九条　国家出口管制管理部门依法履行职责，国务院有关部门、地方人民政府及其有关部门应当予以协助。

国家出口管制管理部门单独或者会同有关部门依法开展监督检查和调查工作，有关组织和个人应当予以配合，不得拒绝、阻碍。

有关国家机关及其工作人员对调查中知悉的国家秘密、商业秘密、个人隐私和个人信息依法负有保密义务。

第三十条　为加强管制物项出口管理，防范管制物项出口违法风险，国家出口管制管理部门可以采取监管谈话、出具警示函等措施。

第三十一条　对涉嫌违反本法规定的行为，任何组织和个人有权向国家出口管制管理部门举报，国家出口管制管理部门接到举报后应当依法及时处理，并为举报人保密。

第三十二条　国家出口管制管理部门根据缔结或者参加的国际条约，或者按照平等互惠原则，与其他国家或者地区、国际组织等开展出口管制合作与交流。

中华人民共和国境内的组织和个人向境外提供出口管制相关信息，应当依法进行；可能危害国家安全和利益的，不得提供。

第四章　法律责任

第三十三条　出口经营者未取得相关管制物项的出口经营资格从事有关管制物项出口的，给予警告，责令停止违法行为，没收违法所得，违法经营额五十万元以上的，并处违法经营额五倍以上十倍以下罚款；没有违法经营额或者违法经营额不足五十万元的，并处五十万元以上五百万元以下罚款。

第三十四条　出口经营者有下列行为之一的，责令停止违法行为，没收违法所得，违法经营额五十万元以上的，并处违法经营额五倍以上十倍以下罚款；没有违法经营额或者违法经营额不足五十万元的，并处五十万元以上五百万元以下罚款；情节严重的，责令停业整顿，直至吊销相关管制物项出口经营资格：

（一）未经许可擅自出口管制物项；

（二）超出出口许可证件规定的许可范围出口管制物项；

（三）出口禁止出口的管制物项。

第三十五条　以欺骗、贿赂等不正当手段获取管制物项出口许可证件，或者非法转让管制物项出口许可证件的，撤销许可，收缴出口许可证，没收违法所得，违法经营额二十万元以上的，并处违法经营额五倍以上十倍以下罚款；没有违法经营额或者违法经营额不足二十万元的，并处二十万元以上二百万元以下罚款。

伪造、变造、买卖管制物项出口许可证件的，没收违法所得，违法经营额五万元以上的，并处违法经营额五倍以上十倍以下罚款；没有违法经营额或者违法经营额不足五万元的，并处五万元以上五十万元以下罚款。

第三十六条　明知出口经营者从事出口管制违法行为仍为其提供代理、货运、寄递、报关、第三方电子商务交易平台和金融等服务的,给予警告,责令停止违法行为,没收违法所得,违法经营额十万元以上的,并处违法经营额三倍以上五倍以下罚款;没有违法经营额或者违法经营额不足十万元的,并处十万元以上五十万元以下罚款。

第三十七条 出口经营者违反本法规定与列入管控名单的进口商、最终用户进行交易的,给予警告,责令停止违法行为,没收违法所得,违法经营额五十万元以上的,并处违法经营额十倍以上二十倍以下罚款;没有违法经营额或者违法经营额不足五十万元的,并处五十万元以上五百万元以下罚款;情节严重的,责令停业整顿,直至吊销相关管制物项出口经营资格。

第三十八条 出口经营者拒绝、阻碍监督检查的,给予警告,并处十万元以上三十万元以下罚款;情节严重的,责令停业整顿,直至吊销相关管制物项出口经营资格。

第三十九条 违反本法规定受到处罚的出口经营者,自处罚决定生效之日起,国家出口管制管理部门可以在五年内不受理其提出的出口许可申请;对其直接负责的主管人员和其他直接责任人员,可以禁止其在五年内从事有关出口经营活动,因出口管制违法行为受到刑事处罚的,终身不得从事有关出口经营活动。

国家出口管制管理部门依法将出口经营者违反本法的情况纳入信用记录。

第四十条 本法规定的出口管制违法行为,由国家出口管制管理部门进行处罚;法律、行政法规规定由海关处罚的,由其依照本法进行处罚。

第四十一条 有关组织或者个人对国家出口管制管理部门的不予许可决定不服的,可以依法申请行政复议。行政复议决定为最终裁决。

第四十二条 从事出口管制管理的国家工作人员玩忽职守、徇私舞弊、滥用职权的,依法给予处分。

第四十三条 违反本法有关出口管制管理规定,危害国家安全和利益的,除依照本法规定处罚外,还应当依照有关法律、行政法规的规定进行处理和处罚。

违反本法规定,出口国家禁止出口的管制物项或者未经许可出口管制物项的,依法追究刑事责任。

第四十四条 中华人民共和国境外的组织和个人,违反本法有关出口管制管理规定,危害中华人民共和国国家安全和利益,妨碍履行防扩散等国际义务的,依法处理并追究其法律责任。

第五章 附 则

第四十五条 管制物项的过境、转运、通运、再出口或者从保税区、出口加工区等海关特殊监管区域和出口监管仓库、保税物流中心等保税监管场所向境外出口,依照本法的有关规定执行。

第四十六条 核以及其他管制物项的出口,本法未作规定的,依照有关法律、行政法规的规定执行。

第四十七条 用于武装力量海外运用、对外军事交流、军事援助等的军品出口,依照有关法律法规的规定执行。

第四十八条 任何国家或者地区滥用出口管制措施危害中华人民共和国国家安全和利益的,中华人民共和国可以根据实际情况对该国家或者地区对等采取措施。

第四十九条 本法自 2020 年 12 月 1 日起施行。

中华人民共和国技术进出口管理条例

(国务院令〔2020〕第 732 号)

现公布《国务院关于修改和废止部分行政法规的决定》，自公布之日起施行。

总理　李克强
2020 年 11 月 29 日

中华人民共和国技术进出口管理条例

(2001 年 12 月 10 日中华人民共和国国务院令第 331 号公布。根据 2011 年 1 月 8 日《国务院关于废止和修改部分行政法规的决定》第 1 次修订。根据 2019 年 3 月 2 日《国务院关于修改部分行政法规的决定》第 2 次修订。根据 2020 年 11 月 29 日《国务院关于修改和废止部分行政法规的决定》第 3 次修订)

第一章　总　则

第一条　为了规范技术进出口管理，维护技术进出口秩序，促进国民经济和社会发展，根据《中华人民共和国对外贸易法》(以下简称对外贸易法)及其他有关法律的有关规定，制定本条例。

第二条　本条例所称技术进出口，是指从中华人民共和国境外向中华人民共和国境内，或者从中华人民共和国境内向中华人民共和国境外，通过贸易、投资或者经济技术合作的方式转移技术的行为。

前款规定的行为包括专利权转让、专利申请权转让、专利实施许可、技术秘密转让、技术服务和其他方式的技术转移。

第三条　国家对技术进出口实行统一的管理制度，依法维护公平、自由的技术进出口秩序。

第四条　技术进出口应当符合国家的产业政策、科技政策和社会发展政策，有利于促进我国科技进步和对外经济技术合作的发展，有利于维护我国经济技术权益。

第五条　国家准许技术的自由进出口；但是，法律、行政法规另有规定的除外。

第六条　国务院对外经济贸易主管部门(以下简称国务院外经贸主管部门)依照对外贸易法和本条例的规定，负责全国的技术进出口管理工作。省、自治区、直辖市人民政府外经贸主管部门根据国务院外经贸主管部门的授权，负责本行政区域内的技术进出口管理工作。

国务院有关部门按照国务院的规定，履行技术进出口项目的有关管理职责。

第二章　技术进口管理

第七条　国家鼓励先进、适用的技术进口。

第八条　有对外贸易法第十六条规定情形之一的技术,禁止或者限制进口。

国务院外经贸主管部门会同国务院有关部门,制定、调整并公布禁止或者限制进口的技术目录。

第九条　属于禁止进口的技术,不得进口。

第十条　属于限制进口的技术,实行许可证管理;未经许可,不得进口。

第十一条　进口属于限制进口的技术,应当向国务院外经贸主管部门提出技术进口申请并附有关文件。

技术进口项目需经有关部门批准的,还应当提交有关部门的批准文件。

第十二条　国务院外经贸主管部门收到技术进口申请后,应当会同国务院有关部门对申请进行审查,并自收到申请之日起 30 个工作日内作出批准或者不批准的决定。

第十三条　技术进口申请经批准的,由国务院外经贸主管部门发给技术进口许可意向书。

进口经营者取得技术进口许可意向书后,可以对外签订技术进口合同。

第十四条　进口经营者签订技术进口合同后,应当向国务院外经贸主管部门提交技术进口合同副本及有关文件,申请技术进口许可证。

国务院外经贸主管部门对技术进口合同的真实性进行审查,并自收到前款规定的文件之日起 10 个工作日内,对技术进口作出许可或者不许可的决定。

第十五条　申请人依照本条例第十一条的规定向国务院外经贸主管部门提出技术进口申请时,可以一并提交已经签订的技术进口合同副本。

国务院外经贸主管部门应当依照本条例第十二条和第十四条的规定对申请及其技术进口合同的真实性一并进行审查,并自收到前款规定的文件之日起 40 个工作日内,对技术进口作出许可或者不许可的决定。

第十六条　技术进口经许可的,由国务院外经贸主管部门颁发技术进口许可证。技术进口合同自技术进口许可证颁发之日起生效。

第十七条　对属于自由进口的技术,实行合同登记管理。

进口属于自由进口的技术,合同自依法成立时生效,不以登记为合同生效的条件。

第十八条　进口属于自由进口的技术,应当向国务院外经贸主管部门办理登记,并提交下列文件:

(一)技术进口合同登记申请书;

(二)技术进口合同副本;

(三)签约双方法律地位的证明文件。

第十九条　国务院外经贸主管部门应当自收到本条例第十八条规定的文件之日起 3 个工作日内,对技术进口合同进行登记,颁发技术进口合同登记证。

第二十条　申请人凭技术进口许可证或者技术进口合同登记证,办理外汇、银行、税务、海关等相关手续。

第二十一条　依照本条例的规定,经许可或者登记的技术进口合同,合同的主要内容发生变更的,应当重新办理许可或者登记手续。

经许可或者登记的技术进口合同终止的,应当及时向国务院外经贸主管部门备案。

第二十二条　国务院外经贸主管部门和有关部门及其工作人员在履行技术进口管理职责中,对所知悉的商业秘密负有保密义务。

第二十三条　技术进口合同的让与人应当保证自己是所提供技术的合法拥有者或者有权转让、许可者。

技术进口合同的受让人按照合同约定使用让与人提供的技术,被第三方指控侵权的,受让人应当立即通知让与人;让与人接到通知后,应当协助受让人排除妨碍。

第二十四条　技术进口合同的让与人应当保证所提供的技术完整、无误、有效,能够达到约定的技术目标。

第二十五条　技术进口合同的受让人、让与人应当在合同约定的保密范围和保密期限内,对让与人提供的技术中尚未公开的秘密部分承担保密义务。

在保密期限内,承担保密义务的一方在保密技术非因自己的原因被公开后,其承担的保密义务即予终止。

第二十六条　技术进口合同期满后,技术让与人和受让人可以依照公平合理的原则,就技术的继续使用进行协商。

第三章　技术出口管理

第二十七条　国家鼓励成熟的产业化技术出口。

第二十八条　有对外贸易法第十六条规定情形之一的技术,禁止或者限制出口。

国务院外经贸主管部门会同国务院有关部门,制定、调整并公布禁止或者限制出口的技术目录。

第二十九条　属于禁止出口的技术,不得出口。

第三十条　属于限制出口的技术,实行许可证管理;未经许可,不得出口。

第三十一条　出口属于限制出口的技术,应当向国务院外经贸主管部门提出申请。

第三十二条　国务院外经贸主管部门收到技术出口申请后,应当会同国务院科技管理部门对申请出口的技术进行审查,并自收到申请之日起30个工作日内作出批准或者不批准的决定。

限制出口的技术需经有关部门进行保密审查的,按照国家有关规定执行。

第三十三条　技术出口申请经批准的,由国务院外经贸主管部门发给技术出口许可意向书。

申请人取得技术出口许可意向书后,方可对外进行实质性谈判,签订技术出口合同。

第三十四条　申请人签订技术出口合同后,应当向国务院外经贸主管部门提交下列文件,申请技术出口许可证:

(一) 技术出口许可意向书;

(二) 技术出口合同副本;

(三) 技术资料出口清单;

(四) 签约双方法律地位的证明文件。

国务院外经贸主管部门对技术出口合同的真实性进行审查,并自收到前款规定的文件之日起15个工作日内,对技术出口作出许可或者不许可的决定。

第三十五条　技术出口经许可的,由国务院外经贸主管部门颁发技术出口许可证。技术出口合同自技术出口许可证颁发之日起生效。

第三十六条　对属于自由出口的技术,实行合同登记管理。

出口属于自由出口的技术,合同自依法成立时生效,不以登记为合同生效的条件。

第三十七条 出口属于自由出口的技术,应当向国务院外经贸主管部门办理登记,并提交下列文件:

(一)技术出口合同登记申请书;

(二)技术出口合同副本;

(三)签约双方法律地位的证明文件。

第三十八条 国务院外经贸主管部门应当自收到本条例第三十七条规定的文件之日起3个工作日内,对技术出口合同进行登记,颁发技术出口合同登记证。

第三十九条 申请人凭技术出口许可证或者技术出口合同登记证办理外汇、银行、税务、海关等相关手续。

第四十条 依照本条例的规定,经许可或者登记的技术出口合同,合同的主要内容发生变更的,应当重新办理许可或者登记手续。

经许可或者登记的技术出口合同终止的,应当及时向国务院外经贸主管部门备案。

第四十一条 国务院外经贸主管部门和有关部门及其工作人员在履行技术出口管理职责中,对国家秘密和所知悉的商业秘密负有保密义务。

第四十二条 出口核技术、核两用品相关技术、监控化学品生产技术、军事技术等出口管制技术的,依照有关行政法规的规定办理。

第四章　法律责任

第四十三条 进口或者出口属于禁止进出口的技术的,或者未经许可擅自进口或者出口属于限制进出口的技术的,依照刑法关于走私罪、非法经营罪、泄露国家秘密罪或者其他罪的规定,依法追究刑事责任;尚不够刑事处罚的,区别不同情况,依照海关法的有关规定处罚,或者由国务院外经贸主管部门给予警告,没收违法所得,处违法所得1倍以上5倍以下的罚款;国务院外经贸主管部门并可以撤销其对外贸易经营许可。

第四十四条 擅自超出许可的范围进口或者出口属于限制进出口的技术的,依照刑法关于非法经营罪或者其他罪的规定,依法追究刑事责任;尚不够刑事处罚的,区别不同情况,依照海关法的有关规定处罚,或者由国务院外经贸主管部门给予警告,没收违法所得,处违法所得1倍以上3倍以下的罚款;国务院外经贸主管部门并可以暂停直至撤销其对外贸易经营许可。

第四十五条 伪造、变造或者买卖技术进出口许可证或者技术进出口合同登记证的,依照刑法关于非法经营罪或者伪造、变造、买卖国家机关公文、证件、印章罪的规定,依法追究刑事责任;尚不够刑事处罚的,依照海关法的有关规定处罚;国务院外经贸主管部门并可以撤销其对外贸易经营许可。

第四十六条 以欺骗或者其他不正当手段获取技术进出口许可的,由国务院外经贸主管部门吊销其技术进出口许可证,暂停直至撤销其对外贸易经营许可。

第四十七条 以欺骗或者其他不正当手段获取技术进出口合同登记的,由国务院外经贸主管部门吊销其技术进出口合同登记证,暂停直至撤销其对外贸易经营许可。

第四十八条 技术进出口管理工作人员违反本条例的规定,泄露国家秘密或者所知悉的商业秘密的,依照刑法关于泄露国家秘密罪或者侵犯商业秘密罪的规定,依法追究刑事责任;尚不够刑事处罚的,依法给予行政处分。

第四十九条 技术进出口管理工作人员滥用职权、玩忽职守或者利用职务上的便利收受、索取他人财物的,依照刑法关于滥用职权罪、玩忽职守罪、受贿罪或者其他罪的规定,依法追究刑事责任;尚不够刑事处罚的,依法给予行政处分。

第五章　附　则

第五十条　对国务院外经贸主管部门作出的有关技术进出口的批准、许可、登记或者行政处罚决定不服的,可以依法申请行政复议,也可以依法向人民法院提起诉讼。

第五十一条　本条例公布前国务院制定的有关技术进出口管理的规定与本条例的规定不一致的,以本条例为准。

第五十二条　本条例自 2002 年 1 月 1 日起施行。1985 年 5 月 24 日国务院发布的《中华人民共和国技术引进合同管理条例》和 1987 年 12 月 30 日国务院批准、1988 年 1 月 20 日对外经济贸易部发布的《中华人民共和国技术引进合同管理条例施行细则》同时废止。

国务院关于同意全面深化服务贸易创新发展试点的批复

(国函〔2020〕111号)

北京市、天津市、河北省、辽宁省、吉林省、黑龙江省、上海市、江苏省、浙江省、安徽省、福建省、山东省、湖北省、广东省、海南省、重庆市、四川省、贵州省、云南省、陕西省、新疆维吾尔自治区人民政府,商务部:

商务部关于全面深化服务贸易创新发展试点的请示收悉。现批复如下:

一、原则同意商务部提出的《全面深化服务贸易创新发展试点总体方案》(以下简称《总体方案》),同意在北京、天津、上海、重庆(涪陵区等21个市辖区)、海南、大连、厦门、青岛、深圳、石家庄、长春、哈尔滨、南京、苏州、杭州、合肥、济南、威海、武汉、广州、成都、贵阳、昆明、西安、乌鲁木齐和河北雄安新区、贵州贵安新区、陕西西咸新区等28个省、市(区域)全面深化服务贸易创新发展试点。全面深化试点期限为3年,自批复之日起算。

二、试点工作要以习近平新时代中国特色社会主义思想为指导,全面贯彻党的十九大和十九届二中、三中、四中全会精神,统筹推进"五位一体"总体布局,协调推进"四个全面"战略布局,坚持以人民为中心的发展思想,贯彻新发展理念,以供给侧结构性改革为主线,突出改革先行、开放先行、创新先行和高质量发展,深入探索服务贸易创新发展体制机制,打造服务贸易发展高地,充分发挥服务贸易对稳外贸稳外资的支撑作用,推动外贸转型升级和高质量发展。

三、试点地区人民政府(管委会)要加强组织领导,负责试点工作的实施推动、综合协调、政策支持及组织保障,重点在改革管理体制、扩大对外开放、完善政策体系、健全促进机制、创新发展模式、优化监管制度等方面先行先试,为全国服务贸易创新发展探索路径。各相关省级人民政府要加强对试点工作的统筹谋划,加大政策保障力度。北京、天津、上海、海南、重庆等试点地区人民政府要同时落实好上述试点工作主体责任和省级人民政府相关责任。

四、国务院有关部门要按照职能分工,加强对试点工作的协调指导和政策支持,主动引领开放,推进探索任务,创新政策手段,形成促进服务贸易发展合力,并按《总体方案》要求制定政策保障措施。商务部要加强统筹协调、督导评估,会同有关部门及时总结推广试点经验。

五、全面深化试点期间,根据发展需要,暂时调整实施相关行政法规、国务院文件和经国务院批准的部门规章的部分规定,具体由国务院另行印发。国务院有关部门根据《总体方案》相应调整本部门制定的规章和规范性文件。试点中的重大问题,商务部要及时向国务院请示报告。

国务院
2020年8月2日
(此件公开发布)

商务部等八部门关于推动服务外包加快转型升级的指导意见

(商服贸发〔2020〕12号)

各省、自治区、直辖市及计划单列市人民政府,新疆生产建设兵团:

近年来,我国服务外包快速发展,已成为生产性服务出口的主要实现途径,在全球价值链中的地位不断提升。随着新一代信息技术的广泛应用,服务外包呈现出数字化、智能化、高端化、融合化的新趋势。为贯彻落实党中央、国务院关于推进贸易高质量发展的部署要求,推动服务外包加快转型升级,经国务院同意,现提出以下意见。

一、总体要求

(一) 指导思想

以习近平新时代中国特色社会主义思想为指导,全面贯彻党的十九大和十九届二中、三中、四中全会精神,围绕推进贸易高质量发展总体要求,充分发挥服务外包在实施创新驱动和培育贸易新业态新模式中的重要促进作用,加快服务外包向高技术、高附加值、高品质、高效益转型升级,全面提升"中国服务"和"中国制造"品牌影响力和国际竞争力。

(二) 基本原则

数字引领,创新发展。加强数字技术的开发利用,提高创新能力,加快企业数字化转型,不断向价值链中高端攀升。

跨界融合,协同发展。鼓励服务外包向国民经济各行业深度拓展,加快融合,重塑价值链、产业链和服务链,形成相互渗透、协同发展的产业新生态。

统筹推进,全面发展。服务外包示范城市和具备条件的城市大力发展高技术高附加值业务,鼓励其他城市发展符合地方特色的服务外包业务。

内外联动,协调发展。充分发挥离岸服务外包的技术外溢效应,引进先进技术和模式,大力发展在岸服务外包业务,提升企业竞争力。

(三) 发展目标

到2025年,我国离岸服务外包作为生产性服务出口主渠道的地位进一步巩固,高技术含量、高附加值的数字化业务占比不断提高,服务外包成为我国引进先进技术提升产业价值链层级的重要渠道,信息技术外包(ITO)企业和知识流程外包(KPO)企业加快向数字服务提供商转型,业务流程外包(BPO)企业专业能力显著增强,服务外包示范城市布局更加优化,发展成为具有全球影响力和竞争力的服务外包接发包中心。

到2035年,我国服务外包从业人员年均产值达到世界领先水平。服务外包示范城市的创新引领作用更加突出。服务外包成为以数字技术为支撑、以高端服务为先导的"服务+"新业态新模式的重要方式,成为推进贸易高质量发展、建设数字中国的重要力量,成为打造"中国服务"和"中国制造"品牌的核心竞争优势。

二、主要任务

(一)加快数字化转型进程

1. 支持信息技术外包发展。将企业开展云计算、基础软件、集成电路设计、区块链等信息技术研发和应用纳入国家科技计划(专项、基金等)支持范围。培育一批信息技术外包和制造业融合发展示范企业。

2. 培育新模式新业态。依托5G技术,大力发展众包、云外包、平台分包等新模式。积极推动工业互联网创新与融合应用,培育一批数字化制造外包平台,发展服务型制造等新业态。

3. 打造数字服务出口集聚区。依托服务贸易创新发展试点地区和国家服务外包示范城市,建设一批数字服务出口基地。

4. 完善统计界定范围。将运用大数据、人工智能、云计算、物联网等新一代信息技术进行发包的新业态新模式纳入服务外包业务统计。

(二)推动重点领域发展

5. 发展医药研发外包。除禁止入境的以外,综合保税区内企业从境外进口且在区内用于生物医药研发的货物、物品,免于提交许可证,进口的消耗性材料根据实际研发耗用核销。

6. 扶持设计外包。建设一批国家级服务设计中心。支持各类领军企业、科研院校开放创新设计中心,提升设计外包能力,支持国家级工业设计中心和国家工业设计研究院开展设计服务外包。实施制造业设计能力提升专项行动。

7. 推动会计、法律等领域服务外包。通过双边和区域自贸协定谈判,推动有关国家和地区的会计、法律市场开放。支持会计、法律等事务所为国内企业走出去开展跟随服务,积极研究支持事务所境外发展、对外合作的政策。

8. 支持业务运营服务外包。各级政府部门要在确保安全的前提下,不断拓宽购买服务领域。鼓励企业特别是国有企业依法合规剥离非核心业务,购买供应链、呼叫中心、互联网营销推广、金融后台、采购等运营服务。

(三)构建全球服务网络体系

9. 有序增加示范城市。完善服务外包示范城市有进有出的动态管理机制,支持更多符合条件的中西部和东北地区城市创建服务外包示范城市。

10. 加大国际市场开拓力度。将更多境外举办的服务外包类展会纳入非商业性境外办展支持范围。支持服务外包企业利用出口信用保险等多种手段开拓国际市场。鼓励向"一带一路"沿线国家和地区市场发包,支持中国技术和标准"走出去"。

11. 评估优化出口信贷优惠措施。评估服务外包示范城市服务外包企业承接国际服务外包项目享受的出口信贷优惠措施实施效果,适时向全国推广。

(四)加强人才培养

12. 大力培养引进中高端人才。推动各省市将服务外包中高端人才纳入相应人才发展计划。鼓励符合条件的服务外包企业对重要技术人员和管理人员实施股权激励。

13. 鼓励大学生就业创业。对符合条件的服务外包企业吸纳高校毕业生就业并开展岗前培训的,或为高校毕业生提供就业见习岗位的,按规定给予相应补贴。支持办好相关创新创业大赛,对获奖人员、团队或项目在相关政策方面按规定予以倾斜。

14. 深化产教融合。完善包括普通高等院校、职业院校、社会培训机构和企业在内的社会化服务外包人才培养培训体系,鼓励高校与企业开展合作,加快建设新工科,建设一批以新一代信息技术为重点学科的服务外包学院。

(五)培育壮大市场主体

15. 创新金融支持手段。按市场化原则,充分发挥服务贸易创新发展引导基金作用,带动社会资本加大对服务外包产业投资。支持符合条件的综合服务提供商上市融资。

16. 降低企业经营成本。经依法批准,对提高自有工业用地容积率用于自营生产性服务业的工业企业,可按新用途办理相关手续。

17. 积极培育国内市场。及时修订《服务外包产业重点发展领域指导目录》,完善重点发展领域的支持政策,引导地方和企业因地制宜发展服务外包业务。

18. 大力打造公共服务平台。利用外经贸发展专项资金布局建设一批辐射全国的服务外包公共服务平台。支持服务外包领域智库和行业协会发展,充分发挥其在理论研究和贸易促进中的积极作用。将中国国际服务外包交易博览会办成具有国际影响力的精品展会。

(六)推进贸易便利化

19. 优化海关监管。逐步将服务外包有关事项纳入国际贸易"单一窗口"。加强对服务外包企业的信用培育,引导更多规范守法的服务外包企业成为海关经认证的经营者(AEO)企业。

20. 拓展保税监管范围。在确保有效监管和执行相关税收政策的前提下,研究支持对服务外包示范城市"两头在外"的研发、设计、检测、维修等服务业态所需进口料件试点保税监管。

三、组织实施

各部门要从全局和战略高度,深刻认识新时期加快服务外包产业转型升级的重大意义,加强组织领导,完善工作机制,严格组织实施,切实将各项任务落到实处、取得实效。各地区要进一步发挥自主性和积极性,加大对服务外包产业的政策支持力度,促进本地区服务外包产业转型升级,更好地服务于经济转型和开放型经济新体制建设。商务部要加强统筹协调,认真研究解决服务外包产业发展中的新情况新问题,创新工作方法,及时总结经验并推广复制。

商务部　发展改革委　教育部　工业和信息化部

财政部　人力资源社会保障部　海关总署　税务总局

2020年1月6日

商务部关于印发全面深化服务贸易创新发展试点总体方案的通知

(商服贸发〔2020〕165号)

北京市、天津市、河北省、辽宁省、吉林省、黑龙江省、上海市、江苏省、浙江省、安徽省、福建省、山东省、湖北省、广东省、海南省、重庆市、四川省、贵州省、云南省、陕西省、新疆维吾尔自治区人民政府,中央网信办,国务院服务贸易发展部际联席会议成员单位,医保局,药监局,中央军委联合参谋部,中国出口信用保险公司:

根据《国务院关于同意全面深化服务贸易创新发展试点的批复》(国函〔2020〕111号),现将《全面深化服务贸易创新发展试点总体方案》印发给你们,请认真做好组织实施工作。

商务部
2020年8月12日

全面深化服务贸易创新发展试点总体方案
附表:全面深化服务贸易创新发展试点任务、具体举措及责任分工

全面深化服务贸易创新发展试点总体方案

为贯彻落实党中央、国务院决策部署,做好全面深化服务贸易创新发展试点工作,进一步推进服务贸易改革、开放、创新,促进对外贸易结构优化和高质量发展,经国务院同意,制定本方案。

一、总体要求

(一)指导思想。以习近平新时代中国特色社会主义思想为指导,全面贯彻党的十九大和十九届二中、三中、四中全会精神,贯彻新发展理念,以供给侧结构性改革为主线,充分发挥地方的积极性和创造性,坚持改革先行、开放先行、创新先行和高质量发展,激发市场活力,打造服务贸易发展高地,提升"中国服务"在全球价值链地位,充分发挥服务贸易对稳外贸稳外资的支撑作用,推动外贸转型升级和高质量发展,培育和提升开放型经济合作和竞争新优势。

(二)总体目标。通过全面深化试点,服务贸易深层次改革全面推进,营商环境更加优化,市场活力更加凸显;高水平开放有序推进,服务业国际化发展步伐加快,开放竞争更加充分;全方位创新更加深化,产业深度融合、集群发展,市场主体创新能力明显增强;高质量发展步伐加快,试点地区先发优势更加突出,全国发展布局更加优化,有力促进对外贸易和经济高质量发展,为形成全面开放新格局、

构建现代化经济体系做出贡献。

(三)基本原则。

坚持全面深化,拓展提升。适应服务贸易成为对外开放新动力、对外贸易新引擎的新形势,在前期工作基础上,深化拓展试点范围和探索任务,优化完善服务贸易治理体系,全方位推进服务贸易创新发展。

坚持深化改革,扩大开放。统筹国内国际两个大局,坚持以改革破解发展难题,赋予试点地区更大改革自主权,推进简政放权,放宽市场准入;坚持以开放激活发展动力,突出试点作为服务领域开放平台的战略定位,推动更大范围、更宽领域、更深层次开放。

坚持创新驱动,加快转型。深入实施创新驱动发展战略,推进体制机制创新、模式创新、技术创新。结合行业特性分类施策,优化服务贸易发展机制。大力发展新兴服务贸易,激发服务贸易发展新动能。

坚持错位探索,整体协同。充分发挥试点地区资源优势,推动错位竞争、多元发展,促进区域协同、全面发展。强化部门协作,合力保障和支持试点地区改革开放创新,推动形成机制性、系统化经验。

坚持守住底线,防控风险。贯彻落实总体国家安全观,适应国内国际环境的深刻复杂变化,统筹发展和安全两件大事,坚持底线思维,主动防范化解风险,在疫情防控常态化条件下保障和推动服务贸易发展,稳步提升发展成效。

二、试点范围

全面深化试点地区为北京、天津、上海、重庆(涪陵区等21个市辖区)、海南、大连、厦门、青岛、深圳、石家庄、长春、哈尔滨、南京、杭州、合肥、济南、武汉、广州、成都、贵阳、昆明、西安、乌鲁木齐、苏州、威海和河北雄安新区、贵州贵安新区、陕西西咸新区等28个省市(区域)。

三、试点期限

试点期限为3年,自方案批复之日起算。

四、试点任务

(一)全面探索完善管理体制。深入推进"放管服"改革,努力形成职能更加优化、权责更加一致、统筹更加有力、服务更加到位的服务行业与贸易管理体制;强化顶层设计。加强对服务贸易改革、开放、创新、发展重大事项的统筹协调。完善和强化地方服务贸易发展统筹协调决策机制。优化行业管理。完善服务行业管理制度,加大对服务业与服务贸易改革、开放、创新支持力度。探索下放行业管理和审批权限,率先推进放宽服务市场准入,进行压力测试,充分释放服务业和服务贸易发展潜力。强化制度支撑。进一步完善地方政府服务贸易发展绩效评价与考核机制,为全国服务贸易工作考核探索成熟路径与模式。推进联动协作。率先探索出有利于科学统计、完善政策、优化监管的信息共享机制,加强统筹协调决策;逐步将有关服务贸易管理事项纳入国际贸易"单一窗口"。

（二）全面探索扩大对外开放。坚持要素型开放与制度型开放相结合、开放与监管相协调、准入前与准入后相衔接，从制度层面和重点领域持续发力，提升开放水平：有序拓展开放领域。对标国际高标准，在充分竞争、有限竞争类重点服务领域和自然垄断类服务领域的竞争环节，分别以全面取消、大幅放宽、有序放开为原则，推动取消或放宽对服务贸易的限制措施。探索放宽特定服务领域自然人移动模式下的服务贸易限制措施，探索允许境外专业人才按照有关要求取得国内职业资格和特定开放领域的就业机会，按照对等原则推动职业资格互认。探索制度开放路径。在试点地区重点围绕新兴服务业开放进行压力测试，推动有序放宽或取消相关限制措施。在重点服务领域率先探索适应新形势新需要的风险防范机制。提升开放发展成效。加大招商引资力度，在推动现代服务业开放发展上走在前列。

（三）全面探索提升便利水平。树立在发展中规范、在规范中发展的理念，坚持包容审慎原则，构建有利于服务贸易自由化便利化的营商环境，积极促进资金、技术、人员、货物等要素跨境流动：推进技术流动便利化。研究完善技术进出口管理体制。加强知识产权保护和运用，建立完善支持创新的知识产权公共服务体系。推进资金流动便利化。加快推进人民币在服务贸易领域的跨境使用。完善外汇管理措施。推进人员流动便利化。探索与数字经济和数字贸易发展相适应的灵活就业制度与政策。推进签证便利化。健全境外专业人才流动机制，畅通外籍高层次人才来华创新创业渠道。充分利用数字技术、数字平台和数字贸易，为受新冠肺炎疫情影响的人员交流提供快捷顺畅的技术性替代解决方案。推动数字营商环境便利化。对标国际高标准高水平，探索构建与我国数字经济创新发展相适应、与我国数字经济国际地位相匹配的数字营商环境。在条件相对较好的试点地区开展数据跨境传输安全管理试点。

（四）全面探索创新发展模式。努力形成有助于服务贸易业态创新的多元化、高效能、可持续发展模式和发展路径：推进区域集聚发展。服务共建"一带一路"、京津冀协同发展、粤港澳大湾区建设、长江三角洲区域一体化发展等国家发展战略，进一步发挥国家级新区、中国服务外包示范城市等平台作用，推动服务业和服务贸易集聚发展，鼓励各地方探索建设特色服务出口基地，形成平台梯队。拓展新兴服务贸易集聚区域，推动服务贸易全方位布局和发展。拓展新业态新模式。大力发展数字贸易，完善数字贸易政策，优化数字贸易包容审慎监管，探索数字贸易管理和促进制度。探索构建数字贸易国内国际双循环相互促进的新发展格局，积极组建国家数字贸易专家工作组机制，为试点地区创新发展提供咨询指导。推进数字技术对产业链价值链的协同与整合，推动产业数字化转型，促进制造业服务业深度融合，推动生产性服务业通过服务外包等方式融入全球价值链，大力发展寄递物流、仓储、研发、设计、检验检测测试、维修维护保养、影视制作、国际结算、分销、展览展示、跨境租赁等新兴服务贸易。对"两头在外"服务贸易的中间投入，在政策等方面探索系统化安排与支持。积极促进中外技术研发合作。推动传统领域转型。创新传统服务贸易发展动能，优化消费环境，着力推动旅游、运输、医疗、教育、文化等产业国际化发展，在疫情防控常态化条件下着力加强旅游、体育等领域国际合作，积极发展入境游特别是中高端入境游，促进来华留学、就医和购物，提升生活服务业国际化水平，引导消费回流，吸引入境消费。

（五）全面探索健全促进体系。以高质量共建"一带一路"为重点，深化服务贸易对外交流与合作，推动建立政府市场高效协同、国内国外有机联动的服务贸易促进体系，支持和引导广大企业面向全球配置资源、拓展市场：强化促进平台。继续推进试点地区公共服务平台建设，探索建立区域性公共服务平台，提高服务效率。打造"中国服务"国家品牌，拓展贸易、投融资、生产、服务网络，创新对外投资方式，推动中国技术、中国标准、中国服务走出去。打造中国国际服务贸易交易会等重要展会平台。优化促进机制。推动试点地区与重点服务贸易伙伴加强合作。以共建"一带一路"国家为重点，探索建设一批服务贸易境外促进中心。更好发挥贸易促进机构、行业协会的贸易促进作用。探索基于服务贸易重点企业联系制度的贸易促进机制,及时收集企业诉求,协助开拓海外市场。提供更加国际化的商事纠纷解决便利。

(六)全面探索优化政策体系。适应服务贸易发展新形势新任务,不断推进政策创新,推动建立系统性、机制化、全覆盖的政策体系:完善财政政策。创新公共资金对服务贸易发展的支持方式。充分利用现有资金渠道,积极开拓海外服务市场,鼓励新兴服务出口。进一步发挥好服务贸易创新发展引导基金等的作用,带动社会资本支持服务贸易创新发展和贸易新业态培育。拓展金融政策。拓宽服务进出口企业融资渠道,鼓励金融机构创新适应服务贸易特点的金融服务。支持扩大知识产权融资,发展创业投资。优化出口信贷和出口信保政策。运用贸易金融、股权投资等多元化金融工具加大对服务贸易国际市场开拓的支持力度。

(七)全面探索完善监管模式。探索符合新时期服务贸易发展特点的监管体系,在服务贸易高质量发展中实现监管职权规范、监管系统优化、监管效能提升:优化行业监管。确立分类监管理念,聚焦旅游、运输、金融、教育、数字贸易、技术贸易、服务外包、专业服务等重点领域,在试点地区之间推进错位探索、共性创新、优化监管。探索监管创新的容错机制。加强监管协作。探索基于政府权责清单和政务信息共享的服务贸易监管框架。提升监管效能。推动建立以市场主体信用为基础的事中事后监管体系,运用"互联网+监管",推动加强服务行业领域诚信管理。进一步推进与全国信用信息共享平台、国家企业信用信息公示系统、信用中国网站的衔接,依法依规进行失信惩戒。

(八)全面探索健全统计体系。推动完善服务贸易统计制度和方法,切实提升服务贸易统计的全面性、准确性和及时性:完善统计制度。完善服务贸易统计监测、运行和分析体系,健全服务贸易重点企业联系制度,提高重点监测企业的代表性。拓展统计范围。探索涵盖四种模式的服务贸易全口径统计方法。强化统计合力。探索建立系统集成、高效协同的政府部门信息共享、数据交换和统计分析机制,为试点成效评估建立数据支撑和科学方法。

五、组织实施

试点地区人民政府(管委会)作为试点工作的责任主体,要结合当地实际积极探索,制订全面深化试点实施方案,报经省级人民政府批准后于2020年9月30日前报送商务部,并加强组织实施、综合协调及政策保障,逐项落实试点任务,及时报送试点成效和经验做法。各相关省级人民政府要加强对试点工作的指导、督促和支持。将试点工作纳入服务贸易工作统筹谋划,把重点推进和探索的事项放在试点地区先行先试,协助解决试点过程中遇到的问题和困难,试点经验在辖区内率先推广。要加强督促,对下放至省级的服务业行政审批事项加强落实执行。要加大支持力度,出台积极支持试点的相关政策,创造有利制度和政策环境。各相关省(自治区、直辖市)年度财政预算对承担重大改革发展任务的试点地区,加大支持保障力度。各相关省级人民政府、试点地区人民政府(管委会)要加强对服务贸易工作的人员、经费等保障,积极支持试点地区从事服务业扩大开放、服务贸易创新发展相关领域人员的国际交流合作,稳妥有序开展公务人员境外培训。试点地区中的北京、天津、上海、海南、重庆等省(直辖市)人民政府要同时落实好上述试点工作主体责任和省级人民政府相关责任。

国务院各有关部门要按职责分工做好落实开放举措、政策保障和经验总结推广工作,对试点地区积极予以支持,有关试点举措涉及调整实施法律、法规有关规定的,在依照法定程序取得授权后实施,试点工作推进等情况定期报送商务部。商务部要充分发挥牵头作用,加强统筹协调、跟踪督促,积极推进试点工作,确保任务落实,同时综合评估各部门、各地方试点推进情况及成效,及时做好经验总结与复制推广,重大事项及时请示报告。

全面深化服务贸易创新发展试点任务、具体举措及责任分工
（说明及附表）

为确保服务贸易创新发展试点全面纵深推进，国务院服务贸易发展部际联席会议各成员单位围绕试点任务，研究提出122项具体改革、开放和创新举措，在试点地区先行先试，为试点提供政策保障。其中，大部分具体举措面向所有试点地区，一些举措仅在列明的部分试点地区先行探索，以鼓励错位探索、重点突破、多元发展。

附表分工明确各部门"制订政策保障措施"的，原则上应在2020年12月31日前完成。附表分工明确各部门"负责推进"的，应尽早完成。

附表

全面深化服务贸易创新发展试点任务、具体举措及责任分工

试点任务	序号	具 体 举 措	责 任 分 工
（一）全面探索完善管理体制 深入推进"放管服"改革，努力形成职能更加优化、权责更加一致、统筹更加有力、服务更加到位的服务行业与贸易管理体制	1	加强国务院服务贸易发展部际联席会议对服务贸易扩大开放、政策创新、贸易促进、信息共享、监管协调等重大事项的统筹协调，以及全面深化试点任务、具体举措、政策保障措施的出台与落实的督促协调，对试点地区探索创新遇到的问题、困难与诉求的协调推动解决，对各部门和各试点地区在全面深化试点中取得的经验做法的提炼、总结和推广。地方服务贸易发展统筹协调机制重点强化决策功能	国务院服务贸易发展部际联席会议办公室（商务部）牵头，各成员单位和有关部门共同负责推进；试点地区负责推进
	2	在试点地区实行保险公司分支机构和高级管理人员准入方式改革，取消对保险支公司高管人员任职资格的事前审批，由省级银保监机构实施备案管理	银保监会制订政策保障措施；有关省（自治区、直辖市）和各试点地区负责推进
	3	在试点地区开展医疗器械注册人制度试点，允许医疗器械注册申请人或注册人委托具备相应生产条件的企业生产样品或产品	药监局制订政策保障措施；试点地区负责推进
	4	推进工程造价深化改革工作，在有条件的试点地区的国有资金投资工程项目率先开展工程造价改革试点，同时在市场化程度较高、目前已具备一定基础的房地产开发领域率先推行工程造价改革，建立已竣工工程造价数据库、完善人材机价格信息发布机制、改革工程计价方法、改进招标评标制度、加强造价咨询行业监管等，并总结推广经验	住房城乡建设等制订政策保障措施；北京、深圳、武汉、广州等试点地区负责推进

续表

试点任务	序号	具体举措	责任分工
（一）全面探索完善管理体制 深入推进"放管服"改革，努力形成职能更加优化、权责更加一致、统筹更加有力、服务更加到位的服务行业与贸易管理体制	5	探索国际通用的建筑工程设计咨询服务模式，在有条件的试点地区和建筑工程项目开展建筑师负责制试点，发挥建筑师对建筑品质的管控作用，发挥勘察设计工程师的技术主导作用，推动设计单位提供城市设计、前期策划、工程设计、招标投标、咨询顾问、施工指导等全过程咨询服务	住房城乡建设等支持和指导；试点地区负责推进
	6	探索国土空间规划资质管理，统一资质名称和管理要求，通过创新政策体系，积极培育市场主体	自然资源部制订政策保障措施；试点地区负责推进
	7	进一步下放港澳服务提供者投资设立旅行社的审批权限至试点地区所在省（自治区、直辖市）旅游行政管理部门	文化和旅游部、商务部、港澳办制订政策保障措施；有关省（自治区、直辖市）和各试点地区负责推进
	8	将试点地区所在省份内注册的国内水路运输企业经营的沿海省际客船、危险品船《船舶营业运输证》的配发、换发、补发、注销等管理事项，下放至企业所在地省级水路运输管理部门	交通运输部制订政策保障措施；有关省（自治区、直辖市）和各试点地区负责推进
	9	在具备条件的试点地区，探索将外籍人员子女学校审批权从省级教育主管部门进一步下放	教育部制订政策保障措施；北京、天津、上海、海南、厦门、深圳、杭州、广州、武汉、成都、西安、西咸新区等试点地区负责推进
	10	为重要展品进出境创造更大贸易便利，对已获得我国检疫准入涉及检验检疫行政审批事项的有关展会进境动植物及其产品，委托各直属海关办理	海关总署、商务部制订政策保障措施；有关省（自治区、直辖市）和各试点地区负责推进
	11	简化试点地区外资旅行社审批流程、缩短审批时限；实行企业承诺制，由企业提供办公地址证明替代现场查看办公场所环节；提交申请资料时，仅需提供从业资格相关证明及身份证明，不必提供旅行社从业人员就业履历；将审批时限由现在的 30 个工作日缩短至 15 个工作日	文化和旅游部制订政策保障措施；试点地区负责推进
	12	在试点地区，推进医疗机构审批登记全程电子化和电子证照发放，采取"流程再造、分类审批、提前介入、告知承诺、多评合一、多图联审、并联审批、限时办结"等举措，优化健康服务业建设投资项目审批流程	卫生健康委、住房城乡建设部支持和指导；试点地区负责推进
	13	建立技术进出口安全管理部省合作快速响应通道，协助有条件的试点地区对禁止类和限制类技术进出口进行科学管控，防范安全风险	商务部支持和指导；北京、天津、上海、海南负责推进

续表

试点任务	序号	具体举措	责任分工
（一）全面探索完善管理体制 深入推进"放管服"改革，努力形成职能更加优化、权责更加一致、统筹更加有力、服务更加到位的服务行业与贸易管理体制	14	在符合条件的试点地区，探索取消拍卖许可，建立完善事中事后监管体制	商务部支持和指导；海南负责推进
	15	在海南省内（非跨省）从事商业特许经营活动的特许人，可不进行商业特许经营备案，在首次订立特许经营合同之日前至少30日，在商务部网站向被特许人进行信息披露	商务部支持和指导；海南负责推进
	16	在试点地区，国际贸易"单一窗口"向更多服务贸易事项拓展；将服务出口退税申报纳入国际贸易"单一窗口"；加快推动"单一窗口"功能由口岸通关执法向口岸物流、贸易服务等环节拓展，逐步覆盖国际贸易管理全链条。	海关总署、税务总局、商务部等制订政策保障措施
（二）全面探索扩大对外开放 坚持要素型开放与制度型开放相结合、开放与监管相协调、准入前与准入后相衔接，从制度层面和重点领域持续发力，提升开放水平	17	在符合条件的试点地区，研究在技术进出口经营活动中依法不再办理对外贸易经营者备案登记，扩大技术进出口经营者资格范围，激发各类技术进出口市场主体活力	商务部牵头制订政策保障措施；海南负责推进
	18	在符合条件的试点地区，推动允许外国机构独立举办冠名"中国""中华""国家"等字样以外的涉外经济技术展；外国机构独立举办或合作主办的上述涉外经济技术展行政许可委托省级商务主管部门实施并开展有效监管	商务部支持和指导；海南负责推进
	19	在试点地区，分类简化航空公司开辟至共建"一带一路"航权开放国家国际航线的经营许可审批手续	民航局、中央军委联合参谋部制订政策保障措施；试点地区负责推进
	20	支持具备条件的试点地区开通第五航权航线	民航局、中央军委联合参谋部制订政策保障措施；大连、厦门、深圳、武汉、杭州、成都、威海等试点地区负责推进
	21	在中国境内经营无船承运，无须为中国企业法人	交通运输部制订政策保障措施；试点地区负责推进
	22	允许特定条件下租用外籍船舶从事临时运输	交通运输部制订政策保障措施；试点地区负责推进
	23	支持符合条件的港澳银行业、保险业企业在试点地区设立分支机构	银保监会、商务部、港澳办制订政策保障措施；试点地区负责推进
	24	支持在试点地区设立外资专业健康保险机构，支持医疗机构加强与国内外保险公司的合作，开展国际商业医疗保险结算试点，为来华外籍人士就医提供结算服务；探索商业保险参与基本医疗、养老服务体系建设，创新重大疾病、长期护理等方面的保险产品和服务	银保监会、商务部等制订政策保障措施，卫生健康委支持和指导；试点地区负责推进

续表

试点任务	序号	具体举措	责任分工
（二）全面探索扩大对外开放 坚持要素型开放与制度型开放相结合、开放与监管相协调、准入前与准入后相衔接，从制度层面和重点领域持续发力，提升开放水平	25	在符合条件的试点地区，支持与境外机构合作开发跨境商业医疗保险产品	银保监会、商务部制订政策保障措施；海南、深圳、广州等试点地区负责推进
	26	在条件具备的试点地区，将合格境内机构投资者主体资格范围扩大至境内外机构在该试点地区发起设立的投资管理机构。在条件相对成熟的试点地区，支持符合条件的机构申请合格境内机构投资者（QDII）、人民币合格境内机构投资者（RQDII）业务资格，将合格境内机构投资者主体资格范围扩大至境内外机构在该试点地区发起设立的投资管理机构，包括境内证券公司、基金管理公司和期货公司。允许该试点地区的合格境内机构投资者开展境外直接投资、证券投资、衍生品投资等各类境外投资业务	证监会、商务部制订政策保障措施；北京、天津、上海、海南、深圳、南京等试点地区负责推进
	27	支持境外发起的私募基金参与具备条件的试点地区的创新型科技企业融资，凡符合条件的可在京津冀地区、长三角地区、粤港澳大湾区投资	商务部、外汇局、证监会等制订政策保障措施；北京、天津、上海、海南、深圳、石家庄、南京、杭州、合肥、广州、苏州、雄安新区等试点地区负责推进
	28	进一步探索密切试点地区律师事务所与港澳地区律师事务所业务合作的方式与机制。允许港澳与试点地区合伙联营律师事务所的内地律师受理、承办内地法律适用的行政诉讼法律事务。允许港澳与试点地区合伙联营律师事务所以本所名义聘用港澳和内地律师	司法部、商务部、港澳办制订政策保障措施；试点地区负责推进
	29	在具备条件的试点地区，进一步探索密切中国律师事务所与外国律师事务所业务合作的方式与机制。在条件具备的试点地区开展国内律师事务所聘请外籍律师担任外国法律顾问试点，并适当降低参与试点的外籍律师在中国境外从事律师职业不少于3年的资质要求	司法部、商务部制订政策保障措施；试点地区负责推进；北京、天津、上海、海南、厦门、深圳、南京、杭州、广州、苏州、雄安新区等试点地区负责推进
	30	支持具备条件的试点地区建设国际教育创新试验区，推进中外合作办学。完善外籍教师、专家、技师等的引进便利政策	教育部、人力资源社会保障部、外交部、移民局、商务部等制订政策保障措施；北京、天津、上海、海南、厦门、深圳、南京、杭州、武汉、西安、威海、西咸新区等试点地区负责推进
	31	允许在粤港澳大湾区内地9市开业的指定医疗机构使用临床急需、已在港澳上市的药品，或使用临床急需、港澳公立医院已采购使用、具有临床应用先进性的医疗器械	药监局、卫生健康委制订政策保障措施；深圳负责推进

续表

试点任务	序号	具 体 举 措	责 任 分 工
（二）全面探索扩大对外开放 坚持要素型开放与制度型开放相结合、开放与监管相协调、准入前与准入后相衔接，从制度层面和重点领域持续发力，提升开放水平	32	对取得内地医师资质的港澳医师，在具备条件的试点地区开办诊所执行备案制，简化港澳医师转内地医师资格认证手续，符合条件的港澳医师可按程序取得内地医师资格	卫生健康委、中医药局、商务部、港澳办支持和指导；北京、天津、上海、海南、重庆（涪陵区等21个市辖区）、厦门、深圳、南京、广州、成都、西安、威海、西咸新区等试点地区负责推进
	33	逐步试点允许符合条件的港澳专业人士依法在海南、深圳、广州等试点地区提供工程咨询服务，推进粤港澳工程项目合作	住房城乡建设部、商务部、港澳办等支持和指导；海南、深圳、广州等试点地区负责推进
	34	在试点地区，研究出台更加开放的引进高端人才停居留政策和出入境便利举措，探索整合外国人工作许可和工作类居留许可，便利外国人来华就业	科技部、移民局、外交部制订政策保障措施；试点地区负责推进
	35	在知识产权服务业集聚区等具备条件的试点地区试点，允许取得中国政府颁发的外国人永久居留证、且具有其他国家专利代理资格的外国人，参加专利代理师资格考试，成绩合格者，发给《专利代理师资格证》。取得《专利代理师资格证》的前述人员可以在试点地区已经设立的专利代理机构中执业，符合规定条件的可以加入成为在试点地区已经批准设立的专利代理机构的合伙人或股东	知识产权局、商务部制订政策保障措施；试点地区负责推进
	36	允许台湾居民在试点地区参加注册城乡规划师等职业资格考试，并在试点地区范围内执业	自然资源部、人力资源社会保障部、商务部、中央台办制订政策保障措施；试点地区负责推进
	37	允许台湾居民参照现行港澳居民在内地申办个体工商户相关政策，在试点地区注册登记个体工商户	中央台办、市场监管总局制订政策保障措施；试点地区负责推进
	38	支持试点地区开展面向港澳的高级经济师、信息通信高级工程师等水平评价类职业资格认可	人力资源社会保障部、工业和信息化部、商务部制订政策保障措施；试点地区负责推进
	39	支持具备条件的试点地区开展与港澳专业服务资质互认试点	商务部、港澳办支持和指导；海南、深圳、广州等试点地区负责推进

续表

试点任务	序号	具 体 举 措	责 任 分 工
（二）全面探索扩大对外开放 坚持要素型开放与制度型开放相结合、开放与监管相协调、准入前与准入后相衔接，从制度层面和重点领域持续发力，提升开放水平	40	推动境外人才参加职称评审和执业，具备条件的试点地区可自主组织在当地工作的金融、电子信息、建筑规划等领域境外专业人才职称申报评审工作。允许取得国际专业资质或具有特定国家和地区职业资格的金融、规划等领域现代服务业专业人才经备案后，在试点地区提供服务，其在境外的从业经历可视同国内从业经历（有行业特殊要求的除外）	人力资源社会保障部、人民银行、银保监会、证监会、住房城乡建设部、自然资源部、工业和信息化部等制订政策保障措施；北京、天津、上海、海南、厦门、深圳、南京等试点地区负责推进
	41	支持试点地区放宽港澳专业人才执业资质，复制推广北京与港澳专业资格"一试三证"评价模式，即一次考试可获得国家职业资格认证、港澳认证、国际认证，港澳专业人士在港澳从业经历可视同内地从业经历	人力资源社会保障部、商务部、港澳办等制订政策保障措施；试点地区负责推进
	42	支持试点地区出台政策建设国际服务贸易合作园区。发挥试点地区在服务业和服务贸易开放合作上先行先试的优势，加强与重点服务贸易伙伴的项目合作，引进跨国公司国际或地区总部、功能性机构。依托国际合作园区，集中精力打造中日成都服务业开放合作、中韩威海服务贸易合作、中俄哈尔滨服务贸易合作、中新（加坡）（苏州、重庆）服务贸易合作、中英上海服务贸易合作、中德南京服务贸易合作等合作典范	商务部支持和指导；试点地区负责推进
（三）全面探索提升便利水平 树立在发展中规范、在规范中发展的理念，坚持包容审慎原则，构建有利于服务贸易自由化便利化的营商环境，积极促进资金、技术、人员、货物等要素跨境流动	43	实行进口研发（测试）用未注册医疗器械分级管理：对于试点地区有关产业园区内科研机构、研发或生产型企业以一般贸易方式进口的研发（测试）用未注册医疗器械或零部件（非诊断试剂），进行Ⅰ类产品（重点产品）和Ⅱ类产品（一般产品）分级管理，提供通关便利、提高效率	有关部门支持和指导；试点地区负责推进
	44	对信用记录良好、追溯体系完善、申报批次较多的进口产品CCC免办企业，探索实施自我承诺便捷通道，提升服务贸易便利化水平	市场监管总局制订政策保障措施；试点地区负责推进
	45	在旅行服务进出口集聚的试点地区，新开一批直达全球主要客源地的国际航线	民航局支持和指导；试点地区负责推进
	46	支持试点地区所在省（自治区、直辖市）人民政府将自由类技术进出口登记备案管理权限下放至地市级商务主管部门	商务部制订政策保障措施；有关省（自治区、直辖市）和各试点地区负责推进
	47	打通知识产权服务、管理、调解、仲裁、执法等完整链条，在试点地区率先形成对标国际、完整系统、高效协同的知识产权发展与保护制度框架	知识产权局、市场监管总局制订政策保障措施，中央宣传部支持和指导；试点地区负责推进

续表

试点任务	序号	具体举措	责任分工
（三）全面探索提升便利水平 树立在发展中规范、在规范中发展的理念，坚持包容审慎原则，构建有利于服务贸易自由化便利化的营商环境，积极促进资金、技术、人员、货物等要素跨境流动	48	加强国际合作，推动研究制订外国专利代理机构驻华代表机构管理的有关规定，选择有条件的试点地区开展外国专利代理机构在华设立常驻代表机构试点，引入国际高水平知识产权服务资源。及时总结经验，为制订有关管理办法提供实践支撑，进一步推进知识产权服务业领域扩大对外开放，提升服务水平	知识产权局制订政策保障措施；试点地区负责推进
	49	加强知识产权公共服务资源及产品供给，支持试点地区积极开展业务咨询、政策宣传、基础培训等基本知识产权公共服务，探索开展知识产权信息专业检索及分析、知识产权专业数据库建设等高端信息服务	知识产权局制订政策保障措施；试点地区负责推进
	50	在具备条件的试点地区，结合重点企业重点项目开展人民币在服务贸易领域跨境使用试点，条件成熟时逐步推开至全部试点地区。依照"本币优先"原则，指导服务贸易企业积极选择人民币进行计价结算，形成政策合力，帮助企业规避汇率风险、降低汇兑成本，推动服务贸易人民币结算快速发展	人民银行支持和指导；试点地区负责推进
	51	支持在试点地区率先建立人民币跨境贸易融资和再融资服务体系，为跨境贸易提供人民币融资服务。支持设立人民币跨境贸易融资支持平台	人民银行支持和指导；试点地区负责推进
	52	支持在试点地区保税燃料油供应以人民币计价、结算	人民银行、发展改革委、商务部、国资委等支持和指导；试点地区负责推进
	53	在试点地区持续优化跨境人民币业务。支持境外投资者以人民币进行直接投资，以人民币参与境内企业国有产权转让交易	人民银行、外汇局、证监会、国资委等支持和指导；试点地区负责推进
	54	支持具备条件的试点地区设立人民币海外投贷基金，支持试点地区符合条件的机构开展合格境内有限合伙人境外投资试点，允许合格机构向合格投资者募集人民币资金，并将所募集资金投资于海外市场	人民银行、外汇局、证监会支持和指导；试点地区负责推进
	55	支持试点地区符合条件的内资和外资机构依法申请设立银行卡清算机构，参与国内人民币银行卡清算市场	人民银行制订政策保障措施；试点地区负责推进
	56	积极推动服务贸易外汇收支便利化试点。支持条件成熟的试点地区探索服务贸易分类管理	外汇局制订政策保障措施；北京、天津、上海、海南、厦门、深圳、哈尔滨、杭州、广州、苏州、威海等试点地区负责推进
	57	支持符合条件的财务公司、证券公司、基金管理公司等金融机构获得结售汇业务资格，开展外汇即期及衍生品交易	人民银行、外汇局、证监会等制订政策保障措施；试点地区负责推进

续表

试点任务	序号	具 体 举 措	责 任 分 工
（三）全面探索提升便利水平 树立在发展中规范、在规范中发展的理念，坚持包容审慎原则，构建有利于服务贸易自由化便利化的营商环境，积极促进资金、技术、人员、货物等要素跨境流动	58	实施资金便利收付的跨境金融管理制度，对跨境支付牌照实施动态管理，面向试点地区增加跨境支付牌照的许可数量。在试点地区探索服务贸易外汇收支便利化举措	外汇局、人民银行制订政策保障措施；试点地区负责推进
	59	按照国家深化改革扩大开放新形势新要求，持续优化外国人入境、过境免办签证政策。对到试点地区从事商务、交流、访问等经贸活动的特定国家和地区人员，进一步优化144小时过境免签政策	移民局、外交部制订政策保障措施；试点地区负责推进
	60	为境外人员赴试点地区旅游就医提供出入境和停居留便利，逐步优化就医环境，推动境外人员在试点地区无障碍就医	外交部、移民局、卫生健康委等支持和指导；试点地区负责推进
	61	在试点地区，完善和推进来华就医签证便利化政策，推动我国医疗健康服务特别是中医药服务出口	外交部、中医药局、移民局制订政策保障措施；试点地区负责推进
	62	在符合条件的试点地区探索内地与港澳"一展两地"或"一展多地"会展模式，与香港、澳门联合举办"一展两地"或"一展多地"跨境会展过程（展期14天内）中，为会展工作人员、专业参展人员和持有展会票务证明的境外游客依规办理多次入境有效签证（签注），多次往返港澳与内地之间	移民局、外交部、商务部、港澳办等制订政策保障措施；深圳、广州等试点地区负责推进
	63	支持在具备条件的试点地区开展外籍人才管理服务改革试点，允许外籍技术技能人员按规定在试点地区就业、永久居留；允许在中国高校获得硕士及以上学位的优秀外国留学生在试点地区就业和创业。支持试点地区探索建立吸引外国高科技人才的管理制度	人力资源社会保障部、科技部、外交部、教育部、移民局等制订政策保障措施；北京、天津、上海、海南、厦门、深圳、南京等试点地区负责推进
	64	对试点地区符合条件的服务业企业聘用的"高精尖缺"外国人才，经外国人才主管部门认定后可按照外国人才（A类）享受工作许可、人才签证、居留许可等证件办理及社会保障等便利措施和"绿色通道"服务	科技部、移民局、人力资源社会保障部、外交部、税务总局等制订政策保障措施；试点地区负责推进
	65	在试点地区，鼓励用人单位按规定为包括外籍高端人才在内的职工建立企业年金	科技部、人力资源社会保障部制订政策保障措施；试点地区负责推进
	66	为外籍人才创办科技企业创造便利。支持试点地区探索更加开放便利的海外科技人才引进和服务管理机制，建设海外人才离岸创新创业基地	外交部、科技部、移民局、人力资源社会保障部等制订政策保障措施；试点地区负责推进

续表

试点任务	序号	具 体 举 措	责 任 分 工
（三）全面探索提升便利水平 树立在发展中规范、在规范中发展的理念，坚持包容审慎原则，构建有利于服务贸易自由化便利化的营商环境，积极促进资金、技术、人员、货物等要素跨境流动	67	在试点地区，为高端人才及其科研辅助人员来华投资创业、工作讲学、经贸交流提供办理长期签证和停居留证件等移民出入境服务；允许外籍高端人才的科研辅助人员办理与外籍高端人才所持期限一致的外国人工作许可证和工作类居留许可；支持试点地区探索制订外国人来华工作指导目录	外交部、科技部、移民局、人力资源社会保障部等制订政策保障措施；试点地区负责推进
	68	在试点地区，允许取得永久居留资格的外籍人才领衔承担国家科技计划项目，担任新型研发机构法定代表人	外交部、科技部、人力资源社会保障部等制订政策保障措施；试点地区负责推进
	69	试点地区外籍人才任职结束，达成规定的领取养老金条件前回国的，其社会保险个人账户予以保留，再次来中国大陆就业的，缴费年限累计计算；经本人书面申请终止社会保险关系的，也可以将其社会保险个人账户存储额一次性支付给本人	科技部、人力资源社会保障部、税务总局、医保局等制订政策保障措施；试点地区负责推进
	70	在试点地区，完善游戏动漫研发、影视制作、会展策划、创意设计等领域外籍人才认定条件和标准，以支持相关产业和贸易实操技能特长人员的引入，提高我国相关产业服务出口能力	外交部、人力资源社会保障部、科技部等制订政策保障措施；试点地区负责推进
	71	支持粤港澳大湾区、京津冀、长三角试点地区设立招收外籍人士子女的外籍人员子女学校，提升对高端外籍专业服务人才的吸引力	教育部制订政策保障措施；北京、天津、上海、海南、深圳、石家庄、南京、杭州、合肥、广州、苏州、雄安新区等试点地区负责推进
	72	对符合条件的优秀外籍硕士留学生可直接在境内申请外国人来华工作许可	人力资源社会保障部、外交部、科技部、移民局、教育部等制订政策保障措施；北京、天津、上海、海南、深圳、武汉、成都、贵阳、西安、雄安新区、贵安新区、西咸新区等试点地区负责推进
	73	为粤港澳大湾区、京津冀、长三角区域试点地区引进外籍高端人才提供签证、停居留及永久居留便利	移民局制订政策保障措施；北京、天津、上海、海南、深圳、石家庄、南京、杭州、合肥、广州、苏州、雄安新区等试点地区负责推进
	74	推行京津冀、长三角、粤港澳大湾区区域内外籍人才流动资质互认，推进区域内外籍人才流动政策互通、信息互联。研究推进外国人工作居留许可在粤港澳大湾区、京津冀、长三角区域一体化地域范围互认，给予原工作地许可证注销过渡期	移民局、外交部、人力资源社会保障部、科技部等制订政策保障措施；北京、天津、上海、海南、深圳、石家庄、南京、杭州、合肥、广州、苏州、雄安新区等试点地区负责推进

续表

试点任务	序号	具体举措	责任分工
（三）全面探索提升便利水平 树立在发展中规范、在规范中发展的理念，坚持包容审慎原则，构建有利于服务贸易自由化便利化的营商环境，积极促进资金、技术、人员、货物等要素跨境流动	75	在条件具备的试点地区，开通国际互联网数据专用通道	工业和信息化部制订政策保障措施；具备条件的试点地区负责推进
	76	探索跨境数据流动分类监管模式，开展数据跨境传输安全管理试点	中央网信办指导并制订政策保障措施；北京、上海、海南、雄安新区等试点地区负责推进
	77	在符合条件的试点地区探索优化对科研机构访问国际学术前沿网站（自然科学类）的保障服务	中央网信办等支持和指导，科技部等制订政策保障措施；北京、上海、海南、雄安新区等试点地区负责推进
	78	积极开展数字营商环境相关问题研究，建立国内外数字营商环境动态跟踪机制	中央网信办、财政部、商务部等有关部门按职责分工推进
	79	支持创建粤港澳大湾区、京津冀、长三角大数据技术国家工程实验室，推进大数据中心项目建设。探索建立粤港澳、京津冀、长三角数据流动机制	发展改革委、中央网信办、工业和信息化部、港澳办等支持和指导；北京、天津、上海、海南、深圳、石家庄、南京、杭州、合肥、广州、苏州、雄安新区等试点地区负责推进
	80	推动具备条件的试点地区科技人员往来畅通、财政科研资金跨境使用、科研仪器设备通关便利、大型科学设施和科技资源共用共享	科技部、财政部、教育部、港澳办等制订政策保障措施；海南、深圳、广州等试点地区负责推进
（四）全面探索创新发展模式 努力形成有助于服务贸易业态创新的多元化、高效能、可持续发展模式和发展路径	81	在符合条件的试点地区深入推进医疗器械注册人制度试点，允许粤港澳大湾区、京津冀、长三角地区医疗器械注册人委托区域内医疗器械生产企业生产医疗器械，助推"注册＋生产"跨区域产业链发展	药监局制订政策保障措施；北京、天津、上海、海南、石家庄、深圳、南京、杭州、合肥、广州、苏州、雄安新区等试点地区负责推进
	82	支持在粤港澳大湾区、京津冀、长三角试点地区创立粤港澳大湾区、京津冀、长三角艺术创研中心	文化和旅游部、港澳办等支持和指导；北京、天津、上海、海南、深圳、石家庄、南京、杭州、合肥、广州、苏州、雄安新区等试点地区负责推进
	83	支持试点地区发展基于工业互联网的大数据采集、存储、处理、分析、挖掘和交易等跨境服务；探索数据服务采集、脱敏、应用、交易、监管等规则和标准；推动数据资产的商品化、证券化，探索形成大数据交易的新模式；探索对数据交易安全保障问题进行研究论证	中央网信办、工业和信息化部、商务部、证监会等支持和指导；试点地区负责推进

续表

试点任务	序号	具 体 举 措	责 任 分 工
（四）全面探索创新发展模式 努力形成有助于服务贸易业态创新的多元化、高效能、可持续发展模式和发展路径	84	组建国家数字贸易专家工作组，举办专题培训班，指导地方制订数字贸易发展工作计划	中央网信办、商务部负责推进
	85	出台支持政策，在试点地区率先推进中外数字创意、影视培训等合作	中央宣传部支持和指导，文化和旅游部、广电总局、商务部等制订政策保障措施；试点地区负责推进
	86	在符合条件的试点地区设立国家版权创新发展基地，推动版权产业高质量发展	中央宣传部负责在有关试点地区推进
	87	着力打造以中国国际版权博览会为龙头，地方版权博览会、交易会、授权展会为身翼的全国版权展会授权交易体系，推动版权实际运用和价值转化，活跃版权贸易	中央宣传部、广电总局等支持和指导；试点地区负责推进
	88	在具备条件的试点地区探索完善（民办成人）在线教育培训机构监管机制	市场监管总局、教育部等制订政策保障措施；北京、天津、上海、海南、厦门、深圳、武汉、威海等试点地区负责推进
	89	在确保有效监管和执行相关税收政策的前提下，对"两头在外"的研发、检测等服务业态所需进口料件实行保税监管	商务部、海关总署制订政策保障措施，财政部、税务总局支持和指导；试点地区负责推进
	90	推动具备条件的试点地区国际机场与共建"一带一路"国家和地区扩大以货运为主的航空运输服务	民航局、邮政局等支持和指导；北京、天津、上海、海南、大连、厦门、深圳、哈尔滨、南京、杭州、广州、成都、西安、乌鲁木齐、西咸新区等试点地区负责推进
	91	在试点地区率先推动移动支付、消费服务等便利化；开通移动支付用户注册时境外人员的身份信息验证便捷通道，方便境外人士在国内消费；实现旅游景点、酒店和大中型商品在线支付、终端支付全覆盖；在口岸统一设立境内移动消费支付办理窗口，提升境外游客在境内消费便利化水平	人民银行、工业和信息化部、商务部、文化和旅游部等制订政策保障措施；试点地区负责推进
	92	在试点地区率先推进便利外国人在中国使用移动支付试点，不预设业务实现路径，按照"成熟一个上线一个"原则逐步推进，并视展业和合规情况逐步扩大试点范围	人民银行制订政策保障措施；试点地区负责推进
	93	在京津冀、长三角、粤港澳大湾区及中西部具备条件的试点地区开展数字人民币试点	人民银行制订政策保障措施；先由深圳、成都、苏州、雄安新区等地及未来冬奥场景相关部门协助推进，后续视情扩大到其他地区

续表

试点任务	序号	具 体 举 措	责 任 分 工
（四）全面探索创新发展模式 努力形成有助于服务贸易业态创新的多元化、高效能、可持续发展模式和发展路径	94	推动邮轮旅游经济发展，在具备条件的试点地区率先推进中国邮轮旅游发展实验区建设。在具备条件的试点地区，推进对外国旅游团乘坐邮轮从试点地区海港口岸入境实行15天免签政策	文化和旅游部、税务总局、移民局、外交部等制订政策保障措施；天津、上海、海南、大连、厦门、青岛、深圳、广州、威海等试点地区负责推进
	95	支持具备条件的试点地区引入国际精品赛事，举办涉外电影展映和交流合作活动	中央宣传部、体育总局、商务部等支持和指导；北京、天津、上海、海南、大连、厦门、青岛、深圳、哈尔滨、广州、成都、西安等试点地区负责推进
	96	开展体育消费试点工作，确定一批国家体育消费试点城市，推动国家体育消费试点城市进行体育消费机制创新、政策创新、模式创新、产品创新，积极推进山地户外、水上、航空、汽摩、冰雪等体育项目与入境游深度融合	体育总局、发展改革委、自然资源部、文化和旅游部等制订政策保障措施；有关城市中入选试点城市负责推进（以体育消费试点城市最终公布名单为准）
	97	进一步完善海南博鳌乐城国际医疗旅游先行区政策，探索支持境外患者入境诊疗的签证、支付、商业医疗保险结算等便利化政策，鼓励医疗新技术、新装备、新药品、新服务的研发，结合发展中医康养，面向国际市场打造健康城	发展改革委、药监局、海关总署、科技部、中医药局、商务部等制订政策保障措施，卫生健康委、移民局支持和指导；海南负责推进
（五）全面探索健全促进体系 以高质量共建"一带一路"为重点，深化服务贸易对外交流与合作，推动建立政府市场高效协同、国内国外有机联动的服务贸易促进体系，支持和引导广大企业面向全球配置资源、拓展市场	98	在具备条件的试点地区试点建设数字贸易平台，提供数字版权确权、评估和交易流程等服务	中央网信办、中央宣传部、工业和信息化部、商务部等支持和指导；具备条件的试点地区负责推进
	99	推动在京津冀、长三角、粤港澳大湾区等区域协同发展基础较好、监管条件相对成熟的地区，建设区域性公共服务平台，如生物医药研发特殊物品出入境公共服务和集中监管平台、跨境电子商务寄递服务监管平台、二手飞机二手航材及飞机零部件交易流转平台、航运保险交易平台、二手车出口检测服务平台、知识产权运营合作平台、检验检测认证和测试服务共享平台等	发展改革委、卫生健康委、药监局、科技部、民航局、市场监管总局、知识产权局、港澳办等支持和指导；北京、天津、上海、海南、深圳、石家庄、长春、南京、杭州、合肥、广州、苏州、雄安新区等试点地区负责推进
	100	支持试点地区出台政策推动各类服务企业通过各类工业园区、商务服务园区以及境外经贸合作区等开拓国际市场	商务部支持和指导；试点地区负责推进

续表

试点任务	序号	具 体 举 措	责 任 分 工
（五）全面探索健全促进体系 以高质量共建"一带一路"为重点，深化服务贸易对外交流与合作，推动建立政府市场高效协同、国内国外有机联动的服务贸易促进体系，支持和引导广大企业面向全球配置资源、拓展市场	101	在试点地区探索开展亚太地区主要经济体签发服务贸易项下的服务提供者（或服务提供商）证明书试点工作，研究并探索亚太地区主要经济体认可的服务提供者（或服务提供商）证明书签发规则，通过多双边工商合作机制，推动各经济体签发证明书的互通互认	外交部、商务部制订政策保障措施，中国贸促会支持和指导；试点地区负责推进
	102	配合重要对外活动和各类多双边人文交流机制，支持电影对外交流合作相关项目在试点地区优先落地。坚持多国别、多类型、多题材的原则，鼓励与国际知名电影企业和优秀电影人才开展合作	中央宣传部支持和指导；试点地区负责推进
	103	将服务贸易纳入多双边工商合作机制	中国贸促会负责推进
	104	建设生物医药、文化创意、新能源服务、商务服务、跨境电商等领域"中国服务商"数据库，为企业提供多元化服务	中国贸促会负责推进
	105	推动试点地区打造丝绸之路影视桥、中非影视创新提升工程、友邻传播、中国联合展台、视听中国、走出去内容扶持等重点文化贸易项目。打造"电视中国剧场"品牌，支持试点地区实施主体在境外开办中国影视节目播出频道、时段	中央宣传部、广电总局支持和指导；试点地区负责推进
	106	鼓励试点地区打造"一带一路"法律服务中心和商事仲裁中心。开拓金融、保险、知识产权、电子商务、交通运输等现代服务业领域仲裁业务	司法部、最高人民法院、中国贸促会支持和指导；试点地区负责推进
	107	允许境外知名仲裁及争议解决机构在试点地区设立业务机构，开展国际投资、贸易等仲裁业务，依法支持和保障中外当事人在仲裁前和仲裁中的财产保全、证据保全、行为保全等临时措施的申请和执行	司法部、最高人民法院确定试点地区并制订政策保障措施
（六）全面探索优化政策体系 适应服务贸易发展新形势新任务，不断推进政策创新，推动建立系统性、机制化、全覆盖的政策体系	108	试点地区非公立医院面向境外消费者提供中医医疗服务实行市场调节价，公立医院面向境外消费者提供中医医疗服务按特需医疗的价格政策和服务规模控制比例执行，畅通收付汇、结算渠道；保障试点地区在营利性医疗机构先行先试治未病服务和收费，大力发展中医药服务贸易	医保局、中医药局、财政部、市场监管总局、发展改革委、商务部等制订政策保障措施；试点地区负责推进
	109	发挥好服务贸易创新发展引导基金作用，支持符合政策导向的服务贸易企业发展	财政部、商务部支持和指导；试点地区负责推进
	110	依托中国人民银行征信中心动产融资统一登记公示系统，在试点地区推进动产和权利担保登记公示制度	人民银行、市场监管总局制订政策保障措施；试点地区负责推进
	111	在试点地区探索规范和引导针对小微服务进出口企业的融资担保机制，促进增信与融资	银保监会制订政策保障措施；试点地区负责推进

续 表

试点任务	序号	具 体 举 措	责 任 分 工
（六）全面探索优化政策体系 适应服务贸易发展新形势新任务，不断推进政策创新，推动建立系统性、机制化、全覆盖的政策体系	112	创新知识产权金融服务。推广专利权质押融资模式，完善知识产权担保机制，加大专利保险产品开发和推广力度，规范探索知识产权证券化。推动"保险助融""协商估值"等质押模式落地，鼓励金融机构加大对拥有专利、商标等"轻资产"服务贸易企业的资金支持。健全知识产权评估机制，完善知识产权质押融资的风险分担和损失补偿机制，畅通质物处理渠道，为扩大以知识产权质押为基础的融资提供支持。推广知识产权质押融资保证保险	人民银行、银保监会、证监会、知识产权局、中央宣传部等支持和指导；试点地区负责推进
	113	加大出口信用保险对服务贸易的支持力度，深化"政银保"合作，扩大出口信保覆盖面。试点地区出台政策支持扩大出口信保保单融资规模，降低中小微服务进出口企业融资成本	中国出口信保公司和试点地区负责推进
（七）全面探索完善监管模式 探索符合新时期服务贸易发展特点的监管体系，在服务贸易高质量发展中实现监管职权规范、监管系统优化、监管效能提升	114	探索创新技术贸易管理模式，完善技术进出口监测体系	商务部支持和指导；试点地区负责推进
	115	支持试点地区聚焦集成电路、人工智能、工业互联网、生物医药、总部经济等重点领域，试点开展数据跨境流动安全评估，建立数据保护能力认证、数据流通备份审查、跨境数据流动和交易风险评估等数据安全管理机制。鼓励有关试点地区参与数字规则国际合作，加大对数据的保护力度	中央网信办、科技部、工信部、商务部等支持和指导；试点地区负责推进
	116	在数字服务出口基地，对涉及关键技术、平台安全、数据安全和个人隐私安全的服务贸易，加强综合监管，形成制度性成果	中央网信办支持和指导，工业和信息化部、公安部、商务部及有关行业主管部门制订政策保障措施；有关试点地区负责推进
	117	在条件成熟的试点地区，试点建立民航非现场监管中心，探索推行以远程监管、移动监管为特征的非现场监管，提升监管精准化、智能化水平	民航局制订政策保障措施；重庆（涪陵区等21个市辖区）、深圳、哈尔滨、武汉等试点地区负责推进
	118	健全制度化监管规则，实施以"双随机、一公开"监管为基本手段、以重点监管为补充、以信用监管为基础的新型监管机制，完善与服务业和服务贸易领域创新创业相适应的包容审慎监管方式	市场监管总局制订政策保障措施；试点地区负责推进

续 表

试点任务	序号	具 体 举 措	责 任 分 工
（八）全面探索健全统计体系 推动完善服务贸易统计制度和方法，切实提升服务贸易统计的全面性、准确性和及时性	119	优化服务贸易统计监测系统工作机制，建立统计监测系统数据核查、退回和通报制度，提高数据质量	商务部牵头，统计局、外汇局、市场监管总局、国资委、海关总署、人民银行、银保监会、证监会及联席会议其他成员单位共同负责；试点地区负责推进
	120	完善服务贸易重点企业联系制度	商务部牵头，统计局、外汇局、市场监管总局、海关总署、人民银行、银保监会、证监会及联席会议其他成员单位共同负责；试点地区负责推进
	121	探索涵盖四种模式的服务贸易全口径统计方法	商务部牵头推进
	122	鼓励和指导试点地区先行先试，因地制宜，探索建立高质量发展指标体系	商务部牵头，统计局、外汇局、市场监管总局、国资委、人民银行、银保监会、证监会及联席会议其他成员单位支持和指导；试点地区负责推进

注：1. 标注"外籍""境外"的任务举措对港澳台同胞、企业同等适用。表中第7、23、28、32、33、38、39、41项纳入《内地与香港/澳门关于更紧密经贸关系的安排》(CEPA)框架实施。

2. 重庆市试点范围为下述21个市辖区：涪陵区、渝中区、大渡口区、江北区、沙坪坝区、九龙坡区、南岸区、北碚区、渝北区、巴南区、长寿区、江津区、合川区、永川区、南川区、綦江区、大足区、璧山区、铜梁区、潼南区、荣昌区。

关于调整发布《中国禁止出口限制出口技术目录》的公告

(商务部 科技部公告 2020 年第 38 号)

根据《中华人民共和国对外贸易法》和《中华人民共和国技术进出口管理条例》，商务部、科技部对《中国禁止出口限制出口技术目录》(商务部 科技部令 2008 年第 12 号附件)内容作部分调整，现予以公布。属于军民两用技术的，纳入出口管制管理。

商务部 科技部
2020 年 8 月 28 日

《中国禁止出口限制出口技术目录》调整内容

一、禁止出口部分

(一) 畜牧业

1. 删去微生物肥料技术(编号：050302J)条目。
2. 将蚕类品种、繁育和蚕茧采集加工利用技术(编号：050304J)控制要点 1 修改为："除杂交一代蚕品种以外的蚕遗传资源"。

(二) 医药制造业

3. 删去化学合成及半合成咖啡因生产技术(编号：052701J)条目。
4. 删去核黄素(VB2)生产工艺(编号：052702J)条目。
5. 删去化学合成及半合成药物生产技术(编号：052705J)条目。

(三) 交通运输设备制造业

6. 将航天器测控技术(编号：053701J)控制要点修改为："我国使用的卫星及其运载无线电遥控遥测编码和加密技术"。

（四）仪器仪表及文化、办公用机械制造业

7. 地图制图技术（编号：054101J）控制要点修改为："直接输出比例尺＞＝1：10万我国地形要素的图像产品"。

（五）电信和其他信息传输服务业

8. 将空间数据传输技术（编号：056002J）控制要点修改为："涉及下列其中之一的卫星数据加密技术：1. 保密原理、方案及线路设计技术 2. 加密与解密的软件、硬件"。
9. 将卫星应用技术（编号：056003J）控制要点修改为"北斗卫星导航系统信息传输加密技术"。

二、限制出口部分

（一）农业

10. 将"农作物（含牧草）繁育技术"（编号：050101X）修改为"农作物（含牧草）种质资源及其繁育技术"（编号：050101X），增加控制要点"6. 对外提供农作物种质资源分类名录所列农作物（含牧草）种质资源及其繁育技术"。
11. 新增"农业野生植物人工繁育技术（编号：180103X），控制要点：1.《国家重点保护野生植物名录》所列农业部门主管的Ⅰ级野生植物人工繁育技术 2. 列入《濒危野生动植物种国际贸易公约》的农业野生植物人工繁育技术"。
12. 新增"基因工程（基因及载体）（编号：180104X），控制要点：1. 新发现的植物雄性不育基因、恢复基因及载体 2. 新发现的抗病、抗虫基因及载体 3. 新发现的抗逆基因及载体 4. 新发现的品质基因及载体 5. 新发现的产量相关基因及载体 6. 新发现的其他重要基因及载体 7. 特有基因操作技术"。

（二）畜牧业

13. 新增"绒山羊繁育技术（编号：180302X），控制要点：杂交，人工授精，胚胎、基因克隆繁育技术"。
14. 新增"绒山羊品种的培育技术（编号：180303X），控制要点：内蒙古绒山羊、乌珠穆沁白绒山羊、罕山白绒山羊、辽宁绒山羊、晋岚绒山羊、河西绒山羊和西藏绒山羊母本、父本、杂交改良培育新品"。

（三）渔业

15. 将水产种质繁育技术（编号：050401X）控制要点4(1)修改为："鳜鱼人工催产、育苗技术"。

（四）农、林、牧、渔服务业

16. 删去兽药生产技术（编号：050501X）控制要点3、4、7、8、10、12、13、15、16。
17. 删去新城疫疫苗技术（编号：050508X）条目。

(五）化学原料及化学制品制造业

18. 将化学原料生产技术（编号：052601X）控制要点2修改为："硫磷混酸协同体系高效处理复杂白钨矿新技术"。

19. 在生物农药生产技术（编号：052603X）项下新增控制要点："8. 阿维菌素菌种及生产技术 9. Bt菌株及生产技术 10. 枯草芽孢杆菌菌株及生产技术 11. 春雷霉素菌株及生产技术 12. 嘧啶核苷类抗菌素（农抗120）菌株及生产技术 13. 白僵菌、绿僵菌菌种及生产技术"。

(六）医药制造业

20. 将生物技术药物生产技术（编号：052702X）控制要点修改为："1. 通过分离、筛选得到的具有工业化生产条件的菌种、毒种及其选育技术（1）流行性出血热灭活疫苗生产毒种（含野鼠型及家鼠型）2. 用于活疫苗生产的减毒的菌种或毒种及其选育技术（1）甲型肝炎减毒活疫苗生产毒种（2）乙型脑炎减毒活疫苗生产毒种 3. 用基因工程方法获得的具有工业化生产条件的菌种、毒种及其选育技术 4. 肠道病毒71型灭活疫苗 5. 口服轮状病毒活疫苗 6. EV71疫苗用毒株 7. CA16疫苗用毒株 8. 五价、六价轮状疫苗生产核心工艺技术 9. 多糖蛋白结合技术"。

21. 删去化学合成及半合成药物生产技术（编号：052703X）条目。
22. 删去天然药物生产技术（编号：052704X）条目。
23. 删去带生物活性的功能性高分子材料制备和加工技术（编号：052706X）条目。
24. 在组织工程医疗器械产品的制备和加工技术（编号：052707X）项下增加控制要点："6. 医用诊断器械及设备制造技术（包括国产新一代基因检测仪、第三代单分子测序仪）"。

(七）非金属矿物制品业

25. 在人工晶体生长与加工技术（编号：053104X）项下增加控制要点："15. KBBF晶体生长与棱镜耦合器件加工技术"。

(八）通用设备制造业

26. 新增"3D打印技术（编号：183506X），控制要点：'铸锻铣一体化'金属3D打印关键技术"。
27. 新增"工程机械的应用技术（编号：183507X），控制要点：装载机、推土机、挖掘机等减振降噪、智能控制等研发成果的应用技术"。
28. 新增"机床产业基础共性技术（编号：183508X），控制要点：机床的创新设计、基础工艺、试验验证、可靠性及功能安全等机床产业基础共性技术研究"。

(九）专业设备制造业

29. 删去刑事技术（编号：053603X）控制要点4。
30. 删去医用诊断器械及设备制造技术（编号：053604X）控制要点4。
31. 新增"大型高速风洞设计建设技术（编号：183605X），控制要点：特殊功能结构设计、宽温域特种金属/复合材料性能分析、大型复杂装备智能制造与先进测试技术"。

32. 新增"大型振动平台设计建设技术（编号：183606X），控制要点：双轴同步振动试验平台、50吨电动振动试验系统"。

33. 新增"石油装备核心部件设计制造技术（编号：183607X），控制要点：石油装备中高端井下作业工具和软件，油气集输关键设备、顶驱、注入头、压裂痕、液氮泵、液氮蒸发器等核心钻完井部件的设计制造技术"。

34. 新增"大型石化设备基础工艺技术（编号：183608X），控制要点：大型石化和煤化工装置反应器、炉、热交换器、球罐等静设备的材料技术、焊接技术、热处理技术、加工技术和检测技术"。

35. 新增"重型机械行业战略性新产品设计技术（编号：183609X），控制要点：重型机械行业战略性新产品设计技术，如第三和第四代核电设备及材料技术、海工设备技术等"。

（十）交通运输设备制造业

36. 新增"海上岛礁利用和安全保障装备技术（编号：183708X），控制要点：海上执法指挥调度系统、大型/超大型浮式保障基地、极大型海上浮式空海港、海上卫星发射平台、岛礁中型浮式平台、远海岛礁开发建设施工装置、远海通信网络系统支撑平台等装备技术"。

37. 新增"航空、航天轴承技术（编号：183709X），控制要点：火箭发动机轴承技术、卫星长寿命轴承技术"。

（十一）通信设备、计算机及其他电子设备制造业

38. 将空间仪器及设备制造技术（编号：054011X）控制要点修改为："1. 通道数＞500的遥感成像光谱仪制造技术 2. 空间环境专用器件设计和工艺、评价方法和设备、空间润滑方法和润滑件 3. 高分辨率合成孔径雷达技术的总体技术方案和主要技术指标 4. 高分辨率可见光、红外成像技术的总体方案及指标 5. 毫米波、亚毫米波天基空间目标探测技术的总体方案及指标"。

39. 新增"无人机技术（编号：184012X），控制要点：不同级别的固定翼和旋翼类无人机中的微型任务载荷，自主导航、自适应控制、感知与规避、高可靠通信、适航及空域管理等关键技术 2. 无人机制造中所涉及的惯性测量单元、倾角传感器、大气监测传感器、电流传感器、磁传感器、发动机流量传感器等类型传感器的关键技术 3. 电磁干扰射线枪等反无人机技术"。

40. 新增"激光技术（编号：184013X），控制要点：利用自主研发的KBBF单晶体制造深紫外固体激光器的关键技术"。

（十二）仪器仪表及文化、办公用机械制造业

41. 在地图制图技术（编号：054107X）项下增加控制要点："直接输出比例尺＞＝1：10万地形要素的应用技术"。

（十三）电力、热力的生产和供应业

42. 新增"大型电力设备设计技术（编号：184401X），控制要点：煤炭清洁高效利用和灵活运用技术、大型水电机组设计技术、第三代核电机组设计技术、特高压交直流输变电成套装备设计等关键技术"。

（十四）电信和其他信息传输服务业

43. 删去空间数据传输技术（编号：056003X）控制要点1、3。

44. 删去卫星应用技术（编号：056004X）控制要点2，将控制要点1中"双星导航定位系统"修改为"北斗卫星导航定位系统"。

（十五）计算机服务业

45. 在信息处理技术（编号：056101X）项下增加控制要点："17. 语音合成技术（包括语料库设计、录制和标注技术，语音信号特征分析和提取技术，文本特征分析和预测技术，语音特征概率统计模型构建技术等）18. 人工智能交互界面技术（包括语音识别技术，麦克风阵列技术，语音唤醒技术，交互理解技术等）19. 语音评测技术（包括朗读自动评分技术，口语表达自动评分技术，发音检错技术等）20. 智能阅卷技术（包括印刷体扫描识别技术，手写体扫描识别技术，印刷体拍照识别技术，手写体拍照识别技术，中英文作文批改技术等）21. 基于数据分析的个性化信息推送服务技术"。

46. 新增"密码安全技术（编号：186103X），控制要点：1. 密码芯片设计和实现技术（高速密码算法、并行加密技术、密码芯片的安全设计技术、片上密码芯片（SOC）设计与实现技术、基于高速算法标准的高速芯片实现技术）2. 量子密码技术（量子密码实现方法、量子密码的传输技术、量子密码网络、量子密码工程实现技术）"。

47. 新增"高性能检测技术（编号：186104X），控制要点：1. 高速网络环境下的深度包检测技术 2. 未知攻击行为的获取和分析技术 3. 基于大规模信息采集与分析的战略预警技术 4. 网络预警联动反应技术 5. APT攻击检测技术 6. 威胁情报生成技术"。

48. 新增"信息防御技术（编号：186105X），控制要点：1. 信息隐藏与发现技术 2. 信息分析与监控技术 3. 系统和数据快速恢复技术 4. 可信计算技术"。

49. 新增"信息对抗技术（编号：186106X），控制要点：流量捕获和分析技术 2. 漏洞发现和挖掘技术 3. 恶意代码编制和植入技术 4. 信息伪装技术 5. 网络攻击追踪溯源技术"。

（十六）软件业

50. 删去信息安全防火墙软件技术（编号：056202X）条目。

51. 新增"基础软件安全增强技术（编号：186203X），控制要点：1. 操作系统安全增加技术：《操作系统安全技术要求》（GB/T 20272—2006）四级（包含）以上技术要求 2. 数据库系统安全增强技术：《数据库系统安全技术要求》（GB/T 20273—2006）四级（包含）以上技术要求"。

（十七）专业技术服务业

52. 将真空技术（编号：057604X）控制要点修改为："真空度＜$10-9$mPa 的超高真空获取技术"。

53. 新增"航天遥感影像获取技术（编号：187608X），控制要点：航天遥感器技术，包括航空遥感器仿真（地面、航空）技术、遥感数据编码技术"。

商务部办公厅印发《关于积极做好疫情应对支持服务外包企业发展工作的通知》

（商办服贸函〔2020〕51号）

为贯彻落实党中央、国务院关于做好新型冠状病毒感染肺炎疫情防控工作的有关决策部署，统筹做好疫情防控和"六稳"工作，支持服务外包企业发展。2月11日，商务部办公厅印发《关于积极做好疫情应对支持服务外包企业发展工作的通知》（以下简称《通知》）。

通知要求，各地商务主管部门要统一思想，提高政治站位，充分认识支持服务外包企业应对疫情工作的重要性，主动作为，积极配合有关部门落实好各项惠企政策，指导企业申请实行特殊工时制度，支持服务外包企业复工生产，全力为企业排忧解难。

附件：商务部办公厅关于积极做好疫情应对支持服务外包企业发展工作的通知

商务部办公厅关于积极做好疫情应对支持服务外包企业发展工作的通知

各省、自治区、直辖市、计划单列市及新疆生产建设兵团商务主管部门：

服务外包企业是支撑生产性服务出口和促进大学生就业的重要力量。当前，受新冠肺炎疫情冲击，企业面临防护物资不足、资金流紧张、业务流失等较大困难。为深入贯彻落实习近平总书记重要讲话精神和党中央、国务院决策部署，统筹做好疫情防控和"六稳"工作，现就支持服务外包企业发展工作通知如下：

一、积极配合财政、人力资源社会保障、税务、人民银行等部门落实好近期出台的各项惠企政策，主动向地方政府反映服务外包企业面临困难，争取纳入地方纾困政策。

二、服务外包示范城市要发挥示范带头作用，有条件的城市要专门出台帮扶措施，商务部将其作为今年服务外包示范城市公共服务平台支持方向的分配因素。

三、积极协调相关部门向人员密集的大型服务外包企业配售疫情防护物资，组织动员餐饮企业提供"移动食堂"或外卖餐饮供配送服务，积极支持服务外包企业复工生产。

四、指导符合条件的服务外包企业向当地人力资源社会保障部门申请实行特殊工时制度。

五、在疫情解除之前，各地审核服务外包企业在"服务外包及软件出口信息管理应用"系统申报的服务外包合同，暂不要求企业提供书面合同，可采用网络传输合同扫描件。疫情解除后进行补核。

六、为充分发挥服务外包行业吸纳大学生就业的作用，商务部将会同相关部门利用外经贸发展专项资金加大对企业新增就业培训的支持力度。

各地商务主管部门要统一思想，提高政治站位，充分认识支持服务外包企业应对疫情工作的重要性，主动作为，全力为企业排忧解难，有关情况及时上报商务部（服贸司）。

商务部办公厅
2020年2月11日

商务部办公厅关于疫情防控期间
进一步便利技术进出口有关工作的通知

(商办服贸函〔2020〕35号)

各省、自治区、直辖市及计划单列市商务主管部门：

为贯彻落实党中央、国务院关于做好新型冠状病毒感染肺炎疫情（以下简称疫情）防控工作的有关决策部署，保障全国技术进出口管理工作顺畅开展，切实为技术进出口经营者提供优质服务，现就有关事项通知如下：

一、充分认识应对疫情、服务企业的重要性

当前正处于疫情防控关键期，各有关单位要深刻认识疫情防控的严峻形势，坚决落实疫情防控各项要求，同时要将服务企业、帮扶企业摆在技术进出口工作优先位置，切实支持企业开展正常生产经营活动，帮助企业渡过难关。

二、积极推进无纸化流程，最大限度推行"不见面"服务

2020年1月1日，商务部技术贸易管理信息应用（以下简称技术应用）已增加技术进出口合同登记无纸化功能，技术进出口经营者可选择在线上传合同登记申请书、合同文本、签约双方法律地位证明文件等电子文本的方式正式提交技术进出口合同登记申请，同时也可选择提交纸质文件并按原流程办理。各有关单位要加强对技术应用新功能的宣传和普及工作，指导一线办事人员切实做好技术进出口合同登记管理和服务。尽量采取在线方式受理合同登记申请，对于因合同文本过厚造成在线上传不便等实际情况，可酌情采取上传合同文本关键信息页电子文本进行变通处理，待疫情结束后对完整合同进行补充审核。鼓励为技术进出口经营者提供合同登记证书寄送服务。

三、配合做好与疫情防控相关的技术进出口工作

各有关单位要加强对本辖区内技术进出口重点企业和机构的联系和指导，对于涉及疫情防控及公共卫生安全的技术进出口业务要快速响应并提供全方位服务，尽最大可能协调解决可能出现的问题和困难，解决不了的要及时上报。

四、有关联系方式

商务部服贸司联系电话：010-65197167，65197443。

中国国际电子商务中心技术支持小组联系电话：010-67870108 转 3,65198436。

特此通知。

商务部办公厅

2020 年 2 月 3 日

上海市关于推进贸易高质量发展的实施意见

(沪委办发〔2020〕37号)

为深入贯彻落实《中共中央、国务院关于推进贸易高质量发展的指导意见》，为上海建设成为国内大循环的中心节点和国内国际双循环的战略链接提供重要支撑，到2022年，实现贸易结构更加优化、贸易功能更加完善、贸易效益显著提升、贸易实力进一步增强，货物贸易和服务贸易规模保持全国城市首位，贸易营商环境达到世界海运经济体前列水平，世界最大贸易口岸城市地位更加稳固，现就上海市推进贸易高质量发展提出如下实施意见。

一、强化产业、金融、航运和科技支撑，夯实贸易基础

（一）提升产业升级与贸易发展的联动效应。发挥新型基础设施建设的支撑作用和进口的促进作用，持续推进产业创新、工业强基、设计引领和技术改造焕新等重大专项。落实三大产业"上海方案"，聚焦集成电路、人工智能、生物医药创新突破，尽快形成出口能力。壮大新能源汽车、智能制造装备、高端医疗器械、船舶和海洋工程装备等战略性新兴产业，打造自主出口主导产业。加快汽车、钢铁、化工等重点产业的改造升级，提升出口优势。

（二）放大金融支持贸易发展的效能。支持金融机构为外贸企业提供跨境人民币贸易融资和再融资。进一步升级银税服务平台，为诚信纳税的贸易企业提供无抵押纯信用贷款。鼓励政策性银行联合商业银行开展转贷款业务，确保小微企业贷款利率保持在合理水平。扩大出口信用保险覆盖面，提高风险容忍度，缩减定损核赔时间。推广"信保＋担保"，对符合条件的中小外贸企业，由上海中小微企业政策性融资担保基金及其他政策性融资担保机构予以担保支持。

（三）建设高能级全球航运枢纽。加快小洋山北侧综合开发，推进铁路进外高桥港区，扩大河海直达和江海直达运输规模。研究在对等原则下，允许外籍国际航行船舶开展以洋山港为国际中转港的外贸集装箱沿海捎带业务。持续提升航空网络通达性，加强航空货运运力。支持开展航运融资、航运保险、航运结算、航材租赁、船舶交易和航运仲裁等高端航运服务，探索发展航运指数衍生品业务。完善邮轮运行保障体系，打造邮轮物资配送中心。

（四）突出科技创新的引领作用。加强原始创新和集成创新，吸引跨国公司设立研发中心。加快张江科学城等创新特色载体建设，集聚建设一批世界级创新平台。支持符合条件的企业申请高新技术企业和技术先进型服务企业认定。以支撑产业链创新和重大产品研发为目标，建设转化功能型平台，加强关键技术标准研制和技术标准体系建设。

二、培育综合竞争新优势，提升贸易能级

（五）集聚和培育一批高能级贸易主体。完善总部经济支持政策，支持打造全球供应链管理中

心,力争每年新增跨国公司地区总部超过40家。培育一批具有国际竞争力的本土跨国公司。设立上海中小企业海外中心,实施"专精特新"中小企业培育工程。

(六)引导企业优化国际市场布局。加强对区域全面经济伙伴关系协定等的研究,助力企业扩大与协定国的贸易规模。鼓励企业完善营销和服务保障支撑体系。支持企业建立多层次国际营销服务网络,实施"抱团出海"行动计划。支持企业通过参加海外展览开拓市场。引入一批贸易促进机构和进口商品国别(地区)馆。

(七)支持加工贸易创新发展。鼓励加工贸易企业对现有设施、工艺条件及生产服务等进行技术改造,提升传统优势产业的竞争力。支持加工贸易企业进入关键零部件和系统集成制造领域。推动加工贸易企业向产业链上下游延伸,拓展生产性服务业。

(八)提振产品质量和品牌影响力。开展重点领域产品质量攻关活动,支持企业参加国际质量认证,实施政府质量奖励制度,鼓励贸易企业加强质量管理和申报。提升品牌产品出口规模,培育一批出口品牌。支持企业境外注册商标,加大自主品牌推介力度。推进内外销产品"同线同标同质",鼓励出口企业与国内商贸流通企业对接,拓展国内市场。

三、坚持均衡协调可持续,转变贸易发展方式

(九)推进进口商品集散地建设。扩大关键装备、零部件和技术专利进口,对纳入《鼓励进口技术和产品目录》产品予以贴息支持。做精外高桥国家进口贸易促进创新示范区专业贸易平台。提升上海钻石交易所和中国(上海)宝玉石交易中心国际影响力。打造联动长三角、服务全国、辐射亚太的进口商品集散地。

(十)深化服务贸易创新发展试点工作。推动跨境运输、资金流动、自然人移动、信息流通等领域制度创新,加快建立与国际通行规则相接轨的政策和标准体系。完善市区两级协同、长三角地区联动、境内外互动的发展促进机制。完善技术贸易促进措施,探索技术进出口管理机制。鼓励和支持创建国家文化出口基地。鼓励建设中医药海外中心、国际合作基地和服务出口基地。

(十一)推动贸易与双向投资互动。支持跨国企业通过跨国并购、联合投资等方式,优化资源、品牌和营销渠道,构建畅通的国际物流运输体系、资金结算支付体系和海外服务网络。鼓励行业龙头企业新增或增资重点工贸一体制造业项目。支持有实力的企业承接"一带一路"沿线国家和地区互联互通和基础设施重大工程项目。

(十二)推进贸易与环境协调发展。提升飞机发动机等维修业务规模和水平,推动临港再制造产业示范基地建设。支持综合保税区内企业开展符合要求的全球维修业务。在确保风险可控的前提下,支持在海关特殊监管区外开展高技术、高附加值、符合环保要求的保税维修业务。

四、发展新型贸易业态,培育新的贸易动能

(十三)提升离岸和转口贸易规模。支持企业利用自由贸易账户开展离岸贸易,银行可按照国际通行规则为符合条件的企业提供跨境金融服务便利。支持银行为真实合法离岸贸易提供便利的外汇结算服务。大力发展国际贸易分拨业务。

(十四)促进跨境电子商务集约高效发展。深化国家级跨境电子商务综合试验区建设,增设一批市级示范园区。提升跨境电子商务公共服务平台服务能级,鼓励开展市场化经营项目。简化进口备

案要求,研究在上海国际邮件互换局设立跨境电子商务出口海关监管作业场地。简化小微跨境电子商务企业货物贸易外汇收支手续,符合条件的企业可免于办理"贸易外汇收支企业名录"登记。支持银行为跨境电子商务企业提供跨境人民币结算服务。

(十五)加快发展外贸综合服务业务。对通过外贸综合服务企业出口的各类生产企业实施分类分级管理,确保及时足额退税。允许外贸综合服务企业自主决定是否开立出口收入待核查账户,对于企业未开立出口收入待核查账户的,银行按照规定审核后的货物贸易收入可直接进入经常项目外汇账户或结汇。

(十六)打造数字贸易国际枢纽港。加快构建与数字贸易发展相适应的基础设施和制度环境。推动建设国际互联网数据专用通道。在虹桥商务区打造全球数字贸易港。在自贸试验区临港新片区试点开展数据跨境流动安全评估,探索建立数据跨境流动分类监管模式。建设一批数字服务出口基地。完善数字贸易交易促进平台服务功能,实现与海关跨境贸易大数据平台联通。

(十七)推动服务外包转型升级。加快承接服务外包能力建设,发展服务外包新模式。加快发展一批拥有自主知识产权的服务产品,推动服务外包与高端制造融合发展。开展生物医药研发便利研究,推进集成电路设计和检测保税监管试点。提升研发、设计和会计、法律等专业服务领域竞争力。

(十八)建设百亿级和千亿级大宗商品市场。聚焦金属、能源、化工、矿石等领域,打造若干面向国际的大宗商品现货交易平台。推动大宗商品人民币计价结算。支持上海期货交易所标准仓单交易平台以公司化模式运作,开展标准仓单、非标仓单、保税仓单与场外衍生品交易,推动大宗保税商品转让登记规范化。拓展现货衍生品及价格指数业务。探索通过自由贸易账户为大宗商品现货离岸交易和保税交割提供与国际规则相一致的跨境金融服务。推动在自贸试验区临港新片区设立国际油气交易平台。

五、统筹两个市场、用好两种资源,做强贸易平台

(十九)发挥自贸试验区及临港新片区制度创新试验田作用。在自贸试验区海关特殊监管区域探索通过电子账册、信用监管、风险监控等集成化制度安排,完善海关综合监管模式。提升自贸试验区及临港新片区融资租赁行业发展质量。支持依托自由贸易账户,为数字贸易等新型国际贸易业态提供高效便利金融服务。支持自贸试验区及临港新片区发展新型国际贸易。在不导致税基侵蚀和利润转移前提下,在自贸试验区临港新片区探索试点自由贸易账户的税收政策安排。支持在自贸试验区临港新片区开展国际航行船舶保税油供应业务。推进洋山特殊综合保税区后续封关验收。对境外进入洋山特殊综合保税区物理围网区域内的货物、物理围网区域内企业之间的货物交易和服务,争取实行特殊税收政策。扩大浦东国际机场航空中转集拼规模。推行更加便利的船舶登记制度。

(二十)推动长三角贸易协同发展。发挥长三角高端装备创新协同基地功能,建设高端装备创新协同体系。深化长三角海关高质量一体化改革,优化货物转运流程,推广集团保税监管模式。构建长三角风险评估协同机制,完善进出口商品质量安全风险预警与快速反应监管体系。设立长三角产业安全监测工作站。

(二十一)深化长江经济带贸易跨区域合作。对接沿江省市,完善大通关合作机制,加强监管互认、执法互助、信息互换。积极推进海关特殊监管区域整合优化,推动沿江各海关特殊监管区域间货物便捷流转。推进海铁联运和江海联运建设,建立健全长江港口江海联运体系。整合沿江港航资源,建设长江集装箱江海联运综合服务平台。

(二十二)推进"一带一路"贸易畅通合作。深化与"一带一路"沿线国家和地区的贸易合作,扩大机电产品和高新技术产品出口以及优质农产品、制成品和服务进口规模。鼓励在"一带一路"沿线国

家和地区设立企业海外代表处。发挥各类"走出去"平台作用,营造"走出去"生态圈。

（二十三）持续放大中国国际进口博览会溢出带动效应。优化外商投资促进机制,拓展上海外商投资促进服务平台功能。完善保税展示展销监管制度,支持虹桥进口商品保税展示交易中心和绿地全球商品贸易港保税展示展销业务发展。深化常年展示交易平台建设,做实展示、撮合、交易等服务。推动中国国际进口博览会汇兑和贸易收支便利化,扩大资金池业务参与主体。

（二十四）打造虹桥国际贸易中心新平台。培育壮大一批贸易集成商,引入一批商品直销平台、国别商品交易中心、专业贸易平台和跨境电商平台。打造国际组织和贸易促进机构集聚高地。推动设立国家进口贸易促进创新示范区。支持新虹桥国际医学中心建设医疗服务贸易平台。建设长三角电子商务中心。进一步推动全市进口交易服务平台集聚。

（二十五）建设具有全球影响力的国际会展之都。提升会展业国际化水平,吸引国际知名办展主体落户上海。进一步扩大国际性展览规模,入选世界百强商业性展览的数量保持全球前列。进一步宣传贯彻《上海市会展业条例》,完善会展业议事协调机制。扩大与国际行业组织合作,支持会展项目取得国际认证。支持会展企业提升数字化营销能力。

（二十六）深化各类外贸集聚区建设。优化国家外贸转型升级基地公共服务配套体系。深化国家进口贸易促进创新示范区建设,发挥促进进口、服务产业、提升消费的示范引领作用。探索允许综合保税区内企业进口专业设备开展软件测试。推动外高桥保税物流园区升级为综合保税区。

六、深化制度创新,营造法治化国际化便利化贸易环境

（二十七）健全贸易生态服务体系。构建国际化商事争议解决平台,完善多元商事纠纷解决机制。聚集一批国内外顶尖的专业咨询机构,强化人才和智力支撑。发挥行业组织、贸易促进机构和进出口公平贸易工作站作用。

（二十八）提升口岸开放和服务水平。争取浦东国际机场成为整车空运进口口岸。优化国际航行船舶进出口岸联合审批,落实国际航行船舶联合登临检查机制。开展上海港出口直装、进口直提作业模式试点。推进集装箱放箱、封志发放电子化、集约化。

（二十九）优化跨境贸易营商环境。全面推广进口货物"两步申报"通关模式,外高桥港区全面实施出口货物"提前申报、运抵验放"模式。继续发挥"疑难报关单专窗"作用,解答疑难单证问题。进一步压缩出口退税办理时间。

（三十）完善国际贸易"单一窗口"功能。深化中国(上海)国际贸易"单一窗口"与政务服务"一网通办"平台对接,丰富地方特色功能。聚焦进口医疗器械等行业,归集贸易全链条信息数据,便利金融机构开展贸易背景审核。拓展区块链应用试点,便利中国国际进口博览会保税展示交易监管服务。开展长三角国际贸易"单一窗口"合作共建,整合收费查询和办理功能,加强数据共享。

（三十一）打造国际贸易知识产权保护高地。推进知识产权地方立法,制定面向2035年的上海知识产权战略纲要,提高知识产权密集型商品出口比例。深化国家知识产权运营公共服务平台国际运营(上海)试点平台建设。加强知识产权风险预警和海外维权援助,深化知识产权仲裁调解。优化知识产权资助政策,引导企业加强商标和专利布局。强化进出口环节知识产权保护。

（三十二）推进贸易信用体系建设。完善部门信息共享机制,实施失信联合惩戒。对外贸企业在外汇结汇、税收缴交等环节出现的非主观故意又可整改的行为,按照规定不纳入出口货物贸易人民币结算重点监管企业名单。优化企业报关"容错机制",对企业主动披露的非主观原因造成的申报差错和违规行为,实施快速处置,依法从轻、减轻或者免予处罚。

七、加强组织实施，健全保障体系

（三十三）加强党的领导。加强党对推进贸易高质量发展工作的全面领导，把贸易高质量发展纳入上海国际贸易中心建设目标，上海市推进上海国际贸易中心建设领导小组（以下简称领导小组）办公室要发挥统筹协调作用，领导小组各成员单位和各有关单位要按照职责分工，密切配合，履行职责。

（三十四）完善法治保障。推动《上海市推进国际贸易中心建设条例》修订列入年度立法计划，做好《上海市外商投资条例》的宣传解读与推进实施工作。加强贸易政策合规工作。提升政策透明度，主动公开和发布涉企政策。

（三十五）加大政策支持力度。在符合世界贸易组织规则前提下，进一步优化财政资金使用结构、支持方式和使用效益，鼓励各区出台配套支持政策。推动金融机构、保险机构和股权投资机构等社会资金加大对外贸中小企业的支持力度。

（三十六）提升贸易风险防范和化解能力。强化对外贸易运行监测，完善外贸进出口调查监测系统。加强产业损害预警，提升产业国际竞争力。优化经贸摩擦案件应对，支持企业依法提起贸易救济调查，扩大贸易调整援助试点范围。

2020 年 11 月 5 日

上海市人民政府关于印发
《上海市全面深化服务贸易创新发展试点实施方案》的通知

(沪府规〔2020〕24号)

各区人民政府，市政府各委、办、局，各有关单位：

现将《上海市全面深化服务贸易创新发展试点实施方案》印发给你们，请认真按照执行。

上海市人民政府

2020年11月5日

上海市全面深化服务贸易创新发展试点实施方案

为贯彻落实《国务院关于同意全面深化服务贸易创新发展试点的批复》(国函〔2020〕111号)、《商务部关于印发全面深化服务贸易创新发展试点总体方案的通知》(商服贸发〔2020〕165号，以下简称"《总体方案》")要求，加快推进本市服务贸易改革开放，全面深化服务贸易创新发展试点，制定本实施方案。

一、总体要求

以习近平新时代中国特色社会主义思想为指导，全面贯彻党的十九大和十九届二中、三中、四中、五中全会精神，落实新发展理念，实施长三角一体化等国家战略，不断强化全球资源配置、科技创新策源、高端产业引领和开放枢纽门户"四大功能"，加快推进国际经济、金融、贸易、航运和科技创新"五个中心"建设。通过三年试点，推动服务贸易高水平开放，推进产业贸易深度融合，鼓励市场主体自主创新，完善区域布局，培育发展新动能，加快提升"上海服务"品牌国际竞争力，促进上海加快形成国内大循环中心节点和国内国际双循环战略链接的发展新格局。

二、试点任务

(一) 全面探索完善管理体制

1. 强化统筹协调机制。市推进上海国际贸易中心建设领导小组加强对全面深化服务贸易创新发展试点工作的领导协调,统筹推进服务业扩大开放、现代服务业发展和服务贸易高质量发展。加快建立服务贸易发展绩效综合评估体系与考核机制。

2. 推进"放管服"改革。按照《总体方案》要求,依据国家有关部委制定的政策保障措施,简化外资旅行社审批流程,实行企业承诺制,审批时限由现在的30个工作日缩短至15个工作日。探索国际通用的建筑工程设计咨询服务模式,建立建筑师负责制的常态化运行机制。探索国土空间规划资质管理工作。探索将外籍人员子女学校审批权从市级教育主管部门进一步下放。

3. 提高政务服务效能。完善上海国际贸易"单一窗口"服务贸易专区功能,建立有利于科学统计、完善政策、优化监管的信息共享机制。完善政务服务"一网通办"功能,推进涉外服务专窗建设,为外商投资企业、外国人提供便利化政务服务。

（二）全面探索扩大对外开放

4. 深化服务业对外开放先行先试。按照《总体方案》要求,依据国家有关部委制定的政策保障措施,优先航空公司开辟至共建"一带一路"航权开放国家国际航线的经营许可审批。争取境外已上市抗肿瘤新药在本市医疗机构先行定点使用。支持与境外机构合作开发跨境商业医疗保险产品。支持外国专利代理机构在本市设立常驻代表机构试点。争取允许外国机构在本市独立举办冠名"中国""中华""国家"等字样以外的涉外经济技术展。允许在本市设立的内地与港澳合伙联营律师事务所以本所名义聘用港澳和内地律师。将合格境内机构投资者主体资格范围扩大至境内外机构在上海设立的投资管理机构,包括证券公司、基金公司。进一步扩大合格境内机构投资者境外投资范围,允许合格境内机构投资者开展包括境外直接投资、证券投资和衍生品投资在内的各类境外投资业务。修订完善上海外商投资股权投资企业试点及合格境内有限合伙人试点相关办法,支持境外投资者通过外商投资股权投资企业（QFLP）形式投资境内创新型科技企业股权。

5. 推动自然人跨境执业。按照《总体方案》要求,依据国家有关部委制定的政策保障措施,推动自然人跨境执业举措。允许取得国际专业资质或具有特定国家和地区职业资格的金融、规划、航运等领域专业人才经备案后在本市提供服务,其境外从业经历可视同国内从业经历（有行业特殊要求的除外）。支持组织金融、电子信息、建筑规划等领域境外专业人才职称申报评审。允许取得永久居留资格的外籍人才领衔承担国家科技计划项目,担任本市新型研发机构法定代表人。支持开展符合条件的外国人在本市进行专利代理执业试点。探索放宽港澳专业人才执业资质,推行"一试三证"评价模式,即一次考试可获得国家职业资格认证、港澳认证、国际认证,在港澳从业经历可视同内地从业经历。允许在本市合法工作的港澳人员按照规定,申请参加相关专业技术类职业资格考试。

（三）全面探索提升便利化水平

6. 推进资金流动便利化。在中国（上海）自由贸易试验区临港新片区（以下简称"临港新片区"）探索建立本外币一体化账户体系,支持符合条件的跨国企业集团建立本外币合一资金池,在境内外成员之间集中开展本外币资金余缺调剂和归集业务。加速推进经常项目贸易外汇收支便利化试点业务。扩展自由贸易账户功能,探索外汇管理转型升级,提升临港新片区资金使用、汇兑效率,探索优化和改进跨境资金池管理。支持企业开展跨境融资,允许中国（上海）自由贸易试验区内符合条件的中小微高新技术企业在等值500万美元额度内自主借用外债。

7. 推进人员流动便利化。推进来华就医签证便利化政策,为境外人员旅游就医提供出入境和停居留便利。加快在临港新片区建设世界顶尖科学家社区,对外籍高层次人才实施更加便利的出入境和停居留政策措施,最大限度释放口岸电子签证政策红利。

8. 推进数据跨境安全有序流动。探索跨境数据流动分类监管模式,开展数据跨境传输安全管理试点。在临港新片区开展汽车产业、工业互联网、医疗研究(涉及人类遗传资源的除外)等领域数据跨境流动安全评估试点,推动建立数据保护能力认证、数据流通备份审查、跨境数据流动和交易风险评估等数据安全管理机制。探索参与数字规则国际合作,加大对数据的保护力度。试行允许符合条件的外资金融机构因集团化管理而涉及其在境内控股金融机构向境外报送有关数据,特别是涉及内部管理和风险控制类数据。根据国家有关部委规定,探索优化对科研机构访问国际学术前沿网站(自然科学类)的保障服务。

(四)全面探索创新发展模式

9. 推进长三角区域协同发展。探索建立沪苏浙皖服务贸易联盟,推进长三角服务行业标准与管理规则对接,合力推动长三角服务品牌"走出去"。培育长三角科创圈,持续推进上海闵行国家科技成果转移转化示范区建设,探索建立长三角技术市场一体化协同平台。推动长三角国家数字服务出口基地联动发展,建立数字服务出口合作机制。创建长三角大数据技术国家工程实验室,推进大数据中心项目建设,探索建立长三角数据流动机制。发挥长三角文艺发展联盟和文学发展联盟等作用,推动长三角区域艺术创作协调发展。探索推进长三角区域移民和出入境政策一体化,为外籍高端人才办理签证证件和永久居留提供便利。推行长三角区域外籍人才流动资质互认,研究推进外国人工作居留许可在长三角区域一体化地域范围互认,给予原工作地许可证注销过渡期。支持设立面向长三角招生的外籍人员子女学校。

10. 大力发展数字贸易。支持发展基于工业互联网的大数据采集、存储、处理、分析、挖掘和交易等跨境服务,以及网络视听、在线社交、数字支付等在线新经济跨境服务,认定和培育一批数字贸易重点企业。强化浦东软件园国家数字服务出口基地功能,加强对关键技术、平台安全、数据安全和个人隐私的综合监管,争取认定新一批国家级基地。推动特定功能区域建设国际互联网数据专用通道、国家新型互联网交换中心。统筹全市能源和用地指标,探索建立大型云计算数据中心。推动超大开放算力平台在浦东新区落户。健全数字经济领域的知识产权综合服务、跨境支付结算服务、数据共享服务等功能,建设数字贸易交易促进平台。探索数据服务采集、脱敏、应用、交易、监管等规则和标准,推动数据资产的商品化、证券化,探索形成大数据交易的新模式。

(五)全面探索重点领域转型升级

11. 健全跨境科技服务体系。完善技术进出口监测体系。对禁止类和限制类技术进出口进行科学管控,防范安全风险。支持关键技术进口,探索引进国际先进的集成电路、人工智能、生物医药、民用航空、碳排放、环保检验检测技术。大力发展离岸服务外包,支持在"一带一路"沿线国家和地区推广技术服务和标准。探索在浦东新区建立生物医药研发用特殊物品管理服务平台,在进口许可、风险管理等方面开展便利化试点。支持上海技术交易所发挥国家级技术交易市场功能,健全适应市场要素高效配置的技术权益交易制度体系。继续办好中国(上海)国际技术进出口交易会、浦江论坛等国家级品牌展览展示活动。

12. 拓宽跨境金融服务范围。全面提升金融科技在跨境业务中的应用水平,拓展金融科技应用场景。支持符合条件的保险机构开展外汇寿险业务,支持保险公司依托自由贸易账户开展保险跨境业务创新。支持符合条件的外资银行开展国债期货交易,更广泛地参与商品期货、标准仓单、标准仓单质押及场外衍生品业务等,获得银行间债券市场非金融企业债务融资工具主承销资格。支持率先建立人民币跨境贸易融资和再融资服务体系,为跨境贸易提供人民币融资服务。支持设立人民币跨境贸易融资支持平台。支持符合条件的内资和外资机构依法申请设立银行卡清算机构,参与国内人民币银行卡清算市场。

13. 提升跨境运输服务能级。完善并实施便捷高效的国际船舶登记制度,在跨境结算等方面提供与国际接轨的配套政策支持,简化登记条件,优化登记流程,推动船舶要素集聚。提升航运融资与保险、海事教育与研发、航运咨询与信息等服务能级。推动在上海扩大与相关国家的航权安排,并在双边航权允许的前提下,统筹上海航空枢纽新开、加密国际和地区航班。建设高效、绿色邮政快递跨境寄递通道平台,加快推动上海邮政快递国际枢纽中心建设。深化洋山特殊综合保税区、北外滩航运服务总部基地、虹桥临空经济示范区建设,建成一批航运公共服务平台。

14. 扩大文化旅游服务全球影响力。发挥上海在线新经济平台企业集聚的优势,支持优秀原创文化内容在沪首发。支持创建国家版权创新发展基地,提升国家对外文化贸易基地(上海)服务能级,举办授权展会,实施"千帆计划",服务数字文化内容走出去。加快上海国际艺术品保税服务中心建设,优化艺术品快速通关及保税仓储服务。推进国家文化出口基地(徐汇)建设,扩大文化服务出口,将"上海西岸"打造成为顶级艺术家和国际品牌全球首展首秀首发新地标。建设中国邮轮旅游发展示范区,深化吴淞口国际邮轮港功能。优化提升上海港国客中心服务能级。提升中医药服务质量,新推出20项中医药国际标准,先行先试治未病服务和完善相关收费制度,争取认定国家中医药服务出口基地。办好一批国际顶级赛事,推进杨浦区和徐汇区国家体育消费试点城市建设。支持更多国际高水平电竞比赛在沪举办。

(六)全面探索健全促进体系

15. 提升市场主体品牌影响力。加快认定和培育一批具有国际影响力的上海服务贸易品牌,鼓励自主品牌服务出口。建立上海服务品牌认证标准体系,支持企业打造有品牌效应的服务产品。鼓励服务贸易企业积极申报政府质量奖,树立服务贸易领域"上海标准",打响"上海服务"品牌。推动实施专业服务"跟随出海"战略,支持有较强竞争力的律师事务所、会计师事务所、咨询公司、争议解决机构等专业服务机构为对外投资项目提供专业服务。

16. 建立服务贸易国际合作网络。发挥市贸促会、上海国际商会双边工商合作机制的作用,用好中国国际进口博览会等重要平台,密切与经贸组织、友好城市的合作往来,加大国际合作交流力度。争取开展亚太地区主要经济体签发服务贸易项下的服务提供者(或服务提供商)证明书试点工作。完善本市服务贸易行业组织、促进机构功能,建设一批服务贸易境外促进中心,开展海外促进活动。优化国际商事争议解决机制,积极开展"一带一路"商事仲裁、调解等业务,打造面向全球的亚太仲裁中心。

17. 加大服务贸易国际交流力度。根据国家规定,落实各类双多边国际协定、谅解备忘录,推动《关于建立中英服务贸易工作组谅解备忘录》中上海与伦敦的服务贸易城际合作,深化金融、航运、贸易等领域合作交流。支持商务主管部门组织从事服务业扩大开放、服务贸易创新发展领域公务人员集中赴境外培训。

18. 提升服务贸易公共服务水平。围绕共性技术支撑、云服务、检验检测、认证认可、统计监测、信息共享、品牌建设推广、人才培养和引进、贸易促进、风险管理等功能,打造一批服务贸易公共服务平台。认定和培育一批服务贸易示范基地和示范项目。打造知识产权公共服务平台,加强公共服务资源供给,探索开展相关数据库建设,加快形成知识产权发展与保护制度框架。

（七）全面探索优化政策体系

19. 完善财政税收政策。优化本市服务贸易专项资金的支持方向和范围，每年更新《上海市服务贸易促进指导目录》，对符合条件的企业给予资金支持，并将支持范围扩展至数字贸易等新模式、新业态。加强与国家服务贸易创新发展引导基金的对接，支持设立市场化的服务贸易发展基金，带动社会资本支持服务贸易创新发展和新业态培育。优化跨境应税行为增值税零税率退税和增值税免税办税流程。在确保有效监管和执行相关税收政策的前提下，对"两头在外"的研发、检测等服务业态所需进口料件实行保税监管。探索对海关特殊监管区内外资医院开展研发业务所需、非用于销售或使用的进口医疗器材和耗材予以保税。

20. 优化金融服务供给。支持金融机构利用大数据、区块链等技术，提升金融服务效率，为服务贸易企业提供无担保信用融资、保单融资、应收账款质押融资、供应链融资等服务。支持知识产权证券化产品发展，健全知识产权评估体系，完善风险补偿机制，推广知识产权质押融资模式，加大知识产权保险产品开发和推广力度，进一步发挥保险的风险保障作用。加大出口信用保险对服务贸易的支持力度，深化"政银保"合作，依托"大数据＋担保＋银行""信保＋担保＋银行"等模式，扩大出口信用保险覆盖面，降低出口企业融资成本。推进开展数字人民币应用试点。

（八）全面探索健全运行监测和评估体系

21. 健全运行监测体系。健全服务贸易重点企业联系制度，加强对服务贸易各领域头部企业运行监测和趋势判断。加强与服务贸易相关智库的合作，积极研究数字贸易等新模式新业态，完善服务贸易统计监测、运行和分析体系。

22. 完善评估分析体系。加强与各类信息化交易平台的合作，探索建立系统集成、高效协同的政府部门信息共享和统计分析机制，完善基于国际收支平衡表的服务贸易评估体系，提升本市重点发展领域评估分析的准确性和科学性。

三、工作要求

各有关部门要积极与对口国家有关部委进行沟通，按照国家有关部委制定的政策保障措施，根据职责分工，制定工作计划，争取开放措施第一时间落地，并做好经验总结。各区要结合当地实际，探索出台相关政策，加大服务贸易支持力度。市推进上海国际贸易中心建设领导小组办公室要加强统筹协调、跟踪督促，确保试点任务落实。同时，要综合评估各有关部门、各区试点推进情况及成效，定期对阶段评估情况进行通报。重大事项及时请示和报告。

本实施方案自 2020 年 11 月 6 日起施行，在国家规定期限内完成试点任务。

上海市商务委员会等八部门关于印发《上海市推动服务外包加快转型升级的实施方案》的通知

(沪商服贸〔2020〕293号)

各区人民政府,各有关单位:

为落实《商务部等8部门关于推动服务外包加快转型升级的指导意见》(商服贸发〔2020〕12号),加快推动服务外包数字化、智能化、高端化、融合化转型升级,特制定《上海市推动服务外包加快转型升级的实施方案》,现印发给你们,请按照执行。

上海市商务委员会
上海市发展和改革委员会
上海市教育委员会
上海市经济和信息化委员会
上海市财政局
上海市人力资源和社会保障局
中华人民共和国上海海关
国家税务总局上海市税务局
2020年11月23日

上海市推动服务外包加快转型升级的实施方案

为落实《商务部等8部门关于推动服务外包加快转型升级的指导意见》(商服贸发〔2020〕12号),加快推动服务外包数字化、智能化、高端化、融合化转型升级,上海市商务委员会等八部门共同印发《上海市推动服务外包加快转型升级的实施方案》,主要内容如下:

一、发展目标

贯彻落实贸易高质量发展战略,以数字技术为支撑,加快推动服务外包数字化、智能化、高端化、融合化转型升级,推进离岸和在岸业务协调发展,积极完善功能,推动总部集聚,提升辐射长三角、服务全球的能力。到2025年,离岸服务外包业务规模达到120亿美元,离岸执行额超亿美元企业数超过20家,服务外包作为推动生产性服务出口、承接全球服务业转移重要渠道的地位进一步提升,成为打造"上海服务"品牌的重要方式和重要力量。到2035年,力争发展成为具有较强国际竞争力的服务外包接发包中心城市。

二、主要任务

（一）夯实数字化转型基础

1. 推动建设高质量的数字基础设施。提升新一代信息基础设施服务能级，加快构建面向全球数据服务的信息通信枢纽。推进互联网应用IPv6升级，提升信息通信网络承载能力。聚焦特定功能区域，推动建设国际互联网数据专用通道和新型互联网交换中心。统筹全市能耗指标、用地指标，对建设大型云计算数据中心给予保障。

2. 探索数据跨境安全有序流动的管理模式。推动在中国（上海）自由贸易试验区临港新片区等区域试点开展数据跨境流动的安全评估，建立数据保护能力认证、数据流通备份审查、跨境数据流通和交易风险评估等数据安全管理机制。探索跨境数据流动分类监管模式，开展数据跨境传输安全管理试点。

3. 加快发展新模式新业态。培育数字化制造外包平台，发展服务型制造等新业态，推动众包、云外包、平台分包等新模式，认定一批应用5G、云计算、大数据、人工智能、区块链等新技术的服务外包示范项目。

（二）推动重点领域发展

4. 支持信息技术外包发展。鼓励企业从提供项目化服务转向开发拥有自主知识产权的核心产品，支持有条件的企业从纯软件研发拓展至软硬件集成服务。扩大基础软件、应用型软件出口规模，拓展数字出版、网络视听、动漫游戏等数字内容出口，增强以信息技术平台为支撑的在线新经济服务出口能力。培育一批信息技术外包和制造业融合发展示范企业，加快提升高端芯片设计能力，推动集成电路相关领域的"设计＋制造"融合项目。将企业开展基础软件开发、集成电路设计、云计算、区块链等新一代信息技术研发和应用纳入本市科技计划支持范围，并争取国家科技专项支持。

5. 提升业务流程外包发展能级。积极吸引跨国公司共享服务中心落地，为全球客户提供财务、人力资源、市场营销、供应链等支持性服务。推动法律、会计、咨询、运输、广告等领域的业务流程外包企业和机构"跟随出海"，加快培育有国际影响力的服务品牌。支持检验检测认证机构合规开展服务外包业务。大力发展金融流程服务外包。

6. 大力发展生物医药研发外包。推动生物医药研发外包从单纯提供实验和筛选服务向具有知识产权的合作研发模式转型。鼓励发展创新药研发、抗病毒药物研发和基于基因检测的精准医疗等高端业务。鼓励生物医药研发外包企业与药企、科研机构合作，推动跨境生物医药协同研发项目落地。

7. 挖掘设计外包发展潜力。支持外资企业总部和科研院校设立创新设计中心，鼓励设计资源共享。推动发展船舶制造、民用航空、高端装备、时尚创意等领域的工业和艺术设计外包业务。认定和培育一批市级工业设计中心和工业设计企业，重点建设汽车、消费品等领域的国家级工业设计中心，提升制造业设计能力。争创国家级服务设计中心。

（三）加快培育市场主体

8. 加快重点企业培育。调整《上海市服务贸易促进指导目录》（以下简称《目录》）中的服务外包重点领域条目，对上年度离岸服务外包执行额达到《目录》培育标准的服务外包企业，按规定给予资金、融资等方面政策支持。积极培育树立服务外包行业质量标杆,支持在系统设计、人工智能设计、生态设计等方面开展标准化试点,增加标准供给,完善标准体系。

9. 加快转型升级承载区建设。发挥浦东软件园、陆家嘴金融城、紫竹高新区和临港软件园的集聚优势,推动数字技术和垂直领域的融合发展,加快建设数字服务出口基地。推动虹桥国际开放枢纽围绕跨境电商、数字会展和数字服务出口等领域,打造服务外包商业赋能中心,打造全球数字贸易港。支持市北高新园区培育8K+5G+云解决方案等创新项目,推动检验检测等业务集聚发展。推动创智天地加快培育云服务平台和数字内容企业。推进张江生物医药基地、上海国际医学园区和临港新片区"生命蓝湾"建设,加快形成多个核心区域优势互补的生物医药研发外包发展格局。

10. 打造公共服务平台。运用服务贸易专项资金,按规定支持服务外包公共服务平台,为企业提供共性技术支持、云服务、检验检测、知识产权等服务。进一步发挥中国服务外包研究中心等智库,上海服务外包企业协会、上海软件对外贸易联盟、上海市信息服务外包发展中心等行业协会和促进机构作用,推进服务外包前瞻研究、政策宣传和人才培训。

11. 推动释放服务外包需求。鼓励企业特别是国有企业购买供应链、呼叫中心、市场营销、金融后台、采购等专业服务。鼓励金融机构依法合规将非核心业务外包给专业服务供应商,加快打造金融服务生态圈。推动相关协会建设服务外包需求对接平台,为中小企业接包提供服务。在确保安全的前提下,不断拓宽政府购买服务领域。

12. 扩展全球服务网络。进一步拓展上海服务贸易全球促进联盟等促进机构的海外服务网络。鼓励向"一带一路"国家和地区的市场发包合作,支持"上海服务"品牌和标准"走出去",支持服务外包企业参加各类境内外专业性展会。鼓励服务外包企业在海外设立服务网点,提供贴近发包方的"近岸服务"。

(四) 大力推进人才建设

13. 大力培养引进中高端人才。在人才引进方面,完善以留学回国人员落户、海外人才居住证等为支撑的海外人才引进体系,并在公租房、出入境、永久居留和持证入学等方面给予便利。通过居住证积分、居转户和直接落户等梯度化政策,加大对复合型中高级人才的引进力度。在人才培养方面,支持服务外包企业高层次专业技术人才发展,在博士后培养、人才发展资金及上海领军人才培养等方面给予支持。推进服务外包企业培育首席质量官。鼓励符合条件的服务外包企业对重要技术人员和管理人员实施股权激励。

14. 鼓励大学生就业创业。优化各类资金支持方式,按相关资金管理办法,对服务外包企业招用高校毕业生,按规定给予社会保险补贴。对开展新入职员工岗前培训、入职后培训、高校毕业生就业创业见习和大学生实习等按规定给予补助。对"互联网+"大学生创新创业大赛等创业大赛中的获奖团队和项目在综合融资、天使基金资助、资助后创业服务等方面给予支持。加强委办局合作,鼓励高校为服务外包企业开设专场招聘会。

15. 深化产教融合。鼓励高校与企业开展合作,开展"订单式"培养试点。进一步完善社会化服务外包人才培养培训体系,支持建设服务外包培训基地。鼓励高等院校、职业院校、培训机构及企业内部开展服务外包人才培训,继续按规定对中高端人才培训等给予补贴。加快建设新工科,支持建设一批未来技术学院、现代产业学院。

(五) 提升政策和公共服务水平

16. 完善资金支持和税收优惠政策。统筹优化上海服务贸易发展专项资金的支持范围和支持方式。对认定为跨国公司地区总部、研发中心和民营企业总部的服务外包企业,在货品通关、人员出入境、外汇结算等方面给予政策支持。落实技术先进型服务企业的税收优惠政策、离岸服务外包业务增值税零税率和免税政策。

17. 加大金融支持力度。鼓励金融机构根据服务外包企业的特点开发信贷产品。发布服务外包重点项目目录,支持政策性银行对重点项目提供优惠利率贷款。按市场化原则充分发挥服务贸易创新发展引导基金作用,吸引创业投资、基金投资机构参与投资。通过科创板、创业板上市、新三板挂牌等方式,加大对服务外包新模式新业态的支持。

18. 创新出口信用保险产品。鼓励中国出口信用保险公司上海分公司开发与服务外包企业特点相适应的出口信用保险产品,按规定对符合条件的中小企业予以支持,帮助企业进一步拓展国际市场。

19. 拓展保税监管范围。根据相关部委部署,争取在本市率先开展"两头在外"的研发、设计、检测、维修等服务业态所需进口料件保税监管。

20. 优化海关监管模式。将服务外包有关事项纳入国际贸易"单一窗口"。加强对服务外包企业的信用培育,引导更多规范守法的服务外包企业成为海关经认证的经营者(AEO)企业。发挥跨部门联合共管机制作用,对纳入信用企业名录的企业采用"企业承诺+事中事后监管"的监管模式,探索免于提交境外风险评估材料。除禁止入境的以外,综合保税区内企业从境外进口且在区内用于生物医药研发的货物、物品,免于提交许可证,进口的消耗性材料根据实际研发耗用核销。

三、组织实施

各单位要提高政治站位,深刻认识新时期加快服务外包转型升级的重大意义,依托本市推进上海国际贸易中心建设领导小组的工作机制,按照职责分工,制订分步实施的工作计划,定期对工作推进情况进行总结,形成一批案例经验。各区政府要发挥主动性和积极性,加大对服务外包产业的政策支持力度。由市商务委负责每年开展各区服务外包综合评价工作,并向各区政府通报综合评价的整体情况。

市商务委关于积极支持服务贸易企业加快复工复产的通知

(沪商服贸〔2020〕81号)

各区商务主管部门,各有关单位:

为贯彻落实《商务部关于应对新冠肺炎疫情做好稳外贸稳外资促消费工作的通知》(商综发〔2020〕30号)和《商务部办公厅关于积极做好疫情应对支持服务外包企业发展工作的通知》(商办服贸函〔2020〕51号)的要求,根据市委市政府的相关工作部署,现就支持服务贸易企业加快复工复产通知如下:

一、支持新模式新业态发展

将数字贸易企业纳入上海市服务贸易发展专项资金支持范畴,支持数字贸易企业利用云计算、大数据、人工智能等前沿技术,结合在线经济、非接触式经济等应用场景特点,开发智能系统、线上工具以及远程办公类应用,提供数据分析、安全监测和人员管理等服务解决方案。

二、实行服务外包合同在线办理

鼓励服务外包企业在线办理服务外包合同登记事项。企业可通过电子邮件将合同文本、外汇凭证等申报材料的电子文本报送至各区商务主管部门。各区商务主管部门进行线上办理,并将申报材料通过电子邮件转报至市商务委。市商务委做好相关材料的归档备查。2019年下半年存量合同截止填报时间由2020年3月31日延后至2020年4月30日。

三、实行技术进出口合同无纸化登记

鼓励技术进出口企业在线办理自由类技术进出口合同登记业务。企业可通过在线方式上传合同登记申请书、合同文本、签约双方法律地位证明文件等电子文本。各区商务主管部门进行线上审核,打印技术进出口合同登记证,并为企业提供合同登记证书寄送服务。市商务委做好技术进出口合同无纸化登记流程的业务指导与事中事后监管。

四、做好专项资金支持工作

加快启动国家外经贸发展专项资金(服务贸易)和上海市服务贸易发展专项资金的申报工作,按照相关资金管理办法和申报指南规定的流程,尽快完成资金评审和拨付。在专项资金申报条件上,根据国家有关文件要求,取消原有离岸业务占比要求,上年度国际服务外包执行额不低于50万美元的企业,即可申请2020年度承接国际服务外包业务国家专项资金支持。在专项资金使用方向上,加大对服务贸易企业人才培训的支持力度,资金适当向新录用员工培训支持项目进行倾斜。对服务外包企业在2019年度发生的国际服务外包业务收入,以实际发生的收汇金额作为计算贴息的本金给予贴息支持。

五、联合金融机构开展精准帮扶

用好在沪金融机构的专属金融服务方案,针对国际运输、旅游服务、文化贸易和服务外包等受疫情影响较大的领域,梳理服务贸易重点企业名单,加快推动银企对接,帮助企业扩大短期授信额度。针对服务贸易企业轻资产的特点,推广知识产权质押融资模式,拓展企业融资渠道。

六、加强对稳外贸重点企业的股权融资支持

加强与国家服务贸易创新发展引导基金的对接,重点对短期内受疫情影响较大、但对稳外贸有突出贡献的服务贸易企业通过股权投资的方式给予融资支持。

七、发挥服务贸易"稳就业"功能

充分发挥服务贸易企业、特别是服务外包企业吸纳大学生就业多的优势,积极推动校企合作,支持企业使用网上招聘平台,加快解决就业市场供需对接问题。

八、做好服务贸易重点项目、重点区域的跟踪监测

密切跟踪在谈服务贸易项目,分类施策、一企一策,及时协调解决项目推进中的问题,全力推动项目落地。加强对各开发区、园区服务进出口情况的跟踪监测,做好信息报送。针对数字贸易、文化贸易、中医药服务等在疫情防控和复工复产中发挥重要作用的领域,推动认定一批服务贸易示范基地和示范项目。

各区商务主管部门要做好服务贸易相关事项在线办理工作,指导企业用好用足各类援企稳岗政策,优化企业服务机制,推动服务贸易各环节协同复工复产,努力完成服务贸易全年的发展任务。

上海市商务委员会
2020年4月7日

上海市商务委员会关于印发
《上海市服务贸易示范基地和
示范项目认定管理办法》的通知

(沪商规〔2020〕9号)

各区商务主管部门、各有关单位：

为加快推进本市服务贸易发展，不断优化服务贸易重点领域的空间布局，突出重点区域信息集聚、要素集聚和资源集聚的优势，推动贸易和产业的联动，根据《中共中央 国务院关于推进贸易高质量发展的指导意见》的相关要求，我委制订了《上海市服务贸易示范基地和示范项目认定管理办法》。现印发给你们，请按照执行。

上海市商务委员会
2020年10月9日

上海市服务贸易示范基地和
示范项目认定管理办法

第一章 总 则

第一条 为加快推进本市服务贸易发展，不断优化服务贸易重点领域的空间布局，突出重点区域信息集聚、要素集聚和资源集聚的优势，推动贸易和产业的联动，根据《中共中央 国务院关于推进贸易高质量发展的指导意见》的要求，制订本办法。

第二条 服务贸易示范基地（以下简称"示范基地"）是指在促进服务贸易一个或多个重点领域发展中具有领先优势的行政区域；或具有较好的服务贸易发展基础，并集聚一定数量服务贸易重点领域企业的开发区和园区。

服务贸易示范项目（以下简称"示范项目"）是指由市场化主体（包括：企业、事业单位和社会团体等），牵头运营的具有促进服务贸易发展效应的项目，主要包括：

（一）服务于服务贸易相关行业领域的公共服务平台（以下简称"平台项目"）；

（二）服务贸易相关行业领域中具有创新性及示范带动作用的项目（以下简称"创新项目"）；

（三）服务贸易相关行业领域中数字化转型和数字技术应用的代表性应用场景（以下简称"应用场景"）；

（四）建立服务贸易相关培训机制的培训项目（以下简称"培训项目"）。

第三条 上海市商务委员会负责服务贸易示范基地和示范项目的认定、指导、促进和组织年报工作。

区商务主管部门负责本行政区及区划内企业（单位）参与示范基地和示范项目的申报工作，并负责示范基地和示范项目的推进和监督工作，不断加大推进服务贸易发展的力度，重点发展具有自身特色的服务贸易重点领域，并提升该领域的服务贸易集聚度。

第二章　申报和认定

第四条　申报示范基地应具备以下条件：

（一）具有完整的发展规划和鲜明的产业特色及定位，具有明显的区位优势，纳入区域产业布局的整体规划和推进方案，在服务贸易方面有较强的竞争力，企业集聚度较高。

（二）具备一定的规模效应，具体要求如下：

1. 申报主体为行政区域的，需集聚20家及以上特定领域的服务贸易企业（注册在该区域），或实现区域内该特定领域的年度服务贸易进出口总额超过1亿美元；

2. 申报主体为开发区和园区：需集聚10家及以上特定领域的服务贸易企业（注册在该区域），或实现区域内该特定领域的年度服务贸易进出口总额超过500万美元。

（三）申报单位近三年内无违法违规行为。

第五条　申报示范项目应具备以下基本条件：

（一）项目属于已经开展的带有服务贸易带动效应的项目。

（二）项目是所在区重点推进的项目，符合所在区的发展导向，并获得相关政策支持。

（三）项目实施单位近三年内无违法违规行为，且申报项目不违反国家法律法规及政策。

不同类型项目还应同时符合以下条件：

（一）平台项目和创新项目

1. 项目的投资额应当不低于500万元人民币或年均运营费用不低于100万元人民币。

2. 对服务贸易特定领域的发展起到明显的推进作用，在带动服务贸易企业提升服务竞争力、打造"上海服务品牌"以及推进服务出口等方面有创新引领作用。

（二）应用场景

1. 项目的投资额应当不低于500万元人民币或年均运营费用不低于100万元人民币。

2. 对服务贸易特定领域的数字化转型具有示范作用，在推动数字技术在特定领域的应用、创新服务贸易模式和业态等方面有积极的作用。

（三）培训项目

1. 项目实施单位为具有培训资质的企业法人、社团法人、事业法人或民办非企业法人；

2. 项目实施单位应具备专职和兼职的服务贸易培训师资队伍，师资队伍中有各相关领域从业经验的人员比例不低于60%；

3. 项目实施单位上一年度服务贸易培训人次需达到以下四项指标中的一项：

（1）40课时（含）及以上的培训（以下简称"长期培训"）不低于500人次；

(2) 20课时(含)至40课时之间的培训(以下简称"中期培训")不低于1 000人次;

(3) 4课时(含)至20课时之间的培训(以下简称"短期培训")不低于3 000人次;

(4) 长期培训不低于250人次,同时中期与短期培训总数不低于1 500人次。

第六条 申报示范基地所需材料:

(一) 上海市服务贸易示范基地申请表(附件1);

(二) 上海市服务贸易示范基地集聚企业情况表(附件2),并附企业营业执照和收汇凭证;

(三) 示范基地整体发展规划、服务贸易发展现状和发展计划;

(四) 开发区和园区为主体申请的,请提供各区商务主管部门的同意申报文件;

(五) 其他相关材料。

第七条 申报示范项目所需材料:

(一) 上海市服务贸易示范项目申请表(附件3),并附相关投资金额和运营费用证明材料;

(二) 示范项目整体发展方案,以及在服务贸易集聚方面取得的成效的材料;

(三) 各区商务主管部门的同意申报文件;

(四) 无违反国家政策法律法规行为的承诺书;

(五) 其他相关材料。

第八条 申报示范基地和示范项目的单位应当在申报规定时间内将申报材料递交至所在区商务主管部门。区商务主管部门应在10个工作日内初审后报上海市商务委。

上海市商务委员会在收到申报材料后30个工作日内组织召开相关行业领域专家评审会,进行现场评审。评审结果在上海市商务委员会门户网站公示,公示期结束,无异议的由上海市商务委员会进行认定并授牌(有效期五年)。

对服务贸易示范基地可授予创新示范区、集聚区、功能区等称号,对示范项目可授予示范平台项目、创新项目、示范应用场景、示范培训机构等称号。

第三章 管理和报告

第九条 上海市商务委员会对示范基地和示范项目给予政策支持,并鼓励区商务主管部门给予配套支持,出台具有自身特色的促进政策。

示范基地和示范项目要做好工作计划和工作总结,建立服务贸易特定领域的发展趋势及动态监测体系,每年向上海市商务委员会提交建设情况报告和服务贸易统计数据。

上海市商务委员会负责管理国际服务贸易统计直报系统,由示范基地和示范项目运营单位组织相关企业直接报送统计数据至该系统。

第十条 上海市商务委员会依照本办法,组织示范基地和示范项目开展年度报告工作。

示范基地的年度报告应当包括以下内容:

(一) 示范基地内的服务贸易企业数量和发展情况;

(二) 示范基地实现服务贸易总额和增长情况;

(三) 示范基地服务贸易发展计划落实情况;

(四) 示范基地在服务贸易特定领域的示范带动效应;

(五) 其他情况。

示范项目的年度报告应当包括以下内容:

(一) 示范项目的运营情况;

（二）示范项目带来的服务贸易特定领域的集聚效应；

（三）示范项目对服务贸易特定领域发展的促进作用；

（四）其他情况。

第四章　附　则

第十一条　本办法由上海市商务委员会负责解释。

第十二条　本办法自 2020 年 10 月 13 日起施行，有效期五年。

附件：1. 上海市服务贸易示范基地申报表
　　　2. 上海市服务贸易示范基地集聚企业情况表
　　　3. 上海市服务贸易示范项目申报表

附件 1　上海市服务贸易示范基地申报表

一、基本情况

申报主体名称	
办公地址	
申报主体类别	□行政区域　　□开发区和园区（所属区：　　　）
基地类别	□运输　□旅游　□计算机和信息　□文化　□专业服务 □广告宣传　□金融保险　□医药　□教育　□体育　□商贸 □服务外包　□数字服务　□其他_____

负责人		电话	
联系人	姓名		职务	
	电话		手机	
	传真		E-mail	

二、基本统计数据

	上年度	本年度（预计）
1. 基地特色服务产业总收入（万元）		
2. 基地特色服务进出口总额（万美元）		
3. 基地特色服务出口总额（万美元）		
4. 基地特色服务业企业数（家）		
5. 基地特色服务贸易企业数（家）		
6. 从业人员（人）		

续　表

三、基地运营情况	
1. 基地特色服务贸易发展情况（包括服务贸易企业概况、特色、发展优势、产业环境等）	
2. 发展规划目标	
3. 参加境内外服务贸易推介活动情况	
4. 获得政策支持情况	
5. 已获得相关荣誉或已被授予称号	
四 申报意见	
示范基地申报单位意见	本单位申报的基地符合《上海市服务贸易示范基地和示范项目认定管理办法》规定的条件，提供的材料真实有效，且无违反国家政策法规的行为，申请认定为"上海市服务贸易示范基地"。 法人代表：（签字） 日期（单位盖章）：
五 审核意见	
区商务主管部门初审意见	日期（盖章）：
专家评审意见	专家签字： 日期：

附件 2　上海市服务贸易示范基地集聚企业情况表

序号	企业名称	企业性质	主营业务	上年度			本年度(预计)			企业人数	联系人	联系电话
				营业收入	服务进出口额	其中:服务出口额	营业收入	服务进出口额	其中:服务出口额			

单位：万元、万美元

填表说明：
1. 企业性质，包括：国有、集体、股份、私营、外资、合资、其他（请注明）；
2. 须附上企业的营业执照和收汇证明

附件 3　上海市服务贸易示范项目申报表

一、基本情况

申报单位						
注册地址					所在区	
项目类别	□平台项目		□创新项目	□应用场景		□培训机构
领域类别	□运输　　　　□旅游　　　　□计算机和信息　　　□文化　　　□专业服务 □广告宣传　　□金融保险　　□医药　　　　　　□教育　　　□体育　　　□商贸 □服务外包　　□数字服务　　□其他_____					

负　责　人				电　话	
联系人	姓　名			职　务	
	电　话			手　机	
	传　真			E-mail	

二、基本统计数据

	上年度	本年度(预计)
1. 项目的总投资额		
2. 项目的运营费用		
3. 项目服务的服务贸易企业数量		

续　表

4. 项目带来的服务贸易增加值		
5. 项目工作人员数量		

<table>
<tr><td colspan="2" align="center">三、项目运营情况</td></tr>
<tr><td>1. 项目推进服务贸易发展情况（包括项目的服务贸易企业集聚效应、推进服务贸易发展的作用等）</td><td></td></tr>
<tr><td>2. 发展规划目标</td><td></td></tr>
<tr><td>3. 与境外机构的合作情况</td><td></td></tr>
<tr><td>4. 获得政策支持情况</td><td></td></tr>
<tr><td>5. 已获得相关荣誉或已被授予称号</td><td></td></tr>
<tr><td colspan="2" align="center">四　申报意见</td></tr>
<tr><td>示范项目申报单位意见</td><td>本单位申报的项目符合《上海市服务贸易示范基地和示范项目认定管理办法》规定的条件，提供的材料真实有效，且无违反国家政策法规的行为，申请认定为"上海市服务贸易示范项目"。

法人代表：（签字）

日期（单位盖章）：</td></tr>
<tr><td colspan="2" align="center">五　审核意见</td></tr>
<tr><td>区商务主管部门初审意见</td><td>

日期（盖章）：</td></tr>
<tr><td>专家评审意见</td><td>专家签字：

日期：</td></tr>
</table>

上海市商务委员会办公室　　　　　　　　　　　2021 年 2 月 9 日印发

市商务委等九部门关于印发《上海市服务贸易促进指导目录(2020年版)》的通知

(沪商服贸〔2020〕314号)

各有关单位:

为推动本市传统服务贸易领域提升能级,促进新型服务贸易业态快速增长,现将《上海市服务贸易促进指导目录(2020年版)》印发给你们,请遵照执行。

上海市商务委员会
中共上海市委宣传部
上海市经济和信息化委员会
上海市司法局
上海市财政局
上海市人力资源和社会保障局
上海市卫生健康委员会
上海市文化和旅游局
上海市体育局
2020年12月4日

上海市服务贸易促进指导目录(2020年版)

一、运输服务贸易

促进目标:打造一批主营业务突出、经营模式先进、海外网络健全、具有较强竞争力、向综合物流业发展的大型国际货代企业。培育一批以专业化为基础,通过运营和操作模式的创新,扩展服务项目,专项业务优势明显的中小型国际货代企业。逐步在上海形成结构合理、业态多样、服务优质、竞争有序的国际货代市场。

培育重点:

1. 以综合服务为主的国际货代企业,上年度销售额人民币1亿元以上(含1亿元),其中国际货代及相关辅助业务收入所占比例不低于70%;具有一定规模的、独立操作功能的物流服务网点,国内外网点数不少于5个;

以专业化服务为主的国际货代企业,上年度销售额人民币5 000万元以上(含5 000万元),如:汽车物流、冷链物流、化工物流、多式联运以及为国际贸易服务的跨境电商物流等；

2. 具有较为稳定的长期合作知名客户，至少拥有1个协议服务期在一年以上的国内外知名客户；

3. 主要生产设施与设备具有一定先进性，须有自行开发或引进的国际物流（国际货代及其辅助业务）管理信息系统，能与主要客户实现电子数据交换、信息共享，并能实现对物流活动的实时跟踪、信息反馈。

二、旅游服务贸易

促进目标：建设结构合理、多种所有制经营协调发展、日益繁荣的旅游市场。建成一批实力雄厚、业务广泛的重点企业，鼓励其不断加强横向联合，积极向集团化、专业化、现代化方向发展，加快世界著名旅游城市建设。

培育重点：

（一）旅行社类

1. 上年度入境旅游营业额2 000万元人民币以上；

2. 上年度入境旅游外联和接待人数在5 000人次以上；

3. 上海市具有独立法人资格的A级旅行社；

4、获得市级旅游标准化示范单位称号的优先支持。

（二）住宿类

1. 上海市旅游星级酒店

（1）上年度营业额8 000万元人民币以上；

（2）上年度接待境外客人比例不低于30%；

（3）获得市级旅游标准化示范单位、绿色饭店称号的优先支持。

2. 经济型酒店连锁集团

（1）集团上年度营业额20亿元人民币以上；

（2）品牌直营或加盟的酒店400家以上；

（3）以品牌特许经营或品牌代理的模式在境外发展品牌直营店或加盟店，国外酒店上年度营业额50万美元以上。

三、电信、计算机和信息服务贸易

促进目标：打造一批技术应用开发水平高、科技创新能力强、服务和产品质量好、行业发展前景佳、影响力强的行业领先企业，夯实产业基础，扩大产业规模，推动国民经济和社会信息化建设，促进服务贸易发展。

培育重点：

（一）软件开发服务

1. 从事软件咨询、设计、开发、测试、培训、维护等服务及信息化规划、信息系统设计、信息技术管理咨询、信息系统工程监理、测试评估认证和信息技术培训服务的企业，具有国际市场开发和营销能力，且具备较高技术及服务水平，具有自主知识产权产品的企业和服务出口类企业优先；

2. 符合条件的软件企业，获得CMM(CMMI)或ISO系列等国际质量管理体系标准认证；

3. 上年度软件和信息技术出口额（以软件出口合同登记执行金额及银行收汇凭证为准，下同）200

万美元以上。

（二）数据处理服务和信息系统运行维护服务

1. 从事数据录入、数据处理、数据分析、数据整合、数据挖掘、数据管理、数据使用等服务、数据库管理与维护服务、数据中心基础环境以及各类信息系统的软硬件运行维护服务的企业，具有国际市场开发和营销能力，且具备较高技术及服务水平，具有自主知识产权产品的企业和服务出口类企业优先；

2. 符合条件的软件企业，获得有关系列质量管理体系标准认证；

3. 上年度软件和信息技术出口额 500 万美元以上。

（三）新兴互联网信息技术及内容服务（包括云计算服务）

1. 从事基于互联网的新兴电子商务与网络金融信息服务、网络文化娱乐服务、网络媒体服务、基础应用服务、其他软件信息服务类增值电信服务等，以及通过 IaaS、PaaS、SaaS 等模式的云计算服务平台提供平台软件设计开发和平台管理运营等服务的企业，具有国际市场开发和营销能力，且具备较高技术及服务水平，具有自主知识产权产品的企业和服务出口类企业优先；

2. 符合条件的软件企业，获得有关系列质量管理体系标准认证；

3. 上年度软件和信息技术出口额 100 万美元以上。

（四）数字内容软件及服务

1. 从事开发数字动漫、游戏设计制作等软件（主要包括数字出版软件、动漫游戏制作引擎软件和开发系统，以及图形制作处理软件、视频制作处理软件、音频制作处理软件等多媒体软件）以及相关服务、智能电视应用等的企业，具有国际市场开发和营销能力，且具备较高技术及服务水平，具有自主知识产权产品的企业和服务出口类企业优先；

2. 符合条件的软件企业，获得有关系列质量管理体系标准认证；

3. 上年度软件和信息技术出口额 200 万美元以上。

（五）集成电路研发设计及服务

1. 从事集成电路研发设计以及相关技术支持服务（包括为集成电路的开发运用提供测试平台服务）的企业，具有国际市场开发和营销能力，且具备较高技术及服务水平，具有自主知识产权产品的企业和服务出口类企业优先；

2. 符合条件的集成电路设计企业，获得有关系列质量管理体系标准认证；

3. 上年度集成电路研发设计及技术服务出口额 500 万美元以上。

四、工程承包与建筑服务贸易

促进目标："走出去"途径和方式不断创新，更好利用"两个市场、两种资源"，树立上海优质工程的品牌形象，支持企业对境外技术密集型、资本密集型工程项目进行总承包和总集成，进一步推进境外项目结构调整、市场结构调整和"走出去"主体队伍结构调整，推动"走出去"工作又好又快发展。

培育重点：

（一）中高端建筑和工程服务

1. 承接的境外工程项目是国家支持的大型工程项目；

2. 鼓励采用 BOT、PPP 等模式承接境外工程项目；

3. 近两年内没有发生重大工程质量事故和较大事故以上的生产安全事故；

4. 按时申报商务部对外承包工程业务统计；

5. 上年度承接境外工程单个项目新签合同额达 1 亿美元以上；

6. 带动具有世界先进水平的国产成套机电产品出口的项目优先,带动项目换资源或资源回运的项目优先;

7、按时足额缴纳对外劳务合作备用金。

(二) 工程设计

1. 拥有专利和专有技术;

2. 以设计为龙头带动项目总承包;

3. 具有熟悉国际化执业标准和比较优势的专业服务人才;

4. 具有创新本土化和国际市场开发潜力,在同行业研发能力成绩突出;

5. 已实施具有国际影响力的成功案例,在业内具有较高知名度;

6. 按时申报商务部对外承包工程业务统计;

7. 上年度承接境外工程单个项目新签合同额 3 000 万美元以上;

8、按时足额缴纳对外劳务合作备用金。

五、专业服务贸易

(一) 咨询、会计、法律、人力资源专业服务

促进目标:扩大专业服务业对外开放,提高专业服务水平,提升专业服务质量,通过政策引导扶持,逐步培育管理咨询、会计、法律、人力资源等重点专业服务领域的比较优势。支持本土专业服务企业扩大跨境服务,推动专业服务企业参与有关中国企业海外投资的专业服务工作,培育一批具有全球影响力的专业服务品牌。

培育重点:

1. 咨询服务

(1) 实到注册资本金 50 万元人民币以上;

(2) 专业服务业务上年度营业额 350 万元人民币以上,出口额 5 万美元以上。

2. 会计服务

(1) 取得市财政局颁发的会计师事务所(分所)执业许可;

(2) 专业服务业务上年度营业额 500 万元人民币以上,出口额 3 万美元以上。

3. 法律服务

(1) 取得市司法局颁发的律师事务所执业许可证;

(2) 净资产 30 万元人民币以上;专业服务业务上年度营业额 3 000 万元人民币以上,出口额 20 万美元以上。

4. 人力资源服务

(1) 取得本市人力资源和社会保障部门颁发的人力资源服务许可证;

(2) 企业上年度无亏损情况;

(3) 专业服务业务上年度营业额 2 000 万元人民币以上,出口额 5 万美元以上。

(二) 会展服务

促进目标:努力将上海打造成为国际会展之都,通过扶持、引进、合作等方式打造一批国际化水

平较高的专业办展企业和会展项目;支持办展企业积极引进国内外品牌展会,培育一批符合国家产业导向的专业精品展;积极推动企业海外办展,培育一批具有核心竞争力的中小型国际专业展会;大力推进网上会展业发展,打造全国领先、功能齐全、服务水平一流的网上会展平台。

培育重点:

1. 展览主(承)办

(1) 展览会业务近三年内年营业额3 000万元人民币以上,其中年外汇收入50万美元以上;

(2) 连续举办同一主题展览会五届以上,且该展览会已被行业协会认定为上海市国际展览会品牌展,并具有国内行业代表性,且专业性强的项目;

(3) 举办的国际展览会境外参展商占参展商总数的20%以上,或境外观众总数占比不低于10%。

2. 会议主(承)办

(1) 会议业务近三年内年营业额800万元人民币以上,其中年外汇收入10万美元以上;

(2) 每年度举办单项国际性会议规模在300人以上或至境外办会1次以上;每年度举办国际性会议3次以上;

(3) 连续举办同一主题国际性会议3届以上,且该国际性会议具有发展潜力。

3. 展示工程

(1) 近三年内年营业额1 000万元人民币以上,年外汇收入10万美元以上;

(2) 每年度独立承办2个以上展览会主场,或净面积200平方米以上特装展位,或1个以上展示厅、博物馆的设计制作工作;

(3) 完成项目的创意设计为原创,且连续两届获得市行业协会授予的优秀展台项目,或被当地政府主管部门授予优秀博物馆、展示厅、陈列室等项目。

4. 会展场馆

近三年内年营业额在4 000万元人民币以上,外汇收入60万美元以上。

六、文化服务贸易

促进目标:以建设社会主义国际文化大都市为目标,逐步培养一批具备较强国际市场竞争力、守法经营、信誉良好的文化出口重点企业,打造一批弘扬中华民族优秀传统文化、维护国家统一和民族团结、发展中国同世界各国人民友谊、具有比较优势和鲜明民族特色的文化出口重点项目。

培育重点:

(一) 新闻出版类

1. 出版物输出

(1) 传统出版物上年度出口额30万美元以上,或版权输出3万美元以上,或版权输出种类达到20种;

(2) 具有国际市场开发和营销能力,产品体现中华文化特色。

2. 印刷服务

(1) 上年度出口额80万美元以上;

(2) 独立设计能力较强,印刷技术水平居世界前列;

(3) 有成熟的国际合作渠道。

(二) 文广影视类

1. 电影电视

(1) 上年度出口额40万美元以上;

（2）具有良好发展潜质，在提升影视文化产品的生产、发行、播映和后产品开发能力等方面成绩突出；

（3）积极与国外广播影视机构合作，拥有较为成熟的境外销售网络，境外宣传和推广活动效果突出。

2. 演艺及相关服务

（1）上年度出口额5万美元以上，或在海外高端主流演出市场产生巨大影响力的；

（2）体现中华文化特色，拥有自主知识产权，具有较高的艺术水平和国际市场开发前景。

（三）综合服务类

1. 游戏动漫

（1）上年度出口额30万美元以上，或版权输出金额10万美元以上，或游戏动漫衍生产品出口额100万美元以上；

（2）拥有自主知识产权的原创游戏动漫形象和内容，或核心技术。

2. 境外文化机构的新设、并购和合作

（1）在境外通过新设、收购、合作等方式，成功在境外投资设立分支机构，或成功设立演出剧场、产业园区等实体项目，或依托互联网技术成功在海外市场建立营运服务平台，经营良好；

（2）境外分支机构上年度营业额30万美元以上。

3. 工艺美术品、创意设计服务

（1）具有显著民族特色的工艺品或属于经认定的国家级非物质文化遗产上年度出口额80万美元以上，或创意设计服务上年度出口额30万美元以上；

（2）拥有自主知识产权，体现较高的文化附加值；

（3）保持较高的研发设计、品牌建设投入，具有持续创新和国际营销能力。

4. 文化贸易集聚服务

（1）集聚文化贸易企业50家以上；

（2）每年组织文化企业参加2次以上境外知名国际文化交易类展览推介活动（单次组织参会在5家企业以上）；

（3）搭建公共服务平台，帮助文化企业拓展国际市场。

七、医药卫生服务

促进目标：培育一批在高端医疗、康复医疗、老年医疗护理，中医药保健、教育培训、科研、产业、文化、旅游和中介等方面稳定持续开展服务贸易工作，具有较好工作基础，条件完备、特色突出、具备较强国际市场竞争力的服务贸易企业（机构）。引导企业（机构）积极探索，创新服务模式、拓展海外营销渠道，打造具有国际影响力的医疗服务品牌，贯彻落实《上海市人民政府关于推进本市健康服务业高质量发展　加快建设一流医学中心城市的若干意见》（沪府发〔2018〕25号），为上海健康服务业发展做出贡献。

培育重点：

1. 具有相对稳定的业务渠道和需求市场，已与境外相关机构、国际组织或企业签署一年期以上合作协议；

2. 或与国际接轨，具有特色专科和品牌的，年服务境外人士1万人次以上且营业额1000万元以上的社会办医疗机构。

3. 或近三年内稳定持续开展中医药服务贸易工作,提供中医药保健、教育培训、科研、产业、文化、旅游等综合服务,已有出口渠道或海外基地,形成较为稳定服务收入,具有独立法人资格;

4、或在中医药服务标准化、宣传中医药文化、培养中医国际服务人才和海外市场拓展等方面有突出贡献。

八、体育服务贸易

促进目标:结合上海市打造世界一流国际体育赛事之都、国内外重要体育资源配置中心的发展定位,支持与国际体育赛事旅游等服务贸易相关市场主体发展,引导本土市场加大对国际知名体育专业公司、国际优质体育知识产权等的吸引力。通过拓宽体育服务贸易领域,扩大体育服务贸易规模,逐步培育起门类多样、健康有序的体育服务贸易市场,促进上海著名体育城市建设目标的实现。

培育重点:

(一)体育赛事

1. 引进赛事

(1)截至上年度已完成一项或多项国际知名体育赛事引进并进行运营管理的机构或企业;

(2)单项国际赛事交易额50万美元以上或运动员奖金设置20万美元以上;

(3)吸引海外观众1 000人次;

(4)单项赛事营业额500万元人民币以上。

2. 自主赛事

(1)截至上年度已完成举办一项或多项自主培育的、拥有独立知识产权的国际性赛事并进行运营管理的机构或企业;

(2)吸引海外观众或参赛者1 000人次;

(3)单项赛事营业额500万元人民币以上。

(二)体育中介

1. 职业体育经纪

(1)上年度在国际转会市场上有转会交易的职业体育俱乐部或机构;

(2)上年度涉及国际球员转会、海外教练员引进资金发生额75万美元以上;

(3)上年度涉及海外体能或医疗康复团队引进资金发生额50万美元以上。

2. 体育专业咨询

(1)上年度在国际咨询市场有体育咨询专业服务的机构或企业;

(2)实到注册资本金50万元人民币以上;

(3)体育专业服务上年度营业额300万元人民币以上,出口额5万美元以上。

(三)体育知识产权服务

1. 体育赛事版权

(1)以国际优质体育赛事版权为投资标的的机构或企业;

(2)单笔赛事版权交易额200万美元以上。

2. 体育无形资产

(1)上年度从事国内国际优质体育组织、体育场馆、体育赛事、体育活动名称与标志等无形资产的开发与交易的机构或企业;

(2)实到注册资本金50万元人民币以上;

(3) 上年度营业额 300 万元人民币以上。

九、服务外包

促进目标：大力发展应用先进数字技术的软件研发和开发服务、集成电路和电子电路设计、测试服务以及信息系统运营和维护服务，提升交付一体化数字解决方案的能力。大力发展基于数字技术的共享中心服务以及多语种呼叫中心服务，支持数字化技术在垂直行业的应用，通过释放各行业的外包需求加快推进国民经济和社会数字化建设。大力发展医药和生物技术研发外包、动漫及网游设计研发外包、管理咨询服务外包、工业设计外包、检验检测外包以及法律流程外包等领域。打造一批技术水平高、创新能力强、服务质量好、行业发展前景佳、影响力强的服务外包领先企业。

培育重点：

（一）信息技术服务外包（ITO）

1. 从事信息技术外包的企业，上年度提供国际服务外包业务额不低于 50 万美元；

2. 具有较高的市场竞争力和服务能力，与服务外包发包商签订提供中长期服务外包业务合同（1 年以上）；

3. 商务部服务外包企业重点培育标准为上年度信息技术外包出口额 1 000 万美元以上；上海市服务外包企业重点培育标准为上年度信息技术外包出口额 500 万美元以上；区服务外包企业重点培育标准为上年度信息技术外包出口额 100 万美元以上；

4. 企业大专及以上学历员工占员工总数的 50% 以上，对促进就业有较大贡献。

（二）业务流程服务外包（BPO）

1. 从事业务流程服务外包的企业，上年度提供国际服务外包业务额不低于 50 万美元；

2. 具有较高的市场竞争力和服务能力，与服务外包发包商签订提供中长期服务外包业务合同（1 年以上）；

3. 商务部服务外包企业重点培育标准为上年度业务流程外包出口额 500 万美元以上；上海市服务外包企业重点培育标准为上年度业务流程外包出口额 300 万美元以上；区服务外包企业重点培育标准为上年度业务流程外包出口额 50 万美元以上；

4. 企业大专及以上学历员工占员工总数的 50% 以上，对促进大学生就业有较大贡献。

（三）知识流程服务外包（KPO）

1. 从事知识流程服务外包的企业，上年度提供国际服务外包业务额不低于 50 万美元；

2. 具有较高的市场竞争力和服务能力，与服务外包发包商签订中提供长期服务外包业务合同（1 年以上）；

3. 商务部服务外包企业重点培育标准为上年度知识流程外包出口额 500 万美元以上；上海市服务外包企业重点培育标准为上年度知识流程外包出口额 200 万美元以上；区服务外包企业重点培育标准为上年度知识流程外包出口额 50 万美元以上；

4. 企业大专及以上学历员工占员工总数的 50% 以上，对促进大学生就业有较大贡献。

十、数字贸易

促进目标：围绕打造"数字贸易国际枢纽港"，加快推动形成良好的市场主体培育生态环境。扶持和激活数字阅读、网络视听、动漫网游等领域的一批原创内容 IP。聚焦云服务、大数据、物联网、人工智能等领域,重点支持实施一批高端化、国际化和规模化的数字服务重大项目。加快培育一批数字贸易领域成长性好、增长潜力大的独角兽企业。

培育重点:

(一)云服务

1. 从事软件即服务、平台即服务、基础设施即服务等领域跨境业务的企业优先;

2. 上年度服务出口额 100 万美元以上;

3. 在海外设有数据中心。

(二)数字内容

1. 从事动漫游戏、数字演艺、网络视听、数字阅读、电子竞技、搜索引擎、社交媒体等领域跨境业务的企业优先;

2. 上年度服务出口额 30 万美元以上;

3. 拥有一个及以上原创内容 IP;

4. 在海外设有数字内容服务平台或分支机构。

(三)数字服务

1. 提供运输、旅游、专业服务、文化创意、医疗、金融、制造业、建筑业、农业等行业数字化解决方案的跨境服务企业优先;

2. 上年度服务出口额 100 万美元以上;

3. 拥有一个及以上的数字技术应用核心产品;

4. 在海外设有分支机构,具有境外交付能力。

十一、服务贸易示范基地

促进目标:根据《中共中央 国务院关于推进贸易高质量发展的指导意见》和《全面深化服务贸易创新发展试点总体方案》的要求,培育一批具有较好服务贸易发展基础,并集聚一定数量服务贸易重点领域企业的开发区和园区,不断优化服务贸易重点领域的空间布局,突出重点区域信息集聚、要素集聚和资源集聚的优势,加强贸易和产业的联动发展。

培育重点:

(一)具有完整的发展规划和鲜明的产业特色及定位,具有明显的区位优势,纳入区域产业布局的整体规划和推进方案,在服务贸易方面有较强的竞争力,企业集聚度较高;

(二)集聚 20 家及以上特定领域的服务贸易企业,或实现区域内该特定领域的年度服务贸易进出口总额超过 1 亿美元的行政区域;

(三)集聚 10 家及以上特定领域的服务贸易企业,或实现该领域的服务贸易进出口总额超过 500 万美元的开发区和园区。

第四部分

数据表组

表1　1980—2019年全球服务贸易进出口额

（单位：亿美元）

年份	进出口				出口				进口			
	总额	运输	旅游	其他	总额	运输	旅游	其他	总额	运输	旅游	其他
1980	7 675	3 022	2 117	2 536	3 650	1 344	1 035	1 271	4 025	1 678	1 082	1 265
1981	7 919	3 132	2 086	2 701	3 740	1 370	1 039	1 331	4 179	1 762	1 047	1 370
1982	7 674	2 908	2 019	2 747	3 646	1 278	1 012	1 356	4 028	1 630	1 007	1 391
1983	7 374	2 738	1 974	2 662	3 544	1 207	1 006	1 331	3 830	1 531	968	1 331
1984	7 619	2 778	2 170	2 671	3 656	1 227	1 099	1 330	3 963	1 551	1 071	1 341
1985	7 827	2 760	2 284	2 783	3 816	1 247	1 158	1 411	4 011	1 513	1 126	1 372
1986	9 059	2 923	2 809	3 327	4 479	1 332	1 430	1 717	4 580	1 591	1 379	1 610
1987	10 753	3 386	3 467	3 900	5 314	1 541	1 757	2 016	5 439	1 845	1 710	1 884
1988	12 259	3 891	4 057	4 311	6 003	1 783	2 028	2 192	6 256	2 108	2 029	2 119
1989	13 420	4 241	4 397	4 782	6 565	1 930	2 207	2 428	6 855	2 311	2 190	2 354
1990	16 011	4 861	5 292	5 858	7 805	2 233	2 648	2 924	8 206	2 628	2 644	2 934
1991	16 655	4 880	5 481	6 294	8 245	2 287	2 764	3 194	8 410	2 593	2 717	3 100
1992	18 709	5 321	6 332	7 056	9 238	2 440	3 188	3 610	9 471	2 881	3 144	3 446
1993	19 008	5 314	6 321	7 373	9 413	2 435	3 230	3 748	9 595	2 879	3 091	3 625
1994	20 771	5 813	6 870	8 088	10 333	2 658	3 511	4 164	10 438	3 155	3 359	3 924
1995	23 864	6 664	7 905	9 295	11 849	3 037	4 077	4 735	12 015	3 627	3 828	4 560
1996	25 406	6 764	8 420	10 222	12 709	3 101	4 386	5 222	12 697	3 663	4 034	5 000
1997	26 259	6 901	8 469	10 889	13 204	3 174	4 414	5 616	13 055	3 727	4 055	5 273
1998	26 853	6 824	8 533	11 496	13 504	3 143	4 434	5 927	13 349	3 681	4 099	5 569
1999	27 940	7 030	8 859	12 051	14 056	3 253	4 593	6 210	13 884	3 777	4 266	5 841
2000	29 718	7 683	9 197	12 838	14 922	3 485	4 778	6 659	14 796	4 198	4 419	6 179
2001	29 888	7 565	9 000	13 323	14 946	3 450	4 668	6 828	14 942	4 115	4 332	6 495
2002	31 808	7 776	9 463	14 569	16 014	3 605	4 889	7 520	15 794	4 171	4 574	7 049
2003	36 363	8 898	10 454	17 011	18 340	4 089	5 371	8 880	18 023	4 809	5 083	8 131
2004	42 123	10 955	11 284	19 884	21 795	5 056	6 339	10 400	20 328	5 899	4 945	9 484
2005	47 580	12 268	13 453	21 859	23 967	5 632	6 977	11 358	23 613	6 636	6 476	10 501
2006	53 302	13 722	14 292	25 288	27 107	6 259	7 371	13 477	26 195	7 463	6 921	11 811
2007	63 161	16 123	16 438	30 600	32 570	7 420	8 620	16 530	30 591	8 703	7 818	14 070

续 表

年份	进 出 口				出 口				进 口			
	总额	运输	旅游	其他	总额	运输	旅游	其他	总额	运输	旅游	其他
2008	72 003	19 094	17 977	34 932	37 313	8 727	9 472	19 114	34 690	10 367	8 505	15 818
2009	64 257	15 305	16 343	32 609	33 116	7 035	8 543	17 538	31 141	8 270	7 800	15 071
2010	71 790	17 430	17 860	36 500	36 640	7 830	9 360	19 450	35 150	9 600	8 500	17 050
2011	80 750	19 600	20 150	41 000	41 650	8 600	10 650	22 400	39 100	11 000	9 500	18 600
2012	84 500	20 350	21 050	43 100	43 450	8 900	11 100	23 450	41 050	11 450	9 950	19 650
2013	89 400	20 650	22 450	46 300	46 200	9 000	11 750	25 450	43 200	11 650	10 700	20 850
2014	97 250	21 800	24 050	51 400	49 400	9 550	12 400	27 450	47 850	12 250	11 650	23 950
2015	93 650	19 650	24 450	49 550	47 500	8 750	12 300	26 450	46 150	10 900	12 150	23 100
2016	92 263	18 772	24 040	49 451	46 417	8 526	12 055	25 836	45 846	10 246	11 985	23 615
2017	100 476	20 343	25 973	54 160	50 956	9 315	13 095	28 546	49 520	11 028	12 878	25 614
2018	109 006	22 318	28 409	58 279	55 587	10 166	14 365	31 056	53 419	12 152	14 044	27 223
2019	117 962	22 360	28 320	63 370	60 656	10 290	14 420	33 580	57 306	12 070	13 900	29 790

数据来源：WTO国际贸易统计数据库。

表2　1982—2019年中国服务贸易进出口额

年份	中国出口额（亿美元）	中国出口占世界比重(%)	中国进口额（亿美元）	中国进口占世界比重(%)	中国进出口额（亿美元）	中国进出口占世界比重(%)
1982	25	0.7	19	0.5	44	0.6
1983	25	0.7	18	0.5	43	0.6
1984	28	0.8	26	0.7	54	0.7
1985	29	0.8	23	0.6	52	0.7
1986	36	0.8	20	0.4	56	0.6
1987	42	0.8	23	0.4	65	0.6
1988	47	0.8	33	0.5	80	0.7
1989	45	0.7	36	0.5	81	0.6
1990	57	0.7	41	0.5	98	0.6
1991	69	0.8	39	0.5	108	0.6
1992	91	1	92	1	183	1
1993	110	1.2	116	1.2	226	1.2
1994	164	1.6	158	1.5	322	1.6
1995	184	1.6	246	2.1	430	1.8
1996	206	1.6	224	1.8	430	1.7
1997	245	1.9	277	2.1	522	2
1998	239	1.8	265	2	504	1.9
1999	262	1.9	310	2.2	572	2
2000	301	2	359	2.4	660	2.2
2001	329	2.2	390	2.6	719	2.4
2002	394	2.5	461	2.9	855	2.7
2003	464	2.5	549	3	1 013	2.8
2004	621	2.8	716	3.4	1 337	3.1
2005	739	3.1	832	3.5	1 571	3.3
2006	914	3.4	1 003	3.7	1 917	3.6
2007	1 216	3.7	1 293	4.2	2 509	3.9
2008	1 465	3.9	1 580	4.5	3 045	4.2
2009	1 286	3.9	1 581	5.1	2 867	4.5

续表

年份	中国出口额(亿美元)	中国出口占世界比重(%)	中国进口额(亿美元)	中国进口占世界比重(%)	中国进出口额(亿美元)	中国进出口占世界比重(%)
2010	1 702	4.6	1 922	5.5	3 624	5.1
2011	1 821	4.4	2 370	6	4 191	5.2
2012	1 905	4.4	2 801	6.7	4 706	5.6
2013	2 106	4.4	3 291	7.6	5 397	6
2014	2 222	4.6	3 821	8.1	6 043	6.3
2015	2 850	6	4 660	10.1	7 510	8
2016	2 073	4.31	4 498	9.58	6 571	7.12
2017	2 281	4.32	4 676	9.21	6 957	6.72
2018	2 651	4.59	5 206	9.49	7 857	6.98
2019	2 817	4.64	4 970	8.67	7 787	6.6

数据来源：WTO国际贸易统计数据库。

附录

2004—2019年蓝皮书目录

《2004上海国际服务贸易发展研究报告集》目录

第一部分　总报告
上海国际服务贸易发展研究总报告

第二部分　统计报告
分报告一：国际服务贸易的概念和统计指标体系研究分
分报告二：上海国际服务贸易(BOP)统计分析报告
分报告三：上海国际服务贸易(FATS)统计分析报告

第三部分　行业分报告
分报告四：上海运输国际服务贸易发展研究报告
分报告五：上海旅游国际服务贸易发展研究报告
分报告六：上海国际工程承包及劳务输出发展研究报告
分报告七：上海文化广电领域国际服务贸易发展研究报告
分报告八：上海国际教育服务贸易发展研究报告
分报告九：上海金融国际服务贸易发展研究报告
分报告十：上海保险国际服务贸易发展研究报告
分报告十一：上海体育国际服务贸易发展研究报告

《2005 上海国际服务贸易发展研究报告集》目录

第一部分 总报告

上海国际服务贸易发展研究总报告

第二部分 专题研究

分报告一：上海发展国际服务贸易的影响因素分析
分报告二：服务贸易发展的国际比较研究
分报告三：我国入世过渡期承诺对上海国际服务贸易发展的影响
分报告四：发展服务外包，促进上海国际服务贸易发展
分报告五：财税对于推动上海国际服务贸易发展的若干思考
分报告六：上海国际服务贸易发展中的人才培训对策研究
分报告七：上海服务业利用外资的现状及发展思路研究
分报告八：外国附属机构服务贸易统计FATS统计分析报告

第三部分 行业分报告

分报告一：上海港航运输国际服务贸易发展研究
分报告二：上海旅游国际服务贸易发展研究
分报告三：上海金融保险国际服务贸易发展研究
分报告四：上海国际工程承包及劳务输出发展研究
分报告五：上海计算机与信息国际服务贸易发展研究
分报告六：上海中介咨询国际服务贸易发展研究
分报告七：上海专利国际服务贸易发展研究
分报告八：上海通信国际服务贸易发展研究
分报告九：上海教育国际服务贸易发展研究
分报告十：上海文化领域国际服务贸易发展研究
分报告十一：上海体育国际服务贸易发展研究

《2006上海服务贸易发展研究报告集》目录

第一部分　总报告

2005年上海服务贸易发展总报告

第二部分　统计报告

2005年上海服务贸易BOP统计报告

2005年上海服务贸易FATS统计报告

附录：服务贸易的概念和统计指标体系研究

第三部分　专题研究

上海服务外包发展研究报告

上海运输项目BOP统计长期逆差的实证分析

推动特殊监管区域政策整合和功能拓展，促进服务贸易加快发展

上海"十一五"服务业与服务贸易发展趋势研究

"走出去"与上海服务贸易发展研究

上海服务外包人才培训与开发研究中国服务贸易发展和参与多哈谈判的情况（服务贸易论坛讲稿）

从统计角度看欧盟与中国的服务贸易（服务贸易论坛讲稿）

《2007 上海服务贸易发展报告》目录

第一部分　总报告

2006 年上海服务贸易发展总报告

第二部分　统计报告

2006 年上海服务贸易 BOP 统计报告

2006 年上海服务贸易 FATS 统计报告

第三部分　专题报告

上海服务贸易竞争力研究

服务贸易统计国际比较研究

上海软件与信息技术外包竞争力分析报告

上海与香港服务贸易比较研究

关于大力发展上海内外中转物流产业的思考与建议离岸服务外包：发展现状和展望

第四部分　政策文件

《国务院关于加快发展服务业的若干意见》（国发〔2007〕7 号）

《关于上海加速发展现代服务业的若干政策意见》（沪府〔2005〕102 号）

《商务部关于推进服务贸易发展的若干意见》（商服贸发〔2007〕27 号）

《商务部关于实施服务外包"千百十工程"的通知》（商资发〔2006〕556 号）

《关于促进上海服务外包发展若干意见的通知》（沪府发〔2006〕26 号）

《2008 上海服务贸易发展报告》目录

第一部分　总报告
2007年上海服务贸易发展总报告

第二部分　统计报告
2007年上海服务贸易国际收支BOP统计报告
2007年上海服务贸易外国附属机构FATS统计报告

第三部分　专题报告
上海服务贸易发展战略研究
主要服务贸易国家竞争力比较和上海的现实选择
服务贸易技术性壁垒对上海服务贸易的影响
上海服务外包发展的目标和政策举措研究
长三角联动发展软件外包的思考与实践
促进上海文化出口研究
国际航空运输服务贸易：发展现状和政策问题
我国航空运输服务贸易发展现况与对策思考
全球专利权利使用费和特许费国际贸易情况
我国专利权利使用费和特许费国际贸易的现况与发展

第四部分　政策文件
《国务院办公厅关于加快发展服务业若干政策措施的实施意见》（国办发〔2008〕11号）
商务部关于印发《服务贸易发展"十一五"规划纲要》的通知（商服贸发〔2007〕466号）
《商务部关于2008年服务贸易工作的意见》（商服贸发〔2008〕90号）
《商务部、统计局关于印发国际服务贸易统计制度的通知》（商服贸发〔2007〕464号）
《财政部、商务部关于支持承接国际服务外包业务发展相关财税政策的意见》（财企〔2008〕32号）
《商务部、公安部、财政部、人民银行、国资委、海关总署、税务总局、证监会、外汇局关于支持会计师事务所扩大服务出口的若干意见》（商服贸发〔2007〕507号）

第五部分　数据表组
1990—2007年世界服务贸易进出口额
1997—2007年中国服务贸易进出口额
2000—2007年上海服务贸易进出口额

附　录
2004—2007年蓝皮书目录

《2009 上海服务贸易发展报告》目录

第一部分　总报告
2008 年上海服务贸易发展总报告

第二部分　统计报告
2008 年上海服务贸易国际收支 BOP 统计报告
2008 年上海服务贸易外国附属机构 FATS 统计报告

第三部分　专题报告
上海服务贸易发展趋势研究
上海服务贸易综合评估体系研究
上海服务贸易发展与产业结构转型升级研究
上海服务贸易管理体制现状及改革路径研究
基于现代服务业集群市郊的上海服务贸易发展研究
上海服务贸易发展要素研究
上海服务贸易发展模式研究
上海服务贸易发展战略定位研究
关于上海国际教育服务贸易发展的政策建议
关于加快推进上海国际物流发展的研究报告
我国会计师事务所发展战略研究

第四部分　政策文件
国务院关于推进上海加快发展现代服务业和先进制造业、建设国际金融中心和国际航运中心的意见（国发〔2009〕19 号）
商务部关于做好 2009 年服务贸易工作的指导意见（商服贸发〔2009〕156 号）
上海市人民政府关于印发《上海服务贸易中长期发展规划纲要》的通知（沪府发〔2009〕48 号）
上海市人民政府印发关于促进上海服务贸易全面发展实施意见的通知（沪府〔2009〕48 号）

第五部分　数据表组
1990—2008 年世界服务贸易进出口额
1997—2008 年中国服务贸易进出口额
2000—2008 年上海服务贸易进出口额
2000—2008 年上海服务贸易出口分项目情况
2000—2008 年上海服务贸易进口分项目情况

附录
2004—2008 年蓝皮书目录

《2010上海服务贸易发展报告》目录

第一部分 总报告

2009年上海服务贸易发展总报告

第二部分 专题报告

上海服务贸易"十二五"发展规划研究

上海专业服务贸易现状、存在问题和促进政策研究

国际技术贸易发展动态及我国技术贸易的发展思考

服务贸易与货物贸易协调发展的基本规律研究

旅游产业应成为上海发展服务经济的先导产业

上海中医药国际服务贸易发展研究

上海市服务外包人力资源现状分析

第三部分 政策文件

上海市人民政府办公厅关于转发市商务委、市发展改革委、市财政局制定的《上海市服务贸易发展专项资金使用和管理试行办法》的通知（沪府办发〔2009〕36号）

上海市商务委员会 上海市发展和改革委员会 上海市财政局关于做好2010年度服务贸易发展专项资金申报工作的通知（沪商服贸〔2010〕646号）

财政部 海关总署 国家税务总局关于支持文化企业发展若干税收政策问题的通知（财税〔2009〕31号）

商务部 文化部 广电总局 新闻出版总署 中国进出口银行关于金融支持文化出口的指导意见（商服贸发〔2009〕191号）

国务院办公厅关于促进服务外包产业发展问题的复函（国办函〔2009〕9号）

财政部 国家税务总局 商务部关于示范城市离岸服务外包业务免征营业税的通知（财税〔2010〕64号）

财政部 商务部关于做好2010年度支持承接国际服务外包业务发展资金管理工作的通知（财企〔2010〕64号）

财政部 国家税务总局 商务部 科技部 国家发展改革委关于技术先进型服务企业有关企业所得税政策问题的通知（财税〔2010〕65号）

上海市科学技术委员会 上海市商务委员会 上海市财政局 上海市国家税务局 上海市地方税务局 上海市发展和改革委员会关于修订《上海市技术先进型服务企业认定管理试行办法》的通知（沪科合〔2010〕19号）

上海市人民政府办公厅关于转发市商务委、市发展改革委、市财政局制定的《关于做好2010年度促进服务外包产业发展专项资金使用和管理试行办法》的通知（沪府办发〔2009〕49号）

第四部分 数据表组

表1：1980—2009年全球服务贸易进出口额

表2：1982—2009年中国服务贸易进出口额

附 录

2004—2009年蓝皮书目录

《2011上海服务贸易发展报告》目录

第一部分 总报告

2010年上海服务贸易发展总报告

第二部分 专题报告

服务业、服务贸易和服务经济

京津沪渝服务贸易发展比较研究

利用出口信用保险政策促进服务贸易出口

上海服务外包"十二五"发展规划研究

关于国际物流（货代）企业物流外包服务业务认定的思考

发展文化产业应做好四大设计

加快浦东新区服务贸易发展，为建设"四个中心"核心功能区作贡献

国际服务贸易统计手册2010年版解读

第三部分 政策文件

商务部等34个部门关于联合发布《服务贸易发展"十二五"规划纲要》的通知（商服贸发〔2011〕340号）

财政部、国家税务总局关于印发《营业税改征增值税试点方案》的通知（财税〔2011〕110号）

财政部、国家税务总局关于在上海市开展交通运输业和部分现代服务业营业税改征增值税试点的通知（财税〔2011〕111号）

财政部 商务部关于做好2011年度技术出口贴息资金申报工作的通知（财企〔2011〕51号）

财政部、商务部关于做好2011年度支持承接国际服务外包业务发展资金管理工作的通知（财企〔2011〕69号）

上海市关于鼓励服务外包产业加快发展及简化外资经营离岸呼叫中心业务试点审批程序的通知（沪通信管市字〔2011〕32号）

财政部、商务部关于做好2011年度支持承接国际服务外包业务发展资金管理工作的通知（财企〔2011〕69号）

商务部办公厅、中国人民银行办公厅关于服务外包企业人民币跨境贸易结算有关问题的通知（商办财函〔2010〕1439号）

关于上海市境内机构对外支付服务贸易项下代垫、分摊费用有关问题的通知（上海汇发〔2010〕192号）

第四部分 数据表组

表1：1980—2010年全球服务贸易进出口额

表2：1982—2010年中国服务贸易进出口额

附录

2004—2010年蓝皮书目录

《2012上海服务贸易发展报告》目录

第一部分　总报告
2011年上海服务贸易发展总报告

第二部分　专题报告
国际贸易中心城市货物贸易与服务贸易比较研究
客观认识上海服务贸易的国际竞争力与政策安排
关于国家服务外包交易促进平台的可行性调研报告
上海技术进口发展的若干思考
做强国际工程承包引领上海货物、服务出口
上海中医药服务贸易发展现状分析
搭建平台，完善体系，全力推进以贸易为引领的现代服务业
非政府组织促进服务贸易工作之案例分析
美国服务贸易促进体系探究

第三部分　政策文件
商务部等10部门联合发布文化产品和服务出口指导目录（公告2012年第3号）
　财政部　商务部关于做好2012年度承接国际服务外包业务发展资金管理工作的通知（财企〔2012〕165号）
　商务部　中国进出口银行关于"十二五"期间金融支持服务贸易发展的意见（商服贸发〔2012〕86号）
　商务部　统计局关于印发《国际服务贸易统计制度》的通知（商服贸函〔2012〕655号）
　上海市知识产权局　上海市商务委员会等关于印发《关于加强本市服务外包产业知识产权工作的若干意见》的通知（沪知局〔2012〕73号）
　上海市商务委员会关于发布《上海市服务外包专业园区认定管理办法》的通知（沪商服贸〔2012〕141号）
　上海市商务委员会关于印发《上海市服务外包重点企业认定管理办法》的通知（沪商服贸〔2012〕143号）
　上海市商务委员会　上海市经济和信息化委员会关于发布《上海市软件和信息技术服务出口重点企业认定管理办法》的通知（沪商服贸〔2012〕497号）
　上海市商务委员会　上海市卫生局　上海市中医药发展办公室关于发布《上海市中医药服务贸易试点单位（试点项目）认定及管理暂行办法》的通知（沪商服贸〔2012〕609号）
　上海市商务委员会关于发布《上海市国际物流（货代）行业重点企业认定管理办法》的通知（沪商服贸〔2011〕227号）
　上海市商务委员会关于印发《上海市软件出口（创新）园区认定和管理办法》的通知（沪商服贸〔2011〕477号）

第四部分　数据表组
表1：1980—2011年全球服务贸易进出口额
表2：1982—2011年中国服务贸易进出口额

附　录
2004—2011年蓝皮书目录

《2013 上海服务贸易发展报告》目录

第一部分　2012 年上海服务贸易发展总报告

第二部分　专题研究

服务化水平评估与比较——以 OECD 主要国家和金砖五国为例
新谈判方式下服务业进一步开放的重点和难点
浅析营改增对上海服务贸易发展的影响
全球外包浪潮与我国城市转型升级——我国扩大服务贸易的路径
上海法律服务外包发展现状和潜力
实施文化走出去的战略意义
上海文化国际贸易发展政策研究
着力打造服务贸易产业高地　加快提升黄浦服务经济综合能级
从服务贸易协定的视角看中小企业在服务贸易中的角色打造
"21 世纪全面高标准的自由贸易协定"——从 TPP 谈判看美国服务贸易政策动向

第三部分　政策文件

财政部　商务部关于做好 2013 年度承接国际服务外包业务发展资金管理工作的通知（财企〔2013〕52 号）

上海市人民政府办公厅关于转发市商务委等三部门制定的《上海市服务贸易发展专项资金使用和管理办法》的通知（沪府办发〔2012〕64 号）

上海市人民政府办公厅关于转发市商务委等三部门制定的《上海市促进服务外包产业发展专项资金使用和管理办法》的通知（沪府办发〔2012〕66 号）

市商务委关于发布《上海服务外包人才实训基地认定管理办法》的通知（沪商服贸〔2013〕747 号）

市商务委关于发布《上海服务外包人才培训基地认定管理办法》的通知（沪商服贸〔2013〕748 号）

上海市文化产品和进出口综合统计报表制度

第四部分　数据表组

附　录

2004—2012 年蓝皮书目录

《2014上海服务贸易发展报告》目录

第一部分　总报告
2013年上海服务贸易发展总报告

第二部分　专题报告
中国(上海)自由贸易试验区和服务贸易创新研究
增强上海服务业研发创新能力的思考
促进上海国际技术贸易发展的分析与建议
新形势下上海软件和信息服务业国际化发展战略探讨
上海旅游服务贸易发展现状与分析
文化生产数字化对国际文化贸易的影响
我国动画产业"走出去"的十年回顾
美国文化产业和文化贸易推进体系
中国高端金融服务外包的现状与发展
突出重点，提升能级，加快推动嘉定服务贸易发展
关于全球价值链背景下国际贸易统计方法改革对中国服务贸易统计影响的研究
2013年上海市服务贸易外国附属机构(FATS)统计分析课题报告

第三部分　政策文件
国务院关于加快发展对外文化贸易的意见(国发〔2014〕13号)
　教育部　商务部关于创新服务外包人才培养机制提升服务外包产业发展能力的意见(教高〔2014〕2号)
上海市人民政府关于加快发展本市对外文化贸易的实施意见(沪府发〔2014〕71号)
　市商务委　市委宣传部　市经济信息化委　市司法局　市财政局　市卫生计生委　市旅游局关于印发《上海市服务贸易促进指导目录(2014年版)》的通知
市商务委关于印发《上海市服务贸易示范基地和示范项目认定管理暂行办法》的通知

第四部分　数据表组
表1：1980—2013年全球服务贸易进出口额
表2：1982—2013年中国服务贸易进出口额

附　录
2004—2013年蓝皮书目录

《2015 上海服务贸易发展报告》目录

第一部分　总报告

2014年上海服务贸易发展总报告

第二部分　专题报告

"一带一路"与国家软实力：上海服务贸易面临的新挑战与新机遇

科技创新中心的国际指标与上海科创中心建设

"中国服务"国际竞争力评估

上海"十三五"期间贸易金融发展的主要突破口与举措研究

服务外包转型升级与加快上海科创中心建设研究

关于推进上海医疗旅游发展的思考和建议

调结构、促转型：大力推动普陀服务贸易发展

美国和全球经济中的数字贸易

2014年上海服务贸易外国附属机构（FATS）统计分析报告

第三部分　政策文件

国务院关于加快发展服务贸易的若干意见（国发〔2015〕8号）

国务院关于促进服务外包产业加快发展的意见（国发〔2014〕67号）

商务部办公厅　中宣部办公厅　文化部办公厅　新闻出版广电总局办公厅　海关总署办公厅关于印发《对外文化贸易统计体系（2015）》的通知（商办服贸函〔2015〕485号）

上海市加快促进服务贸易发展行动计划（2016—2018）上海市服务贸易促进指导目录（2015年版）

上海市商务委关于印发《上海服务外包产业重点发展领域指导目录（2015年版）》的通知（沪商服贸〔2015〕326号）

第四部分　数据表组

表1：1980—2014年全球服务贸易进出口额

表2：1982—2014年中国服务贸易进出口额

附　录

2004—2014年蓝皮书目录

《2016 上海服务贸易发展报告》目录

第一部分 总报告

2015 年上海服务贸易发展总报告

第二部分 专题报告

服务贸易创新发展促进上海全球城市建设

全球价值链中的服务贸易发展及对上海的启示

跨境交付——数字技术下服务贸易新方式及上海的发展策略

确立上海对外文化服务贸易的新优势

上海服务贸易企业国际竞争战略研究

商业银行助力服务贸易企业发展探究

大力发展服务贸易 提升杨浦区经济软实力

美国和全球经济中的数字贸易（案例篇）

跨国公司与跨境技术转移

2015 年上海服务贸易外国附属机构（FATS）统计分析报告

第三部分 政策文件

国务院关于同意开展服务贸易创新发展试点的批复（国函〔2016〕40 号）

上海市人民政府关于印发《上海市服务贸易创新发展试点实施方案》的通知（沪府发〔2016〕82 号）

上海市人民政府办公厅关于转发市商务委等三部门制订的《上海市服务贸易发展专项资金使用和管理办法》的通知（沪府办〔2016〕75 号）

市商务委 市委宣传部 市文广局 市新闻出版局 市经信委关于组织申报 2016—2017 年度上海市文化出口重点企业和重点项目的通知（沪商服贸〔2016〕259 号）

上海市商务委员会关于印发《上海市服务贸易示范基地和示范项目认定管理办法》的通知（沪商服贸〔2016〕266 号）

第四部分 数据表组

表 1：1980—2015 年全球服务贸易进出口额

表 2：1982—2015 年中国服务贸易进出口额

附 录

2004—2015 年蓝皮书目录

《2017 上海服务贸易发展报告》目录

第一部分　总报告

2016年上海服务贸易发展总报告

第二部分　专题报告

全球服务贸易规则重构研究

全球价值链重构下上海服务贸易创新发展对策

"一带一路"倡议下的中国服务业"走出去"——机遇、挑战与路径选择

国际服务贸易规则的新发展与中国服务贸易立法的完善

上海软件出口企业人力资源现状及对策研究

上海对外文化贸易竞争力提升对策研究

优化贸易发展结构　发展"静安特色"服务贸易——上海市静安区服务贸易发展调研报告

2016年上海服务贸易外国附属机构(FATS)统计分析报告

第三部分　政策文件

商务部　国家统计局关于印发《国际服务贸易统计监测制度》的通知(2016年12月20日)

商务部等13部门关于印发《服务贸易发展"十三五"规划》的通知(2017年3月2日)

商务部等5部门关于印发《国际服务外包产业发展"十三五"规划》的通知(2017年4月28日)

市商务委、市委宣传部、市经济信息化委、市司法局、市财政局、市卫生计生委、市旅游局、市体育局关于印发《上海市服务贸易促进指导目录(2016年版)》的通知(2016年12月29日)

上海市人民政府印发《关于本市进一步鼓励软件产业和集成电路产业发展的若干政策》的通知(2017年4月17日)

第四部分　数据表组

表1：1980—2016年全球服务贸易进出口额

表2：1982—2016年中国服务贸易进出口额

附　录

2004—2016年蓝皮书目录

《2018 上海服务贸易发展报告》目录

第一部分　总报告

2017年上海服务贸易发展总报告

第二部分　专题报告

上海市技术贸易运行分析报告

上海数字贸易发展报告

上海数字贸易企业案例

上海文化产业发展报告

上海邮轮旅游服务贸易发展报告

上海服务外包运行分析报告

上海中医药服务贸易发展报告

打响文化品牌　彰显海派特色——全力推进"国家文化出口基地（徐汇）"建设

2017年上海服务贸易外国附属机构（FATS）统计分析报告

第三部分　政策文件

国务院关于支持自由贸易试验区深化改革创新若干措施的通知（国发〔2018〕38号）

国务院关于同意深化服务贸易创新发展试点的批复（国函〔2018〕79号）

2017—2018年度国家文化出口重点企业和重点项目目录（商务部、中央宣传部、财政部、文化部、新闻出版广电总局公告2018年第22号）

公布国家文化出口基地名单（商务部、中央宣传部、文化和旅游部、广播电视总局公告2018年第51号）

财政部、税务总局、商务部等关于将服务贸易创新发展试点地区技术先进型服务企业所得税政策推广至全国实施的通知（财税〔2018〕44号）

商务部等9部门关于印发《中国服务外包示范城市动态调整暂行办法》的通知（商服贸函〔2018〕102号）

中国（上海）自由贸易试验区跨境服务贸易特别管理措施（负面清单）（2018年）（上海市人民政府公告2018年第1号）

上海市人民政府关于印发《中国（上海）自由贸易试验区跨境服务贸易负面清单管理模式实施办法》的通知（沪府规〔2018〕19号）

上海市人民政府关于印发《上海市深化服务贸易创新发展试点实施方案》的通知（沪府规〔2018〕20号）

市商务委、市委宣传部、市经济信息化委、市司法局、市财政局、市卫生计生委、市旅游局、市体育局关于印发《上海市服务贸易促进指导目录（2017年版）》的通知（沪商服贸〔2018〕48号）

第四部分　数据表组

表1：1980—2017年全球服务贸易进出口额

表2：1982—2017年中国服务贸易进出口额

附　录

2004—2017年蓝皮书目录

《2019 上海服务贸易发展报告》目录

第一部分　总报告 2018 年上海服务贸易发展总报告

2018 年上海服务贸易发展总报告

第二部分　专题报告

中国自由贸易试验区(港)服务贸易开放风险研究

USMCA 对跨境金融服务贸易规则的新发展及启示

境外航运中心城市打造"特色航运服务"品牌的主要经验及对上海的启示

全球化背景下我国医疗服务贸易发展分析

长三角地区对外服务贸易的分析报告

经济全球化与上海新兴服务贸易发展研究

上海服务贸易运行指引报告摘要

2018 年上海服务贸易外国附属机构(FATS)统计分析报告

第三部分　政策文件

关于《服务外包产业重点发展领域指导目录(2018 年版)》的公告(商务部、财政部、海关总署公告 2018 年第 105 号)

商务部办公厅关于印发《服务外包统计调查制度》的函(商办服贸函〔2019〕15 号)

中共上海市委、上海市人民政府印发《上海市新一轮服务业扩大开放若干措施》的通知(沪委发〔2019〕21 号)上海市商务委等部门关于印发《上海服务贸易促进指导目录(2018 年版)》的通知(沪商服贸〔2019〕32 号)

关于印发《上海市数字贸易发展行动方案(2019—2021 年)》的通知(沪商服贸〔2019〕201 号)

第四部分　数据表组

表 1：1980—2018 年全球服务贸易进出口额

表 2：1982—2018 年中国服务贸易进出口额

附　录

2004—2018 年蓝皮书目录